平安留学必读

Study Abroad
Safety Guide

主　编◎王广发
副主编◎岑建君　王学军

法律出版社
LAW PRESS · CHINA
北京

图书在版编目(CIP)数据

平安留学必读 / 王广发主编. -- 北京 : 法律出版社, 2023

ISBN 978 -7 -5197 -7310 -6

Ⅰ. ①平… Ⅱ. ①王… Ⅲ. ①留学教育－安全教育 Ⅳ. ①G649.1

中国版本图书馆 CIP 数据核字(2022)第 219137 号

平安留学必读
PING'AN LIUXUE BIDU

王广发 主编

策划编辑 沈小英
责任编辑 刘晓萌
装帧设计 鲍龙卉

出版发行 法律出版社
编辑统筹 法治与经济出版分社
责任校对 张翼羽 李景美
责任印制 吕亚莉
经　　销 新华书店

开本 710 毫米×1000 毫米 1/16
印张 17 **字数** 267 千
版本 2023 年 4 月第 1 版
印次 2023 年 4 月第 1 次印刷
印刷 北京盛通印刷股份有限公司

地址:北京市丰台区莲花池西里 7 号(100073)
网址:www.lawpress.com.cn
投稿邮箱:info@lawpress.com.cn
举报盗版邮箱:jbwq@lawpress.com.cn
销售电话:010 -83938349
客服电话:010 -83938350
咨询电话:010 -63939796

书号:ISBN 978 -7 -5197 -7310 -6
定价:76.00 元

凡购买本社图书,如有印装错误,我社负责退换。电话:010 -83938349

序　言

习近平总书记指出，广大留学人员积极投身改革开放和社会主义现代化建设，积极推动我国同其他国家各领域交流合作，为推动我国经济社会发展作出了重要贡献。留学生是国家建设的有生力量，为了保障留学生群体的生命安全，实现“平安留学”具有重要意义，关系千万家庭的幸福生活。改革开放以来，我国留学人员规模不断增长，留学人员结构日益多样化，低龄现象日益凸显，留学目的地日趋多元化。与此同时，中国留学生群体在外留学期间的安全问题越来越突出，受到社会各界的广泛关注。

在全球化和信息化时代，留学生安全问题涉及信息安全、学术安全、交通安全、社交安全等各方面。中国留学生海外安全与整个国际安全环境和留学所在国的安全形势紧密相关，也与留学生自身安全意识和应对能力密切相关。

我国政府高度重视留学生群体的安全问题。2016 年，中共中央办公厅、国务院办公厅印发了《关于做好新时期教育对外开放工作的若干意见》，要求“完善全链条留学人员管理服务体系，优化出国留学服务”。海外新冠病毒加速扩散蔓延后，外交部、教育部等有关部门采取了一系列重大举措，280 多个驻外使领馆把做好海外留学人员工作作为当前工作的重中之重。比如，教育部组织了平安留学行前培训，驻外使馆教育处开展了“领保进校园”活动，外交部开通了“12308”热线，这些举措充分体现了国家对海外留学人员安全的高度重视。

构建“中国留学安全战略”是保障我国出国留学事业健康有序发展的重要举措。通过留学安全教育，可以使留学生全面了解留学安全的客观现状，深刻分析留学生发生安全问题的主要类型，更加清醒地认识到涉及留学安全的主要因素，及时掌握留学安全的保障措施和应对策略。因此，建设留学安全教育基地具有深远意义，可以从高中阶段起增强学生安全意识，培养学生安全素养，提升安全技能。

留学安全教育是一项长期工程，不可能一蹴而就，更不能停留于简单的培训，应该是专业性、系统化、实操性的学习过程。目前，我国国际教育界尚未形成系统化、体系化的国际安全教育课程。鉴于此，王府学校将“平安留学”融入学校课程体系内，为国际学校做好留学安全教育工作起到示范作用。《平安留学必读》是目前我国关于平安留学的比较全面的教材，包括理论篇和实操篇两部分。该教材紧密围绕国际化人才培养目标，针对留学生海外学习、身心健康等问题，通过案例导入、探究学习等方式，提升学生在海外留学的安全意识和安全技能。

平安留学教育至关重要，是每一位公民安全参与国际事务的重要保障，是国民素质教育和人才培养的重要写照。《平安留学必读》作为平安留学领域的专业教材，可以担任留学生群体的护航使者，为每一位学子的平安留学提供参考。

岑建君*

2023 年 2 月

---

* 中国驻美国大使馆教育处原公使衔参赞、教育部国际司原司长、北京王府校区总督导。

目　　录

第一章　树立留学安全意识

安全意识是人类构建的一种安全观念，是对日常生活中可能对自己或他人造成伤害的外在环境的一种戒备和警觉的心理状态。树立留学安全意识，是留学安全的保障手段。良好的安全意识与安全素养，可以帮助留学生最大限度地远离风险；训练有素的安全技能，可以帮助留学生智慧避险、紧急脱险。

留学安全意识之一：识别潜在威胁，远离风险。预防是最好的保护，防患于未然，避免给犯罪分子以可乘之机，是最可靠且有效的应对。

留学安全意识之二：学习专业知识，智慧避险。当危险来临时，专业的安全知识与正确的应对方法可以确保留学生不受伤害，安全撤离。

留学安全意识之三：掌握专业技能，紧急脱险。当伤害发生时，留学生应具备“亡羊补牢”的素质与技能，冷静应对，紧急脱险。

本章将帮助留学生：

- 认知留学风险；
- 把握应对风险的方法；
- 了解智慧避险与紧急脱险。

第一节 留学安全风险知多少

安全风险是客观存在的，在不同的环境中，其程度有所不同。身处海外的留学生，面临更为复杂的安全问题。面对与母国不同的政治、经济、文化、社会状况，其从小形成的有关安全的认知经验与应对方法，可能不足以适应留学所在国的情况，增加了安全风险。

专家提醒

留学生所面临的安全风险，除了与生活在国内的同学所遇到的相同安全风险外，还存在安全文化风险。

所谓安全文化风险，是指由于原有生存环境（包含语言、习俗、历史、宗教、法律、价值观等）与迁徙流转至未知生存环境的认知差异，而造成的人们在新的生存环境下，出现的与以往生活所不同的人与人、人与社会、人与自然之间的矛盾，以及对生命产生危害的风险。

❖ 全球安全风险状况

在全球化趋势浪潮下，来自不同文化背景、生存环境的人，在全新的阈限中相互交融、碰撞。文化环境的认知差异导致生存、生活风险增高，加之战争、灾乱、恐怖袭击等事件的影响，全球各地的安全事件层出不穷。海外安全形势严峻复杂，各类安全风险近年来持续上升。

◆ 全球安全事件的地域分布

化险集团（Control Risks）2021 年第一季度的《全球安全事件报告》显示，该季度全球的 11，071 个安全事件中，南北美洲事件数量排名第一，占全球 28.21%，之后是亚洲和太平洋（26.91%）、中东和北非（18.81%）、撒哈拉以南的非洲(16.71%)和欧洲(9.36%)(见表1-1)。[①]

表1-1　2021年第一季度全球安全事件统计

项目	南北美洲	亚洲和太平洋	中东和北非	撒哈拉以南的非洲	欧洲	总计
数量/个	3123	2979	2083	1850	1036	11,071
百分比/%	28.21	26.91	18.81	16.71	9.36	100

◆ **全球安全事件的类型分布**

据统计,威胁全球各地人们生命财产安全事件的类型,主要有战争、犯罪、动乱、恐怖主义袭击等。化险集团2021年第一季度《全球安全事件报告》中的数据显示,2021年第1季度,犯罪事件在全球事件数量中排名第一,其次是动乱和战争,恐怖主义事件数量在减少。

从数据统计来看,政府、私人财产、军事设施是主要的受袭目标,这三类目标占到总数的67%,教育类目标占到3%,也是较明显的受袭目标之一。全球的受袭目标在各大洲的表现有所不同,如南北美洲受袭目标占比最高的是私人财产,而欧洲地区遇袭占比最高的是政府与军事设施,私人财产所占的比重较低。

◆ **袭击手段**

安全事件发生时的袭击手段,主要是枪支袭击和爆炸袭击。《政治暴力和犯罪事件报告》中,统计了2018年第四季度全球恐怖袭击手段。枪支袭击在全球恐怖主义事件中占39.09%,简易爆炸装置和自制炸药次之,占21.30%。根据中国国务院新闻办公室发布的《2021年美国侵犯人权报告》,美国社会治安形势恶化,2021年全年共发生693起大规模枪击事件,比2020年增长10.1%,枪击事件导致超过4.4万人丧生。[②] 可见,

---

① 参见《全球安全事件报告》,载化险集团官网2021年5月20日,https://www.controlrisks.com/zh/our-thinking/chinese/global-incident-report。

② 参见《2021年美国侵犯人权报告》,载国务院新闻办公室官网2022年2月28日,http://www.scio.gov.cn/m/37234/Document/1720965/1720965.htm。

留学生掌握一些防范与应对枪击与爆炸的技巧是非常必要的。

❖ 海外中国公民安全状况

全球安全事件频发，在海外的中国公民也不可避免地被波及。2019年，外交部和驻外使领馆共处置各类领保案件约7.9万起，其中包括发生在老挝、新西兰和美国的交通事故及埃塞俄比亚航空客机失事、斯里兰卡连环爆炸等涉华公民伤亡的重大突发案件。新冠病毒感染发生以来，外交部全球领事保护与服务应急热线“12308”来电量超过74万通。特别是2020年4月以来，“12308”热线日均人工接听各类求助电话3000多通，是2019年同期的3倍多。①

◆ 地域分布

图1－1是2018年中国领事保护与协助类案件地域分布，其数据表明：近些年，亚洲、欧洲、非洲一直是中国公民安全事件频发区域。2018年外交部和驻外使领馆全年处置海外中国公民安全事件85,439起，其中，领事保护与协助类案件41,496起。

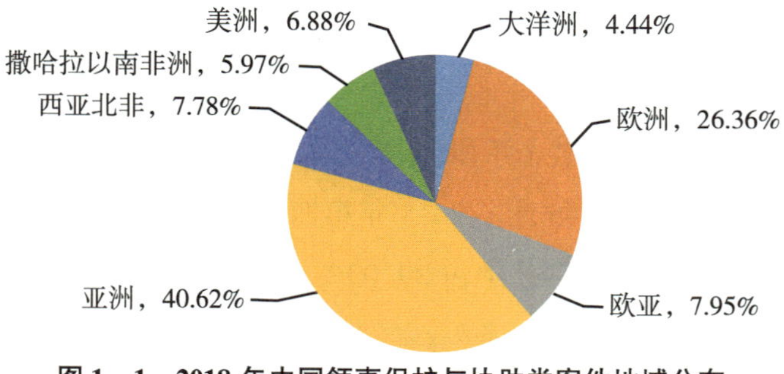

图1－1 2018年中国领事保护与协助类案件地域分布

资料来源：外交部领事司：《2018年外交部和驻外使领馆共处理海外中国公民安全事件85439起》，载微信公众号“领事直通车”2019年4月11日，https://mp.weixin.qq.com/s/CVA8oqarzKShrK4rrad4SA。

第一是亚洲，亚洲地区一直是涉及中国公民领事保护与协助类案件

---

① 参见《2020年度领事工作国内媒体吹风会（实录）》，载中国领事服务网2020年12月18日，http://cs.mfa.gov.cn/gyls/lsgz/ztzl/2020lsgzgnmtcfh/202101/t20210113_932367.shtml。

发生频率最高的地区,其直接原因是中国地处亚洲,与周边国家的经贸合作及人文交流比较频繁。同时,部分亚洲国家治安存在问题、政局不稳,而且高危旅游项目较多,在一定程度上增加了安全风险。

第二是欧洲,欧洲是中国公民旅游、留学的重要目的地,在欧洲的中国公民人数较多。

第三是非洲,随着中非关系的迅速发展,中国已经成为非洲最大的投资和旅游来源国,非洲地区中国公民安全事件也日益增多。

◆ 案件类型

从案件类型看,除领事协助类事件外,因社会治安问题引发的领事保护案件最多,一般占总量的 1/4 左右,主要涉及偷盗抢劫、人身伤害等。其次是意外事故类,以交通为主的意外事故成为当前威胁海外中国公民人身安全的最主要因素。再次是出入(过)境受阻类和劳务纠纷类案件。2018 年中国领事保护与协助类案件类型的具体数据如图 1－2 所示。

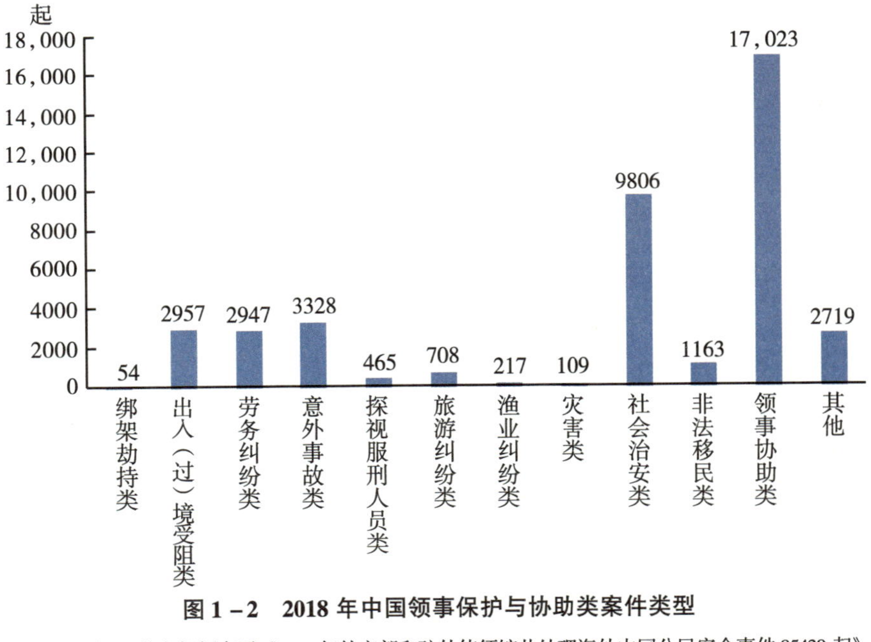

图 1－2 2018 年中国领事保护与协助类案件类型

资料来源:外交部领事司:《2018 年外交部和驻外使领馆共处理海外中国公民安全事件 85439 起》,载微信公众号"领事直通车"2019 年 4 月 11 日,https://mp.weixin.qq.com/s/CVA8oqarzKShrK4rrad4SA。

在不同地域，海外华人所遭遇安全风险的类型也有所不同。在亚洲出现最多的是凶杀事件；在北美地区出现最多的是持枪抢劫；在欧洲、大洋洲和南美洲，遇险事件仍以凶杀与暴力抢劫为主，欧洲的诈骗案比例更高一些；在非洲，尤其是南非，骚乱造成的涉及华人的安全事件较多。

总之，改革开放以来，随着中国对外交流的日益增多，华人在海外遭遇的安全事件也越来越多，中国外交和领事机构全年受理的领事保护和协助案件数量持续攀升，近年稳定在每年8万件左右，涉案公民数量2018年达到14万余人，死亡759人。随着中国公民安全防范意识的提升，该数量逐年下降。我们在海外出行遇到困难时，应理性应对，海外安全教育势在必行。

专家提醒

领事保护和外交保护是中国保护海外留学生乃至所有海外中国公民的重要手段。2014年9月，外交部全球领事保护与服务应急呼叫中心“12308”热线正式开通。目前，该热线求助渠道实现全覆盖：微信、微博、手机客户端、抖音皆可。在全球任意地点、任何时间，均可依托Wi-Fi或移动互联网拨打“12308”热线，无须另行支付国际通话费。“无论走到哪里，祖国在你身后！”

外交部全球领事保护与服务应急呼叫中心热线：0086－10－12308。

❖ 留学生安全状况

◆ 留学安全风险

所谓安全风险，是指发生危险的可能性，通常量化为发生事故的概率，即造成人员伤亡或重大财产损失的事件发生的概率，包括以下类型。

社会安全风险：威胁社会公众享有的安全和谐的国际社会环境、生态环境以及良好的人类社会运行秩序的风险，如国际恐怖袭击。

公共安全风险：威胁不特定多数人的生命安全、身体健康和财产安全及其学习、工作和生活所需的稳定环境与秩序的风险，如踩踏事件。

个人安全风险：威胁个人与外界和谐共存，危及个人身心安全的风险。

这些安全风险，又可分为常态安全与非常态安全两大类。常态安全是指在学习、生活、社交等日常社会环境下可能遭遇的安全风险，如交通安全、食品安全、信息安全等；而非常态安全多指由突发事件造成的风险，如火灾地震、枪击爆炸、游行集会等（见图 1－3）。

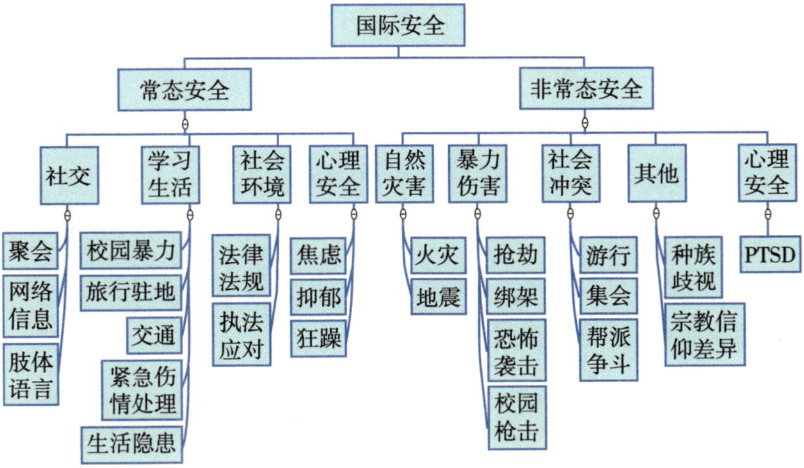

图 1－3　常态安全与非常态安全

资料来源：由时分安全公司整理。

注：PTSD（post-traumatic stress disorder）是指创伤后应激障碍，由异常威胁性或灾难性心理创伤导致延迟出现和长期持续的精神障碍。

在不同的国家，安全风险的表现形式、剧烈程度有所不同。留学生应该了解可能存在的安全风险，从而识别风险、远离危险。

◆ 留学安全事件

改革开放以来，我国海外求学的留学生数量与日俱增。2019 年我国出国留学人员总数为 70.35 万人，形成了一支海外留学大军，留学生数量保持全球第一位。①

① 参见《2019 年度出国留学人员情况统计》，载教育部官网 2020 年 12 月 14 日，http://www.moe.gov.cn/jyb_xwfb/gzdt_gzdt/s5987/202012/t20201214_505447.html。

随着海外留学人员数量的增加，留学生遇害事件也有所增多。据外交部统计，2014 年领事保护与协助案件涉案人员中留学生仅占 1.27%，2015 年猛增至 6.45%，达 1928 人。2017 年，全球范围内见诸报道的中国留学生安全事件有 34 起，其中，有 23 起事件的当事人死亡。在这 34 起安全事件中，美国发生得最多，有 16 起，其次是法国与日本。[①] 外交部一再对广大留学生提出外出尽量结伴而行，密切关注周边环境，避免到偏僻场所，遇突发情况保持冷静，避免发生口角和肢体冲突，确保自身安全等提示。[②]

◆ 各类留学安全风险的出现概率

在留学生涯中，不同种类的风险出现的概率是完全不同的。如图 1－4 所示，留学生面临的安全风险，概率最高的是心理危机，其次是性骚扰和性侵害；从危险程度来看，枪击、爆炸等公共突发事件是最危险的，其次是抢劫、绑架等涉财暴力侵害事件。

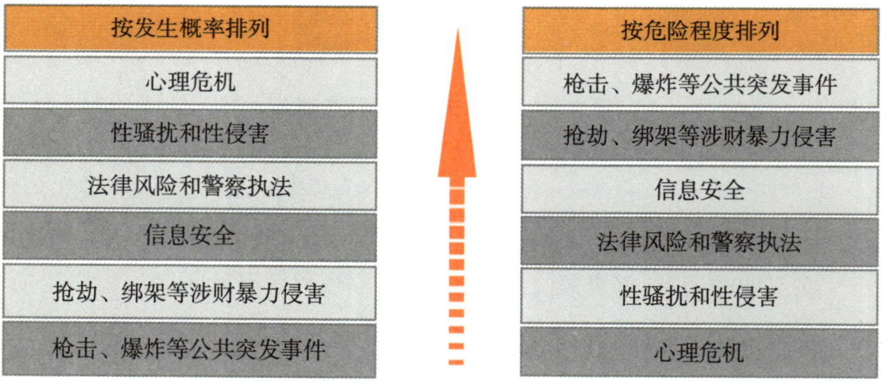

图 1－4 留学生安全风险的发生概率与危险程度

资料来源：由时分安全公司整理。

---

① 参见《留学危险系数有多高：17 年至少 34 起留学生安全事件》，载新浪教育网 2018 年 1 月 19 日，http://edu.sina.com.cn/a/2018－01－19/doc-ifyqtwzu6408106.shtml。

② 参见《再次提醒中国在美人员加强安全防范》，载中国驻美国大使馆官网 2021 年 10 月 13 日，https://www.fmprc.gov.cn/ce/ceus/chn/sgzhichuang/t1914315.htm。

留学生安全意识薄弱，对留学国家法律了解不足，是留学生遇害案件频发的重要原因。了解当地社会治安基本状况，提升安全意识，在一定程度上可以避免悲剧的发生。总之，留学生们面临更复杂的环境和更艰巨的挑战。了解安全风险、树立安全意识是留学生活的首要保障。海外留学生们，应牢固树立安全意识，学习安全知识，掌握安全技能，减少危险发生的概率。

案例分享

你知道吗，泰坦尼克号海难，获救的只有700多人，不到全部人数的1/3，死亡人数超过1500人，堪称20世纪最大的海难事件，也是最广为人知的海难之一。泰坦尼克号是当时最大的客运轮船，其规模相当于一艘现代航空母舰，因而号称“上帝也沉没不了的巨型邮轮”，却于1912年4月处女航时遇上冰山沉没。

因为相信“永不沉没”，所以对潜在的危险视而不见。船长对提醒前方有冰山的通报并不在意，未作出任何应对措施，发现冰山时因船速过高而无法避开。船上救生设备不足，救生艇容量只有船载人数的一半，这是导致罹难人数众多的重要原因。泰坦尼克号只携带了礼花弹，最后发出的求救“信号弹”其实是礼花弹。距离最近的加利福尼亚号不止一名船员目睹了泰坦尼克号发射的白色火焰，但并不认为这是求救信号。附近有多艘客轮虽然接收到了求救信号，但大多以为是玩笑而不予理睬，错失救援良机，只有卡帕西亚号坚持到现场进行救援。因为缺乏足够的警醒，加利福尼亚号电报员在睡觉期间关闭了电报机，导致距离最近的船未能及时收到求救电报。

请思考，如果在生活中缺乏足够的风险意识和警惕性可能造成什么样的结果？

探究与思考

留学生海外学习环境与国内有何不同？由此带来哪些安全风险？

第二节 远离风险的安全公式

预防是最好的保护，远离风险才是明智之举。安全防范意识的不足，是中国留学生海外安全问题频发的重要原因。良好的安全意识让我们能够及时识别危险，尽量做好防范措施，最大限度地避免可能受到的伤害。远离风险就是最好的保护。

专家提醒

只要存在危险因素，险情就可能发生。切勿抱有侥幸心理，错误地认为“不一定出事，出事不一定伤人，伤人不一定伤己，伤己不一定死人”。否则，一旦遭遇危险，将后悔莫及。远离风险，防患于未然是安全守则的第一条。请牢记：预防是最好的保护。

❖ 安全评估公式

如何判断、衡量潜在风险的大小？安全四要素，即安全意识的主线，包括安全的时间、安全的地点、安全的人物和安全的活动。

安全评估公式如图1－5所示：

图1－5 安全评估公式

要注意的是，时间、地点、人物、活动这四个要素是乘积关系，只要有一项被判定为不安全，无论其他几项的安全状况如何，乘积都是零。

增强风险意识，就是要随时根据现实情况来评估风险，评估现实情况中哪些可能给自身带来危险，这种评估预见危险的能力是评价我们是否具有安全防范意识的重要指标。安全风险是某一特定危害事件发生的可能性和后果的组合，因此，风险指数是可能性与严重程度的乘积。对风险程度给予足够的重视，才不会因掉以轻心而让自己陷入险境。

风险指数 = 可能性 × 严重程度

在平时特别是遇到突发情况时，应该尽量对安全要素进行客观理智分析，全方位评估安全系数，提高安全意识，“防人之心不可无”。如果没有绝对的把握与防范措施，坚决不要以身犯险。

探究与思考

陈某在洛杉矶留学，朋友刘某约其明日去酒吧参加孙某的生日聚会，聚会活动将一直持续到凌晨两点。孙某给人的印象很好，是陈某一直想结识的人。请替陈某为此事做出安全评估。

❖ 安全的时间

一天 24 小时，有没有相对安全的时间呢？或者说，有没有不安全的时间段呢？据统计，一天中，最危险的时间为凌晨 0:00 ~ 5:00，这是世界各地案件发生率最高的时间段，也是各国警察牺牲最多的时间段。所以，切勿在此时间段内逗留在室外，避免 23:00 以后出行，尤其是单独出行。

从国内统计数据来看，暴力案件高发时间段为 22:00 ~ 2:00，这个时间段所发生的案件占一天中案件发生的 91.6%。这个时间段之所以危险，在于人们大都已就寝，街上没有行人，夜色增加了犯罪分子的胆量，目击者的缺乏又降低了犯罪案件被发现的可能性。值得注意的是，很多留学生学习压力很大，往往归寝时间晚，这大大增加了遭遇伤害的概率。据统计，美国大多数高校学生的平均就寝时间都在 0:00 以后，斯坦福大学学生的平均就寝时间是凌晨 1:15，哈佛大学学生的平均就寝时间是凌晨 0:48。这都是犯罪案件高发的时间段，留学生如果这个时间返回住处，安全隐患很大。2012 年 4 月 11 日凌晨 1 时，美国洛杉矶南郊的南加利福尼亚州大学校园附近发生一起枪击案。一男一女两名中国留学生在车内被枪杀。因此,一定要养成良好的作息习惯,这不仅是出于健康的考虑,更是出于安全的需要。需要提醒的是,没有绝对安全的时间,白天也同样有犯罪案件发生,必须时刻保持警惕。

❖ 安全的地点

留学生在国外居住,一定要熟悉居住地及学校周边环境,避免进入治安差的地区。不要过分好奇,更不要去治安差的地区猎奇。

图1-6中的两个"马太效应"环描述了美国一些街区的特点。形成恶性循环的地区,其安全性较差,而形成良性循环的地区,治安情况相对较好。

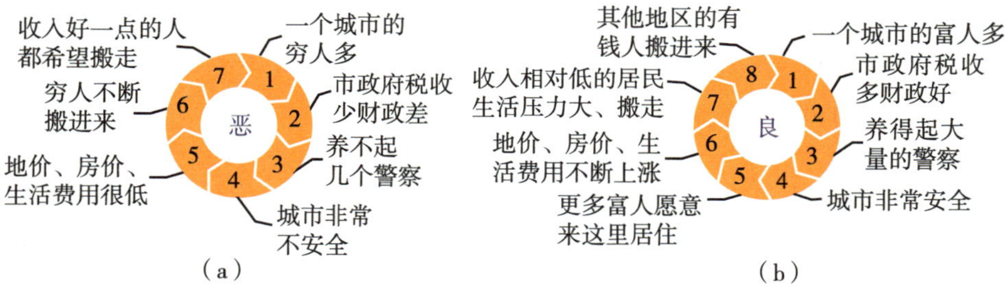

图1-6 地区治安的"马太效应"环

◆ 地区犯罪查询

海外各个国家都有犯罪查询网站。以美国罪案报告机构的网站为例,输入网址"https://www.crimereports.com",即可进入网站,用户可以按区域、地址、邮政编码或执法机构名称搜索相关报告,可以查看带有标识的最近警察活动的图标的地图。还可以缩小搜索范围到一个特定的街区,会看到象征不同犯罪类型的图标。当单击一个图标时,将显示有关事件的一系列详细信息,包括类型、位置、日期和时间。筛选器允许用户按日期范围、一周中的某日、一日中的某时,以及事件类型来缩小犯罪搜索范围。当不确定要去的地点是否安全时,可以浏览此类网站进行查询,避免前往不安全的地带。

◆ 学校治安查询

根据美国联邦法律，所有美国大学必须公布包括盗窃、抢劫、纵火以及谋杀在内的犯罪数据。因此，留学生们可以轻松地查到留学高校的治安情况，具体查询步骤如下：

第一步：打开网址 http://ope. ed. gov/security/index. aspx；

第二步：点击 Get data for one institution 选项；

第三步：根据提示输入想查询的学校名称；

第四步：选择想查看的校区。

此方法可以查到负责安全、火灾等各项事务的负责人的姓名、电话和地址，还可以查到近年学校周边发生的犯罪事件的数量。

❖ 安全的人物

留学生应该建立安全的社交圈和人脉圈。中国人的聚会通常是熟人圈子加深感情的交流，而西方的“Party”是“陌生人”社交圈的扩大。在这一过程中，应行为得体，保持足够的警醒，还需要向亲近的人报备出行事项及确定回家方案。如果有条件，参加聚会时选择自驾或让信得过的朋友接送。

留学在外一定要注意不要结交性格古怪或明显不正常的人。通常有犯罪前科、不良嗜好、性格怪异等表现的人都属于不安全的人。值得注意的是，不安全的人不一定是陌生人，也有可能来自身边。

❖ 安全的活动

安全的活动必须是法律许可范围内的活动，留学生必须遵守当地的法律。应减少“看热闹”心理，少围观游行示威等活动，少参加狂欢节等庆典。应减少在人群密集地区拍照、拍视频等行为，注意力被分散往往是紧急情况应对不及时的主要原因。

热心助人是好事，但一定要注意安全。在公共场合帮忙，如帮助推着婴儿车的妇女把车抬上公交车或者扶老太太过马路等，切记不要跟着他们去偏僻的地方。

总之，树立安全防范意识十分必要。在日常生活中提高安全防范意识，需牢记“4 个要素”和“3 个目的”（见图 1－7），即在安全的时间、地点，与安全的人，做安全的事。在确保四个要素都是安全的情况下，才能达到远离风险的目的。

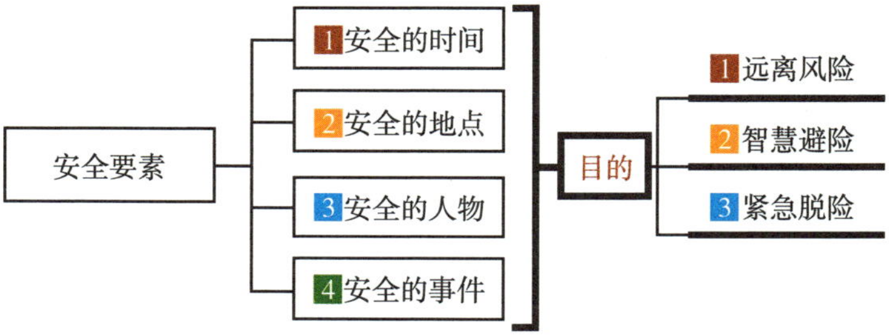

图 1－7　安全四要素

案例分享

2019 年 3 月 20 日晚上 9:50 左右，张某去找男朋友，被两个黑人抢走了手机。当晚，张某乘坐 53 路车到路口下车，然后沿着街道往男朋友家走，刚拐进小路就遭遇了抢劫。其中一个戴着灰色毛线帽的黑人负责抢，另一个黑人负责把风。当时她左手拿麦当劳袋子，右手正在给男友打电话。突然一个黑人冲到张某背后，用右手抢她的手机，用左手拉住她的头发，使劲甩在地上。张某一直尖叫，男朋友的姑妈听到呼救后冲了出来，歹徒才慌张地原路跑掉（跑回大路）。幸运的是，黑人没有武器，而且张某穿着厚厚的羽绒服，只是袖子被刮破了，屁股和腿上有些淤青，没有其他大碍。

请思考，张某在这次被抢劫的经历中忽略了哪些重要的安全要素？她应该如何做才能降低风险？

探究与思考

运用安全四要素法对身边活动进行安全性评估。

第三节　智慧避险与紧急脱险

中国留学生在海外安全问题频发，暴露出我国留学生群体个体安全意识普遍缺失、安全防范能力不足等问题。面对危险和意料之外的特殊情况，留学生需要具备智慧避险与紧急脱险的能力。

专家提醒

中国青少年被过度保护的现象普遍存在，很多留学生应急避险能力非常薄弱。留学生本人、家长、学校以至社会都必须高度重视留学安全教育，帮助留学生掌握必要的安全知识与技能。留学生本人更要注重安全知识的学习与技能的训练，在紧急状态下，依靠自身解决问题，躲避危险。

❖ 中国学生安全教育的不足

2015 年，中国、美国、日本和韩国的相关研究机构联合开展了高中生安全意识及问题比较研究，研究结果于 2016 年 5 月发布。① 报告显示中国学生被过度保护现象严重，安全教育状况堪忧。

◆ 中国学生安全教育状况

调查显示，仅有 47.8% 的中国高中生接受过预防暴力或犯罪侵害的自我保护教育，中国学生的应急避险能力也低于国际平均水平。

调查显示，中国高中生最需要的安全教育前三位分别是防范暴力或犯罪侵害的自我保护教育（16.1%）、运动伤害的预防和应急处理方法（15.1%）、青少年有害环境或信息中的自我保护教育（12.6%）。

中国高中生的父母非常注重孩子的安全问题，93.1% 的中国父母会

① 参见《中日韩美四国联合开展高中生安全意识调查结果发布》，载人民网 2016 年 5 月 25 日，http://edu.people.com.cn/n1/2016/0525/c1006-28379606.html。

在参加户外活动前提醒孩子注意安全。但是研究人员随机访谈发现,中国父母虽然经常提醒孩子注意安全,但缺乏具体的安全教育措施。中国青少年过度保护的现象客观存在,为了保护孩子不受伤害,父母就尽量少让孩子参与各种实践活动,这就带来了学生体质下降、容易造成运动伤害、行为退缩、缺少冒险创新精神等一系列问题。

◆ 留学生安全教育不足的原因

首先,中国留学生安全教育的不足表现在学校教育上。大中小学的安全素质教育都是有所欠缺的,导致学生主动发现威胁、主动规避风险的能力不足。其次,家庭安全教育也比较薄弱,有些家长认为将孩子送进校门、送出国门就万事大吉了,往往忽略了大学生、留学生从家门到校门、再出国门的过程中可能存在的诸多心理不适和潜在安全风险。最后,公安、教育、外交等行政主管部门缺乏健全且行之有效的安全保护机制和程序,对出国留学人员特别是自费出国人员缺乏统一、明确的安全培训标准和要求。另外,目前国内安全培训市场化程度不高,优质安全培训产品与资源的供给明显不足。因此,留学安全教育,需要学生本人、家长、学校、社会各方共同努力,为留学生的海外学习生活安全护航。

❖ 智慧避险与紧急脱险能力体系

智慧避险与紧急脱险能力体系,具体来说包含三个层次,即安全意识、安全知识、安全技能。

◆ 安全意识

留学生保障安全的最好办法,就是加强自我安全防范意识。从近年来发生的留学生遇害案件来看,留学安全隐患主要还是来自留学生自身安全防范意识淡薄,具体行为如深夜外出、随意上他人的车、不加防备地随意开门等。这些危险行为都源于安全防范意识的不足。中国是世界上最安全的国家之一,尤其是在改革开放环境下成长起来的这一代青年人,没有经历过大的动荡，安全防范意识较为薄弱。

留学生一定要深入了解留学目的国的情况，牢固树立安全防范意识，在学习、生活、出行、交友等各个方面都要提高警惕，及时识别风险，远离危险，不给危险以可乘之机，防患于未然。请牢牢记住：预防是最好的保护。

◆ 安全知识

安全知识内容十分丰富，任何可能对我们人身安全造成危害的情况都需要我们掌握相应的知识与技能去应对。对留学生来说，至少要掌握以下几个方面的安全知识。

1. 日常生活安全知识

留学生身在海外，衣、食、住、行各方面都与国内有所不同，一些常识性的安全防范知识是必须掌握的，还要掌握食品安全、公共交通安全、车辆行驶安全、财务安全、网络信息安全等知识。

专家提醒

- 不穿高档名牌服装。
- 不穿比较暴露的衣服。
- 聚会时离开过自己视线的饮料不要喝。
- 不要给陌生人开门。
- 不要深夜外出。
- 不要随意搭乘别人的车。

据统计，交通安全目前已经成为留学安全的一大杀手。即便是应对警察查车，如果处置不当，也可能存在交通安全隐患。另外，还需要有一定的医学常识，具备基本的健康卫生知识。

2. 心理安全知识

心理安全问题是留学生普遍面临的问题。离开父母和熟悉的环境远赴海外求学，生活压力、学业压力、文化适应、沟通障碍等一系列的问题扑面而来，留学生承担着巨大的心理压力。思乡感、孤独感、挫折感是普遍会发生的，还有的留学生缺乏自我价值和社会认同感，导致封闭、抑郁，严重者甚至轻易结束了自己的生命。心理安全很容易被忽视，但几乎是每一位留学生都会遇到的问题。因此，心理健康知识也是必不可少的。有关研究表明，留学生拥有的社会支持越多，对支持的利用度越高，他的心理健康水平就越高，这是一个良性循环。反之，则会陷入恶性循环中无法自拔。

3. 防范各类刑事犯罪侵害的知识

刑事犯罪在海外安全事件中发生率很高。我们所看到的关于留学生海外安全事件的报道，大多数为此类事件。偷窃、诈骗、抢劫、绑架等案件层出不穷，强奸、吸毒、嫖娼、卖淫等案件不在少数，甚至凶杀等恶性案件也时有发生。留学生所遇到的，大多是损害财产安全的事件，如在许多国家都会碰到抢劫。事实上，即便是对于经常发生的抢劫事件，国内外的应对方法也不相同。如果留学生们处置不当，也会有生命危险。在美国、英国等一些国家，都曾发生过中国留学生应对抢劫不当而造成伤亡的悲剧。

4. 应对自然灾害与意外伤害的知识

火灾、地震、泥石流等自然灾害虽然并不经常发生，但一旦遭遇，将非常危险，因此，应当具备这方面的知识储备。意外伤害包括溺水、车祸、动物伤害、踩踏事故、突发性公共卫生事件等。这里强调一下传染病的防治，事实上，全球各地每年都有传染病的发生，掌握一定的健康卫生知识可以帮助我们降低被感染的概率。另外，在某些国家，可能还会遭遇枪击、爆炸等恐怖活动。

5. 应对政治性侵害的知识

这类事件虽不常见，但近年来也在增多。海外留学生可能由于政治性的原因无辜受牵连甚至被冤枉。如何应对这些带有明显政治背景的事件，也是留学生需要了解的。

专家提醒

●有些国家政局动荡、治安混乱，或者恐怖活动多发，留学生有可能成为被殃及的"池鱼"。

●有些国家陷入无序的社会动乱或政治危机，游行、罢工、抗议浪潮此起彼伏，一旦事态失控，就会影响外国侨民安全。

●有些国家种族歧视抬头，排华、辱华事件时有发生。

●有些在境外的民族分裂和宗教狂热分子，在某些势力的怂恿和支持下，攻击我国海外公民，制造事端。

●有些留学生被外国安全机构以"间谍罪""商业机密罪"等名义拘留、起诉。

●个别留学生可能由于种种原因，被胁迫加入外国情报组织。

这些安全知识，可以归纳为两大类，即常识性的安全知识与留学特有的安全风险，但即便是常识性的安全知识，在不同的国家里，应对方法也存在一些差异。所以，全方位地了解留学目的国的情况，对留学生来说是非常重要的。

◆ 安全技能

安全知识是必需的，但单纯学习相关理论知识并不意味着能够完全脱险。因此，技能训练是必不可少的。如果说安全知识是"纸上谈兵"，那么安全技能就完全是实际演练，必须经过训练。除上述安全知识外，留学生还必须具备相应的技能。与安全知识体系相对应，留学生的安全技能可以分为以下几类。

1. 日常生活安全技能

知识与技能有时并不能完全区分开，尤其是在日常生活中，有些既属于知识也属于技能，比如：

- 油锅起火如何处理？
- 不小心烫伤如何处理？
- 如何摆脱无理纠缠？
- 如何识别可疑人员？

例如，海姆立克急救法就需要掌握，因为急性呼吸道异物堵塞在生活中并不少见，如果不能及时快速地处理，可能因缺氧而窒息死亡。

2. 心理安全调适能力

由于心理疾病多发，心理健康越来越受到重视，留学生应该掌握一些自我舒压的技能，善于自我调整，保持健康良好的心理状态。

- 如何面对挫折？
- 如何克服孤独感？
- 如何对待文化差异带来的价值冲突？

这些知识与技能，是留学的必要准备。当然，已经形成心理疾病后，要及时就诊，不要讳疾忌医。

3. 防范各类刑事犯罪侵害的技能

这方面可以学习的技能有很多，如应对枪击、爆炸的技巧，紧急自卫术、逃脱技巧、一招制敌术等。另外，学一点国际通用军警手语，关键时刻可能救自己和他人一命。

4. 应对自然灾害、意外伤害与暴力性社会事件的技能

具体包括火灾逃生、地震逃生、绳结技巧、野外生存技巧、应对踩踏的自我保护法、应对动物袭击技巧、遭遇意外伤害时的紧急伤情处置、心肺复苏术等。这些技能都需要进行反复的训练才能实际发挥作用。

总之，留学海外，我们要树立牢固的安全防范意识，牢牢记住预防才是最好的保护；要具备智慧避险与紧急脱险的知识，多多益善；要掌握各类安全技能，能够及时脱险，挽救自己与他人的生命。

探究与思考

留学生如何提升自己的安全知识与技能？

❖ 加强安全防范和自救生存能力的方法

第一，出国留学前应广泛收集留学目的地国的社会治安和人文环境

资料,了解该国有关外国人入境、求学、居留、婚姻及工作的规定。

第二,从互联网、书籍和音像资料中,了解不同风险和安全防范要求,尽可能多地掌握一些安全知识,做到心中有数。

第三,牢固树立安全防范意识,及时判断各种风险。各类自然或社会生活中的风险,人为和意外风险都会有一些预兆,要留心观察,及时避开风险。

第四,留学期间,在学习、生活中,要谨慎交友,遵守法律法规及学校的留学生管理制度。不要出入色情、赌博等情况复杂的场所。不要加入有政治倾向的党派、团体、社团等。要记住移民、警察、急救等特殊用途的信息。

第五,应该尊重他国的风土人情和人文习俗。不要在涉及宗教、民族、种族、政治立场等方面的问题上乱加评论。在遇到海关、警察、移民局等的例行安检时,要积极主动配合。

第六,通过浏览所在国当地的网络,及时了解所在国的安全动态。另外,中国外交部和驻外使领馆 24 小时全天候地监测世界各地安全风险,会在外交部网站及时、慎重地发布各类安全提醒,一定要经常登录,养成浏览的习惯,最大限度地规避风险。

第七,将个人资料报送中国驻该国的使领馆。随时将个人住宿、旅行、打工等事项通知家人、朋友、同学。不要将个人家庭、财产等信息告诉陌生人。

第八,遇到紧急情况时,沉着冷静,弄清危险的性质和状况,尽快与学校、同学、警方取得联系,以获得救援。必要时通过外交部的“12308”热线寻求帮助。

第九,参加各种有助于提高生存能力的培训班,如溺水救助、火灾逃生、地震自救、野外生存、紧急自卫术等能力培训。

第十,针对留学所在国的特点,做好重点预防工作。各国国情差异较大,可以做些有针对性的训练。例如,美国的枪支泛滥是顽疾,留学生要强化应对枪击的训练;在日本的留学生要多掌握地震预防与逃生的知识。

总之,风险无时、无处不在,但只要留学生能够谨慎行事,就可以有效地减少风险甚至避免风险,平安完成学业。

探究与思考

通过哪些途径可以获得安全知识与技能?

第二章　了解世界

海外留学可以提升专业技能，培养生活能力，塑造独立人格，还可以涵养开放、包容、理性、平和的心态，磨炼意志。走出国门之前，留学生需要有充分的心理和知识准备，以适应国外不同的社会、经济、文化、法律环境。在文化适应的过程中，留学生需要学会用多元视角看待差异，而不是贴上非黑即白的标签；需要学会认识理解当地的宗教和法律，尊重当地习俗，积极沟通，更快、更好地融入当地生活环境。

留学生需要正确把握国内、国际形势，准确把握基本国情，既不落后于时代，也不脱离实际、超越实际。了解世界正经历百年未有之大变局，我国仍处于发展的重要战略机遇期，充分认识发展的长期性、复杂性和艰巨性。树立中国梦，争做新时代的奋斗者、追梦人。

本章将帮助留学生：

- 认知多元文化，树立文化自信；
- 把握各国法律差异；
- 了解宗教和种族。

第一节 多元文化与文化自信

近年来，中国留学人数保持持续增长态势。教育部公布的数字显示，2019 年，中国留学人数已达 70.35 万，比 2018 年增长约 6%。[①] 留学生应该立足中国又面向世界。一个国家和民族，只有开放兼容，才能富强兴盛。要尊重各国历史特点、文化传统，尊重各国人民选择的发展道路，善于从不同文明中寻求智慧、汲取营养。

专家提醒

通过本节内容的学习，留学生要以开放包容多元的视角主动了解留学目的国的社会文化习俗，积极构建安全支持网络，增强适应能力，积极应对学习和生活难题。缓解对海外留学生活的焦虑，树立文化自信，培养全球意识。

❖ 世界文化的多样性

走出国门前，大多数学生的成长背景相对单一稳定，所接触到的圈层和人脉也比较固定，周围人在价值观、行为模式上高度相似。但是留学海外，留学生需要独自面临全新的文化环境，经历生活和文化上的差异变化，面临意想不到的困难和挑战。正如美国著名文化人类学家露丝·本尼迪克特在其著作《文化模式》中指出的，“不同社会中的文化模式是不相同的，甚至有完全相反的社会价值观”。[②] 因此，留学生在踏上一片新的土地继续学业之前，在准备相关学术和语言考试之余，需要对目的地文化有所了解。

---

① 参见《2019 年度出国留学人员情况统计》，载教育部官网 2020 年 12 月 14 日，http://www.moe.gov.cn/jvb_xwfb/gzdt_gtdt/s5987/202012/t20201214_505447.html。

② ［美］露丝·本尼迪克特：《文化模式》，王炜等译，社会科学文献出版社 2009 年版。

海外留学的经历会带给留学生宝贵的文化收益，但前提是不能停留在走马观花肤浅的层面。如果能够观察体会到不同行为方式背后的文化差异与内涵，那么留学生的留学生活则更有深度，更有广度。本尼迪克特还在其著作中指出："鉴于不同国家所处的自然环境和其特有的历史，每个国家和地区的社会群体会选择对自身社会有价值的风俗、礼仪、生产、生活方式，从而形成每个国家和地区特有的文化习俗。这些文化和习惯也会随着时间、环境的变化而缓慢地发生改变。"从这个角度来看，文化差异是由客观历史和环境因素造成的，不同文化之间没有高低之分，留学生应该以开放的心态理解和尊重世界文化，汲取文化滋养。

探究与思考

请罗列出母国与留学目的国之间的文化差异，并分析差异形成的原因。

❖ 克服刻板印象

专家提醒

刻板印象是一个社会心理学术语，是指我们对于某些特定类型人、事或物的某种高度概括化的认知。刻板印象可以是正面的，也可以是负面的，但由于它并未反映我们所认知群体的全貌，所以总是存在一定的偏差。

在跨文化交际中，刻板印象是普遍存在的现象，我们经常听到如法国人浪漫、意大利人热情、德国人严谨等说法。刻板印象最大的局限是以偏概全，忽视个体差异。当人们说中国人节俭、日本人安静时，这些刻板印象可能总结了中日文化中部分人的特点，却忽略了例外的情况和另一些人的不同倾向和特点。例如，中国的中老年人比较节俭，但是许多年轻人喜欢超前消费；大多数日本人相对来说比较安静，但是也有很多日本年轻人非常开朗外向。这说明刻板印象对一个群体作了过度的概括，没有考虑到个体差异性和事情的发展变化。

那么,如何克服刻板印象呢?以下几点建议对于克服跨文化交际中的刻板印象会很有帮助。

1. 意识到刻板印象的存在。要意识到,我们对不同文化的人所做的判断可能是建立在刻板印象的基础之上的。

2. 改变简单化的思维习惯。克服刻板印象的方法之一是从自动性思维方式变成一种控制性的思维方式。自动性思维是不假思索地做出反应,而控制性思维是在作概括的时候对信息进行仔细而审慎的思考。

3. 对于来自其他文化的个人行为描述,应采用叙述性语言,而不是对这一文化群体进行评价和简单概括。例如,如果有位来自美国的学生考试作弊,教师可以说"一个美国学生这次考试作弊了",而不是说"美国学生不诚实,喜欢作弊"。前者是叙述性的,后者是评价性的。

探究与思考

刻板印象的好处和存在意义是什么?

❖ 文化适应

案例分享

"巴黎综合征"①

巴黎一直是欧洲最负盛名的都市之一。巴黎旅游局官方网站报道,2017年巴黎有超过400万人次的旅客,其中日本游客可以算得上是这个"灯光之城"的忠实旅客。然而,并不是所有的日本游客都能充分享受巴黎时光,部分日本游客反而陷入负面情绪中。在个别极端的案例中,日本游客会出现头晕目眩、出汗、心跳加快,幻觉甚至严重的精神障碍。这些状况并不是最近才出现的,早在1988年,当时在法国工作的日本精神科医师太田博昭就注意到这一现象,并在1991年出版了名为《巴黎综合征》一书,站在精神科医师的角度进行了文化分析。2004年,太田医生

---

① See "*Paris Syndrome*" *Strikes Japanese*, BBC NEWS(2022. 2. 1), http://news. bbc. co. uk/2/hi/6197921. stm.

为主导的团队在法国精神病学杂志《神经》(Nervure)副刊上发表的一篇相关研究更是让“巴黎综合征”再一次出现在欧洲重量级新闻媒体网站上。

法国心理学家赫夫·本阿默指出：“当心理脆弱的游客发现之前对巴黎的浪漫想象跟自己所发现的事实无法调和时，会因承受不住矛盾导致心理危机。”

太田医生在“巴黎综合征”研究中提到一些原因：

语言障碍——很少有日本人会说法语，反之亦然。

文化差异——巴黎人丰富多变的情绪和情感，令严谨的日本人不舒服。

浪漫想象——日本人对巴黎的想象过于浪漫，导致难以接受想象与真实之间的巨大差异。

旅途疲惫——旅行中适应过程会令部分人心理不稳定。

请思考，在开始接触异国文化时应该做好哪些准备会有助于避免产生这种“巴黎综合征”？

专家提醒

1955年，吕斯高(Lysgaard)对在美国的200个来自斯堪的纳维亚地区的学生进行调查，发现居住在美国不足6个月和超过18个月的学生适应性比居住在美国6~18个月的学生的适应性好，从而提出了跨文化适应是个“U形”曲线模式(Lysgaard,1955)。①

1960年，人类学家欧博格(Oberg)把该理论的文化适应过程分为4个阶段：蜜月期、危机期、恢复期和调整期。

“橘生淮南则为橘，生于淮北则为枳。”人的心理状态也是如此，人们成长于特定的文化环境，迁移到一个全新的环境下，必然会对新的环境产生应激反应。这种应激反应被称为“文化冲击”。“逆向文化冲击”最早由学者斯格兹(Scheuts)于1944年提出，主要是指出国人员在离开本土相当一段时间内，经历了异国文化的冲击、适应过程后，回到母国时对曾

① See Lin, C., *Culture Shock and Social Support: An Investigation of a Chinese Student Organization on a US Campus*, Journal of Intercultural Communication Research 35(2), p. 117-137 (2006).

经熟悉、现在却可能陌生的母文化环境产生的类似于进入新文化时的不熟悉、误读等现象。在逆向文化冲击下,留学生归国后往往难以适应而固持自我,从而陷入被误解的处境。根据上面两个概念,我们可以将文化冲击和逆向文化冲击的整体适应过程用古拉豪恩(Gullahorn)夫妇的"W"形曲线模型总结为图2-1。

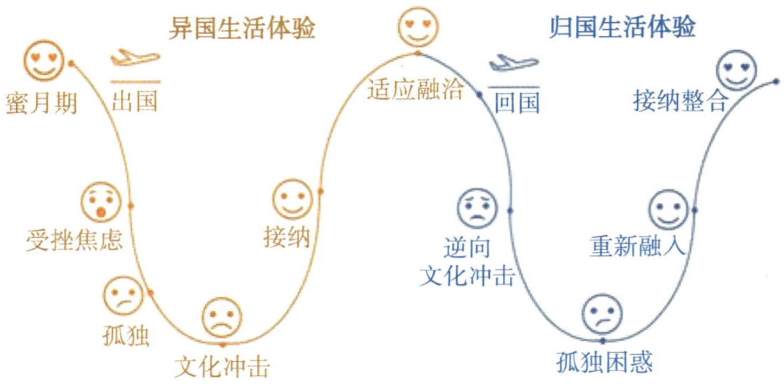

图2-1 文化适应过程模型

资料来源:车笠:《美国旅居者在中国的跨文化适应》,华东师范大学出版社2010年版。

文化适应的最终阶段是人们能够完全融入新文化,并且感到舒适愉快。人们总是在接触新文化的初期感到冲击,如来自口音、语言的差异。经历了低潮一般的挣扎期,体验者开始逐渐接受新环境和新的思维方式,意识到其实人都是社会的产物,从而逐渐用新的视角看待问题,消除偏见。同时,语言的进步、人际关系的加强也会让受到文化冲击的体验者更加自信。最后,体验者能够为"新家"做贡献也被"新家"的成员所接受。这样就开始了建立新生活的良性循环。大部分人在这个阶段自我定义为"多元文化人",因为他们能够从多个文化背景出发看待问题,解释和处理问题。

总之,文化冲击是每个留学生或多或少都会需要面对的一个现象,它既是一个危机,也是一个推动留学生改变自己、提高自己跨文化适应能力的机遇。

❖ 建立文化自信,积极面对跨文化交际问题

“70 后、80 后、90 后、00 后,他们走出去看世界之前,中国已经可以平视这个世界了……”习近平总书记的话语显示了国际国内形势的变化、中国地位的提升,这是我们定力和底气之所在。文化自信是更基础、更广泛、更深厚的自信。文化自信是对自身文化价值的充分肯定、对自身文化生命力的坚定信念。自信不是自大,不是盲目地称赞自己什么都好,而是基于对自身和对方文化的深刻了解,判断我们的文化有哪些优势、哪些劣势,以及如何扬长避短。建立文化自信有助于积极应对由文化差异带来的问题。

人们对于自己民族的文化,特别是如价值观、信仰、态度、行为方式等方面的文化因素往往习而不察。只有学习跨文化交际知识,进行了跨文化的比较和交流,人们才能更加深刻理解自己文化的特点。留学生体验异国文化,也是充分了解中国文化的窗口与契机。

很多留学生表示,出国门后自己更加热爱祖国了。留学生要正确把握中国与世界的发展大势,正确认识中国与世界的关系,既不妄自尊大也不妄自菲薄,做到自尊自信、理性平和。对于海外留学生来说,身处异国他乡,更应该弘扬爱国主义精神,塑造自身海纳百川的胸襟。对每一个中国人来说,爱国是本分,也是职责,是心之所系,情之所归。留学生需要知行合一,把爱国之情转化为实际行动,使留学生理性地表达爱国情感,反对极端行为。

案例分享

哥伦比亚大学"撕名牌"事件①

2017 年中国春节前,一些就读于哥伦比亚大学的中国留学生发现他们寝室门上的名牌被撕了下来。一开始,大家以为这只是个偶然的恶作剧。然而,在之后两天的交流中,他们发现,这其实是一次有组织、有计划的行为。在 5 个本科生宿舍中,写有中国拼音名字的 20 多个名牌全部被撕了下来;而上面写着英文名的中国留学生宿舍名牌则未被破坏。事件发生后,中国留学生自发组织录制视频《说出我的名字》(Say My Name),向外国人介绍自己名字的准确读音和背后深厚的含义,获得国内外网友的高度评价。

请思考,还有哪些方式可以积极地消除文化隔阂,让更多人了解和接纳中国文化?

我们的文化自信,不仅来自文化的积淀、传承与创新、发展,更来自当今中国特色社会主义的蓬勃生机,来自实现中国梦的光明前景。改革开放 40 多年来,我们创造了举世瞩目的成就。国家兴旺,文化必然兴盛,特别是党的十八大以来,我们党把建设社会主义文化强国摆到更加突出的位置,中华文化正迎来一个繁荣发展的黄金期。文化的优秀、国家的强大、人民的力量,就是我们文化自信的强大底气,文化自信的水之源、木之本。正如习近平总书记所说:"站立在 960 万平方公里的广袤土地上,吸吮着中华民族漫长奋斗积累的文化养分,拥有 13 亿中国人民聚合的磅礴之力,我们走自己的路,具有无比广阔的舞台,具有无比深厚的历史底蕴,具有无比强大的前进定力。中国人民应该有这个信心,每一个中国人都应该有这个信心。"

探究与思考

哪些行为可以展现留学生的文化自信?

---

① 参见周乾宪、沙晗汀:《哥大中国学子对"撕名牌"事件说不:说出中文名之美》,载中国新闻网,http://www.chinanews.com/hr/2017/02-11/8147338.shtml。

第二节 留学生与当地法律

中外法律环境存在差异，主要体现在立法目的、执法程序、执法依据、执法标准等诸多方面。这些差异对留学生的学习和生活产生或多或少的影响。我们在国内习以为常的行为可能触犯了当地的法律。如果留学生事先不了解，不遵守当地法律法规，可能要承担相应的法律后果。出境后，如何了解当地法律法规，如何正确配合警察执法，如何运用法律武器维护自己的合法权益，这些问题都尤为重要。

专家提醒

如权益受到侵害，可通过向当地主管部门投诉、司法起诉等正当途径维权，不要采取过激行为。对于当地警察、移民部门的执法行为，不要暴力抗法或者试图贿赂以减轻或免除惩罚。

——《中国领事保护好和协助指南》(2018 年版)第 22 页

❖ 各国法律差异

◆ 违法行为界定的差异

一些根据中国法律只需要受到治安处罚的行为，在境外很可能就是犯罪。很多留学生及其家庭因为不了解当地法律而惹上麻烦，甚至对于违法行为毫不知情。例如，在美国某些地区驾车时速超过 100 英里不是简单的违规，而是轻罪。很多留学生往往对警察的罚单不理会，殊不知罚单在很多情况下是出庭通知单，不出庭的结果就是藐视法庭，法庭就要发通缉令。遇到被起诉的情况，有些留学生家庭试图给警察送礼来逃避惩罚，结果反而增加了贿赂的指控。有些留学生在网上找人代考，这不仅严重违反了学术诚信原则，还可能被美国移民局认定是签证欺诈的罪行，遭受罚金、监禁甚至驱逐的处罚。缺乏版权意识也可能带来违法问题。例如,在未经授权的情况下,在网络下载盗版办公软件,很可能被学校网监查处而遭到退学处分,同时还可能受到警方起诉。

在英国的中国留学生由于对当地法律知之甚少,不经意间触犯英国法律的事情也时有发生。例如,汽车故障发生后,留学生没有把车子停放到安全位置,没有当场报警,结果被控危险驾驶,影响工作和永久居留权的申请。很多人在中国买车不一定随同购买保险,而在英国无保险驾车属于违法行为,遇到警察检查会被开罚单甚至没收驾照。

新加坡是法律特别严的国家,一些违法行为不仅有罚金和社会服务惩罚,还可能遭受鞭刑处罚。例如,曾有留学生在公共物品上涂鸦,被判2个月监禁和打6鞭的处罚。乱丢垃圾的惩罚方式除了罚款之外,还包括身着鲜艳的绿色背心清理特定区域。新加坡在大多数场合禁止吸烟,严格禁止嚼口香糖,严重违反者最高可以判处2万新加坡元罚款和2年监禁。还有诸如忘记冲马桶、路边停车不熄火、未经许可接入别人的开放Wi-Fi等,在新加坡都属于违法行为,将受到处罚。

有时在国内被轻视的小事,在国外可能被起诉,导致意想不到的后果。例如,与人争吵说了威胁的话或者在网络社交媒体上发布威胁他人安全的言论,有可能被控恐怖威胁,被开除、驱逐出境甚至入狱(见表2-1)。

表2-1　各国针对社交媒体威胁言论的处罚措施

国家	网络社交媒体发布威胁他人安全言论的处罚措施
美国	发出恐吓的言辞的,重则将最高罚款75,000美元,监禁3~5年
英国	普通威胁属于即决犯罪,可判处罚金或6个月以下监禁
新西兰	威胁的言论,被处以高至7年监禁
挪威	处以罚金或6个月以下监禁

探究与思考

搜集相关网站，查找美国国土安全部近期公布的社交网络监控关键词。

◆ 执法差异

各国在执法理念、执法程序、执法方式上也存在差异。留学生应注意了解并遵守当地法律法规，学会与有关执法人员打交道的正确方法，在保持冷静、对执法人员保持尊重和礼貌、配合执法的同时，记住无论你是否有过错，也无论你是证人还是嫌疑人，都有保持沉默、聘请律师等权利，要有理、有据、依法、合法地维护自身权益。各国的法律机构、法律内容和司法程序都有差异，留学生在了解当地司法程序的前提下，才能更好地维护自己的正当权益。

各国设置有不同级别和门类的执法人员。以美国为例，执法人员主要负责维护社会治安，保障公共安全，种类多，分工各不相同（见表2－2）。

表2－2　美国执法机构（选取部分）

美国机构	英文全称及简称
联邦调查局（负责美国国内情报与安全机构，调查违反联邦刑法的行为）	Federal Bureau of Investigation, FBI
移民与海关执法局（负责识别、调查和处置美国移民、海关领域的违法犯罪活动）	Immigration and Customs Enforcement, ICE
海关与边境保护局（负责规范和促进国际贸易，防止非法个人和违禁品进入美国，保护美国知识产权不被窃取）	Customs and Border Protection, CBP
运输安全管理局（负责美国境内公共交通安全事宜）	Transportation Security Administration, TSA
联邦缉毒署（负责打击美国境内的非法毒品交易和使用）	Drug Enforcement Administration, DEA

美国各州的警察主要负责州政府部门的安全以及州内高速公路的安全。在加利福尼亚州，州警被称为加利福尼亚州高速公路巡警（California Highway Patrol, CHP）。州警通常自称为“Officer”（警员）。在日常生活中，留学生时常遇到的是地方警察。人口较多的大城市一般设有警察局（City Police Department），如洛杉矶市、蒙特利公园市等，警员头衔称为“Officer”或“Corporal”。不少小城市没有专设警察局，由所属郡县的警察局（County Sheriff）负责治安，警员头衔称为“Deputy”。以洛杉矶县为例，全县有88个城市，其中47个有市警察局，而其余城市的治安均由县警察局维护。除维护治安外，县警察局还负责凶杀案调查、紧急救助、监狱、法庭安全等。如认为涉及刑事，案件通常会转交另一组执法人员“Detective”（探员）进一步调查。他们一般不着警服。

美国警察有滞留权、讯问权、搜查权、逮捕权，而且当警察感到自身安全受到威胁时，可以采取“高对方暴力等级一级”的自卫方式。最关键的一点是，当不确定对方出现什么状态的时候，可按最高方式处理。因此，面对美国警察执法的日常规则，核心就是要当场听从警方的命令。

当然，警察是无权随意搜查的，警方的搜查必须要遵循相应的程序。美国宪法的第四、第五、第六修正案保护公民的人身、住宅、文件和财产免受非法搜查、扣押的权利。“除非基于可能成立的理由，以宣誓或证言保证，并详细说明搜查的地点和人或者要扣押的物品，否则不得签发搜查和扣押状”，如无搜查令，那么所取得的所有证据都将视为非法证据。面对非法搜查，以上规定广大留学生维权的依据。

执法人员搜查通常有以下情况：一是在征求当事人同意后进入搜查，但当事人也可以拒绝执法人员要求，明确表示本人反对：“I do not consent to a search.”（我不同意搜查。）二是执法人员在向法官申请到搜查令（Warrant）后进行搜查，当事人无权拒绝，须予配合。三是如有充分线索或证据怀疑你涉及重罪且证据可能被销毁，如携带违禁品、危险品或车辆正被用于违法活动等，执法人员可依法直接进行搜索而无须事先申请搜索令。

案例分享

1994年美式橄榄球运动员明星辛普森谋杀其妻子和另一名男子的刑事案件引发全球关注。此案的审理由于警方的几个重大失误导致有力证据失效,从而使辛普森逃脱了法律制裁,仅被民事判定对两人的死亡负有责任,成为当时美国最为轰动的事件。本案也成为美国历史上无罪推定的最大漏洞案件。

辛普森的辩护律师提出,在辛普森案发的当天晚上,警察在他家里找到的一大堆证据,都不能作为合法证据在法庭上提供给陪审团。他们的依据是《美国宪法第四修正案》:“人人具有保障人身、住所、文件及财物的安全,不受无理之搜索和拘捕的权利;此项权利,不得侵犯;除非有成立的理由,加上宣誓或誓愿保证,并具体指明必须搜索的地点、必须拘捕的人,或必须扣压的物品,否则一概不得颁发搜捕状。”

在美国,执法程序的正当性非常重要。辛普森案的警察在没有合理原因且没有取得搜捕状的情况下在现场获得了证据,违背了《美国宪法第四修正案》。因为宪法效力最高,即使铁证如山,法官仍判决警察为非法取证,证据作废。换一个角度来看,如果留学生遇到警察没有搜捕状进行搜查的情况,也可以适当行使不同意搜查的权利。

请思考,通过了解执法程序可以如何保护自己的合法权益?

◆ 各国内部法律法规差异

不仅国家与国家之间存在法律差异,很多国家内部各地区的法律法规也存在差异。以美国为例,美国是联邦制的普通法系国家。美国现行法律体系由判例法和成文法共同构成,形成5种法律渊源:宪法、制定法、条约、行政法律法规和普通法。美国国会是美国联邦法律的立法机关。《联邦宪法》法律效力高于美国州法。美国50个州均具有完全主权,拥有各自的州宪法、政府及法院,分别制定州法律、法规,根据州立法授权制定地方条例并进行适用、解释与司法审查,而联邦政府则仅拥有宪法明确列举规定的权力权限。美国公民日常适用的法律大多为各州州法。例如,美国联邦法律规定年满21岁可以购买香烟,目前阿肯色州、加利福尼亚州、康涅狄格州、特拉华州、夏威夷州、伊利诺伊州、缅因州、马里兰州、马萨诸塞州、新泽西州、纽约州、俄亥俄州、俄勒冈州、宾夕法尼亚州、得克萨斯州、犹他州、佛蒙特州、弗吉尼亚州和华盛顿州19个州执行这一规定。

在加拿大,魁北克省租房方面的法规与其他省份都不同,例如,魁北克省的房东不能收取任何形式的押金,包括钥匙、遥控器、家具等。房东不可以收取超过一个月租金,也不可以要求租客通过远期支票或任何其他类型的远期交易方式付款。

❖ 留学生应遵守当地法律与维权

◆ 留学生须配合执法

遵守当地法律是异国留学生活的前提,任何违法犯罪行为都会留下记录,影响未来的生活。例如,美国的交通罚单会影响随后的保险金额和银行信用积分。违法犯罪记录在各国的使用也有差异。在美国,雇主和房东在背景调查都可以检查犯罪记录,因此违法行为的污点可能影响未来找工作、租房子、进出境等方面。留学生需要建立法治观念,了解当地法律法规,遵纪守法,防范下意识触犯法律,避免造成追悔莫及的后果。无论在哪个国家留学,遇到警察执法,千万不可做出任何疑似过激的反应,否则可能有很严重的后果。同时,如果警察出于一些原因要逮捕你,你认为自己无罪而争辩拒捕,可能被控扰警执法。

在入境留学国家和进入该国家后,可能遇到各种不同的执法情境。在应对不同的执法情境时,留学生都需要认真配合警方。以留学美国为例,主要可能遇到以下6种需要配合执法的情境:

1. 配合出入境检查

在入出境口岸,海关与边境保护局(U. S. Customs and Border Protection,CBP)执法人员通常会检查入境者所持的身份证件及美国签证,采集入境者的指纹,拍照并审查赴美事由,以决定是否准许入境及在美停留期。美国签证仅表明允许持有人进入美口岸，办理入境手续，并不等于当然能入境美国。执法人员可能现场拒绝被怀疑资料，可能拒绝非法滞留或非法就业等人员入境。

执法人员如对入境人员的入境目的、证件等有怀疑的，可能将其带到再次检查区域，进一步面谈，可能查验留学生的学生证、成绩单等材料。海关和边境保护局、联邦调查局（Federal Bureau of Investigation，FBI）等单位执法人员可以通过航空公司掌握当日航班乘客名单，对乘客进行随机抽检，或有针对性地盘问、检查，无须搜查令。执法人员无须事先申请搜查令而有权检查所有入境者所携带的物品，包括箱包、电脑、硬盘、手机等。

在排队等候办理入境手续时，注意保持安静，避免有使用手机、东张西望或多次变换队列等易给执法人员造成疑虑的行为。在接受问询时，如使用翻译服务，应注意确认翻译人员是否能如实、完整地转达双方的意思。如有疑问，可当场提出异议，要求更换翻译人员。如被要求签署问询笔录等文件，务必仔细审阅，确认内容无误再认可、接受。如有疑问，要当场提出。在被允许入境前，仍被视为未进入美国领土，因此入境受阻人员通常无权联系或聘请律师，或联系我驻美国使领馆。过程中建议配合并保持理性、尊重。如遇不公正对待，应记下对方工作人员的姓名或工作编号，最好能够寻找到证人，以备事后申诉、投诉。①

2. 理性应对警方盘查

警方盘查“Stop and Frisk”，即“阻拦和拍触”。当警察有合理的理由怀疑人身或车内所在物品是赃物、违禁物时，有权对其实施拦停、搜索。遭遇盘查时应沉着应对，沟通时保持冷静，千万不要激动，语言交流有障碍可以申请求助，或者借用翻译，如果一时难以寻求到帮助，则要懂得沉

---

① 参见《提示：入境美国受阻怎么办？》，载中国驻洛杉矶总领事馆官网2019年8月27日，https://www.mfa.gov.cn/ce/cgla//chn/lbqw/lqzt/cjrj/t1692429.htm。

默是金，事后找律师。可以用录像或者录音设备记录下被拦截或搜查的过程。不要突然将手伸进包里或者口袋里，曾经有留美学生在面对警察查询的时候，因为急于拿出自己的证件证明身份而被警察举枪警告。

执法人员在搜查房屋、车辆时，通常会出示法庭签发的搜查令。搜查令列有搜查的对象、时间、地点、范围等信息。有的搜查令只允许搜查当事人个人房间。在搜查过程中，当事人既不能阻碍搜查，也不要随意走动，而应在安全位置等候。如执法人员带走证物，通常会向当事人提供物品的清单，请妥善保存。如未提供，当事人有权主动索要。如带走电脑、硬盘、手机等，当事人享有沉默权无须提供电子产品的密码。执法人员持证搜查即表示所涉刑事案件已经立案，有可能在整理所搜到的新证词或证据后向法院申请逮捕令，当事人应尽快聘请律师了解、跟进案情。

3. 行车被拦配合执法

交通违规被拦截是最常见的与执法人员打交道的情况。当驾车人看到跟随警车红灯闪亮或听到警车鸣笛时，必须尽快驶向道路右侧，并在安全地带停车待查。

不要自行下车，应摇下车窗玻璃，双手放在方向盘上，等候执法人员上前问询。在未征得对方的同意情况下，双手不要离开方向盘，以免被误以为伸手取枪。应按照执法人员指令，出示驾照、车辆注册证、保险单等文件，如实回答提问。如果执法人员当场开具“Notice to Appear”（出庭通知），建议签字。签字表示同意出庭处理罚款，并不表示当场认罚，而拒绝签字可能因妨碍司法而被拘捕。无论此后是否收到法院的通知，对出庭通知都不能置之不理，应由本人或委托人提前到法院查询并及时出庭，否则可能以藐视法庭罪而被通缉。建议自行聘请律师处理，如无力聘请律师，也可向法院申请指派律师。请注意，不少法院并不会再次发信通知开庭，也可能出现执法人员未按时将资料送到法院的情况，须主动到法院网站或打电话查询。如对执法人员开具的罚单内容持异议，应保留相关证据，以便在出庭时向法官申辩。

4. 配合警方问话

执法人员可能在入境、出境、驾车，以及对房屋或车辆进行搜查等情况下拦住调查对象进行问话。

只有法院具有判决权，执法人员问询、搜查或拘捕，并不等于宣布你已违法犯罪，注意保持冷静。首先要弄清问话的目的，以确认自己是否为执法调查对象，或是在协助执法人员办案。执法人员问话的目的是寻找线索或证据，供起诉定罪使用。他们往往是有备而来，会使用问话策略。不要试图与执法人员套近乎，更不要采取行贿等不正当手段以求通融。嫌疑人的言谈可能被用作呈堂证供，法律保障民众不提供于己不利证词的权利。除配合确认本人身份信息外，无论是否有过错，无论是证人还是嫌疑人，都有保持沉默的权利。沉默不是犯罪，但向执法人员提供不实的证据或证词，则是可被判刑的重罪。如果本人是被怀疑的调查对象，最好选择不回答。如果是证人，可选择回答，也可选择不回答。如果决定行使沉默权，应清晰、明确地声明："I would like to remain silent."（我选择保持沉默。）

除入境检查时不可聘请律师外，当事人有权要求聘请律师或要求自己的律师在场，或可先咨询律师，或由律师出面与警察沟通。

5. 理性应对警方拘捕

在搜查、问话后，执法人员可能采取拘捕等行动。法律对执法人员的安全保护格外严格，允许执法人员在履行职责时合理使用武力，并在生命受到威胁时使用致命武器。

保持冷静，不要有任何过激言语与举动。即使你无意伤害对方，也要避免与执法人员当场争辩、吵闹，甚至肢体接触或冲突。将手放在执法人员能够看得见的地方，不要有任何可能让执法人员误判有攻击性或危险性的举动。否则，可能被控袭警罪。有权询问被拘捕理由。记住执法人员胸前标牌上的姓名及编号。如果在被拘捕过程中受伤，应主动寻求或要求提供治疗，并请医生对自己的伤势作详细记录。在被拘押期间，有权要求会见律师以寻求法律支持。

《中华人民共和国和美利坚合众国领事条约》(以下简称《中美领事条约》)规定,遇有派遣国国民被逮捕或受到任何形式的拘禁,接受国主管当局应立即通知,最迟于该国民被逮捕或受拘禁之日起的4日内通知派遣国领事馆。如果由于通信设备方面的困难在4日内无法通知派遣国领事馆,也应设法尽快通知。应领事官员要求,应告知该国民被逮捕或受到何种形式拘禁的理由。根据《中美领事条约》的规定,被拘捕的中国公民有与本国使领馆领事官员联系(communicate with a consular officer)的权利,并寻求帮助,包括推荐律师、进行探视等。美方应立即告知当事人享有条约所赋予的该项权利,也可要求执法人员履行条约规定的义务。

6. 理性应对出席庭审

加利福尼亚州刑法规定以下行为(包括但不限于)属蔑视法庭:不听劝阻、肆意喧哗;强行录像录音;冲击法庭、破坏法庭设施、故意不遵循法庭命令;不符合法定例外条件而拒绝宣誓作证或拒绝回答实质性问题;对法庭诉讼发表错误或不准确的陈述等。

进入法庭应该着装整齐,不能戴帽子,也不能使用手机。未经法官同意不能在法庭内拍照。出席庭审者应主动遵守法庭秩序并听从法官及法警指令。刑事案件当事人如无能力聘请律师,法院会指派公辩律师。法庭会应刑事案件当事人请求而指派中文翻译,但没有义务为民事案件当事人提供翻译,当事人应自行解决。

◆ 留学生须学会维权

如果你认为执法人员执法不公、滥用权力、不当使用武力、涉嫌歧视等,可向执法部门投诉,或通过法律程序起诉执法人员,以维护自己的合法权益。

1. 报警求助

在遇火灾、严重意外、急病等危及生命、财产安全的紧急情况时,或在遇枪击、抢劫等危险犯罪行为时，应立即拨打“911”或当地警局电话求助。如英语不佳，可重复“Chinese”一词，提示接线员寻找懂中文的人员接听电话。求助时应尽可能准确地提供事发地点、现场情况、危急程度等，以便警方尽快、准确做出判断。在遇到财物遗失、车辆被盗等非紧急情况时，勿拨打“911”，而应根据情况按当地警方提供的其他联系方式报警。

2. 投诉

注意向投诉部门提供有关执法人员的姓名、编号等身份信息以及事件详情。如有目击证人，应向其获取证词或请其前往作证。可直接赴有关执法机构当面投诉，也可通过该机构公布的热线电话、邮箱等进行投诉。

❖ 维持留学生身份

一些国家对违反学生身份的行为有严重的处罚，如终止留学签证、遣返，甚至禁止再次入境。护照过期未及时更新，或因为学年注册少于项目规定的学分而不能达到全日制学生要求，都可能影响学生身份的保持。在美国的留学生 I－20 表格失效的原因有很多种：平均学分绩点（Grade Point Average，GPA）低被开除、出勤率低、学术不诚信（考试作弊、论文抄袭、作业抄袭、伪造信息）、未满足最低学分要求、在转专业或转学位的过程中未能及时申请获得新的 I－20 表格，或者未获得工作许可在校外工作。

一方面，留学生需要了解并且严格遵循关于学生身份的各方面规定；另一方面，如果由于学术表现不够好等原因导致 I－20 表格失效，留学生应紧急处理、积极应对，避免影响之后的赴美申请。例如，通过申诉信向学校争取机会。一些美国大学对学生做出开除或其他学术处罚决定后，给予学生的唯一一次申诉机会。学生可用书信、邮件的形式自证清白，表达对校方决定的不认同；或向学校表达自己的悔改意愿以寻求改正的机会，继续留在学校求学。接到学校处罚通知后第一时间分析自身情况，厘清造成现在状况的原因,并制订相应计划来提高学术成绩,学校通常会给予学生申诉机会。如果学校的开除或者停学处理非常强硬,尽快转入中美教育部认证的合作院校或社区大学,则可以维持留学生身份。

很多国家的留学生在大学毕业后通常可以申请阶段性的实习许可作为正式获聘前的过渡。在美国,持 F-1 签证的大学生和研究生经学校批准以及被美国公民及移民局核准后,可以在校内外相关专业领域进行实习训练,这一工作许可称为"OPT"(Optional Practical Training)。即使不选择在美国工作,OPT 也是学生在专业领域积累宝贵经验的好时机。该许可有效期通常为 1 年,但科学(Science)、技术(Technology)、工程(Engieer)和数学(Mathematics)领域的相关专业毕业生的 OPT 可以再延期 2 年(又称"STEM 延期"),所以 STEM 的 OPT 有效期可达 3 年。

OPT 申请人当前必须是持 F-1 签证的留学生身份,在美国认可的学制学位累计就读满 1 年,并修满毕业学分。申请需要在毕业前 90 日内开始递交,并向学校国际学生办公室申请签发 OPT I-20 表格。如果在毕业后的 60 日内没有递交 OPT 申请或者在 OPT 生效后,在 OPT 期间累计超过 90 日没有工作,留学生就必须离境。STEM 专业的学生可以有累计不超过 150 日的失业期,超过以上期限,也将失去合法身份。没有及时离境或成功转学的学生将处于滞留状态,这对之后再次入境有一定负面影响。

自 2019 年起,在英国的留学生毕业后可申请留英 2 年找工作,该毕业生工作签证简称 PSW 签证(Post-Study Work,毕业后工作)。两年后,如果毕业生找到符合技能要求的工作,可以转而申请技术类工作签证。2011 年,澳大利亚联邦移民部也曾推出 PSW 签证,即完成两年本科、硕士或博士学位课程的学习后,就可拿到 2~4 年的临时工作签证。从德国高校毕业之后,国际学生的法定实习期叫作"找工作签证"(英文:Job Seeker Visa,德文:Visum zur Arbeitsplatzsuche),持德国高校学位证书的毕业生可获得"找工作签证",期限最长为 18 个月。

探究与思考

如果在留学目的国遇到警察盘查，你如何应对？

第三节　宗教与留学

海外留学生在多元的文化环境下将接触到多元的宗教文化，本节将帮助留学生了解宗教信仰与禁忌，更好地适应留学目的国当地的文化生活。

专家提醒

留学生要主动了解、尊重其他宗教和种族的生活习俗和交流规范，避免冒犯他人。同时，留学生可以了解学校所在地区的宗教政策法规，避免刻板印象、偏见，学会分辨危险因素，并运用合法方式保护自己。

❖ 宗教信仰

◆ 宗教概况

宗教是人类社会发展到一定历史阶段出现的一种文化现象，属于社会特殊意识形态。宗教深刻影响了人们的世界观和价值观，世界上的几大宗教都为拥有不同文化的人们提供了道德标准和行为指南。基督教的“平等”“博爱”思想，犹太教的“正义”观念，佛教的“轮回”及“因果报应”等，都深刻影响了信奉这些宗教的人们的行为和观念。

基督教与佛教、伊斯兰教并称三大宗教。2015 年美国独立民调机构皮尤中心(Pew Research Center)发布了一份关于“变化的全球宗教形势”的调查报告。该报告显示：2015 年，在世界 73 亿人口中，基督徒人数最多，约 23 亿人，占世界人口比例为 31%；穆斯林次之，约 18 亿人，占比

24%;排第三位的是印度教徒,约11亿人,占比15%。

留学生可能接触到不同的宗教文化习俗。基督教教徒在日常饮食中不吃血制品。天主教会为纪念耶稣基督制定了守斋的规则,分为小斋和大斋。小斋是在星期五这一天,禁忌吃热血动物的肉,可食用鱼虾。大斋是每年复活节前40日的斋月,需遵循规则进食;在圣灰礼日和耶稣受难日早、晚餐只吃少许点心。伊斯兰教在饮食方面有四类禁忌,包括自死物、溢流的血、猪肉和“诵非安拉之名而宰的动物”,另外要求教徒禁止饮酒。佛教对僧人的饮食要求更为严格,食素戒荤。了解尊重这些宗教文化习俗有助于留学生与不同宗教信仰的人更好地相处。

宗教节日,是与宗教信仰有关的节庆活动。在古代阶级社会,各个民族和国家的节日都与特定的宗教信仰或习俗有关,如中国的春节、清明节、端午节、中秋节等。近代以来,许多民族和国家、地区还保留着与宗教有关的节日,如西方的圣诞节、复活节,中东的开斋节、宰牲节等(见表2-3)。

表2-3 宗教节日及意义

宗教	宗教节日	庆祝仪式	意义
基督教	圣诞节(12月25日)	教堂的圣诞颂歌和子夜弥撒,以及民间的圣诞装饰和圣诞礼物	耶稣诞辰
犹太教	逾越节(每年三四月间,希伯来历尼散月的第15天起持续7天)	逾越节晚餐和祝祷	纪念上帝降罪于埃及时越过以色列人
伊斯兰教	斋月(伊斯兰历法新月出现开始持续一个月)	禁食、祈祷、诵经	纪念古兰经降于世人
	古尔邦节(伊斯兰历每年12月10日)	宰牲口分赠,祝福奉献和友善	纪念先知亚伯拉罕忠实执行真主安拉的旨意打算献祭自己的儿子,后经安拉宽免由羊羔代替

我国《宗教事务条例》第一章“总则”第 2 条规定：公民有宗教信仰自由。任何组织或者个人不得强制公民信仰宗教或者不信仰宗教，不得歧视信仰宗教的公民或者不信仰宗教的公民。信教公民和不信教公民、信仰不同宗教的公民应当相互尊重、和睦相处。

◆ 宗教与校园

国外很多院校有宗教背景。在 19 世纪后期，公立大学得到长足发展之前，美国大学超过 80% 是由宗教团体建立的。这些高校通常能得到教会雄厚的资金支持，学校的硬件设施和师资力量过硬，学费也较低。

一些具有宗教背景的院校在学术与教育方面享有非常高的声望。如哈佛、耶鲁等这些在殖民期间建立的大学，通常都有基督教新教的背景，宗教教育也是学校早期的主要课程。乔治城大学、圣母大学、波士顿大学、埃默里大学和福德汉姆大学，都是由天主教会团体创立的。马萨诸塞州的布兰戴斯大学是犹太人建立的大学，不少著名的犹太学者在此任教，包括大作曲家伯恩斯坦、心理学家马斯洛、社会理论家马库斯等。

从学校的校名中也可以判断其宗教背景，通常校名中包含“Catholic”的是天主教学校，包含“Christian”的是基督教学校，包含“Lutheran”的是路德教学校，包含“Baptist”的是浸信教学校。

很多人会认为有宗教背景的学校在教育教学中必定带有宗教色彩，其实不然。这取决于各国的教育政策和法规。由于法律中存在对宗教自由的规范，美国院校不会限制申请者的宗教信仰。教会办学只提供场地、经费及人才等支援补给，通常不参与经营管理，因此，多数有宗教背景的大学都逐渐淡化了宗教特征，宗教内容的课程也仅作为选修课，不强制要求学生参加宗教仪式。其他发达国家在教育政策法规方面，也大多倾向淡化私立学校的宗教色彩。例如，日本的多数宗教院校是基督教学校，日本教育法规规定公立学校的教育项目不涉及宗教；瑞典教育法规规定所有宗教私立学校开设课程时必须遵循政府的课程指导方针；法国要求所有学校非宗教化;澳大利亚要求私立学校不得强制要求学生学习"特殊宗教课程"。

留学生通常会接触到有宗教信仰的教师、同学和团体,会被邀请参加免费的餐会、演出、语言班或休闲聚会。在面对宗教问题时,留学生既要有尊重、开放、包容的交流态度,也需要保持独立判断思考的能力。

❖ 种族群体关系

◆ 多种族聚居

世界人口从种族上划分,白种人占 43%,黄种人占 41%,黑种人占 8.5%,其他人种占 7.5%。美国作为中国留学生主要目的国之一,其社会文化具有突出的种族多元化特点,素有"文化熔炉"之称。美国多数城市的种族群体被分为五大类:白人(White)、黑人或非裔(Black/AfricanAmerican)、亚裔(Asian)、西班牙裔(Hispanic)及其他(Other)。在纽约,白人占 31.9%,非裔占 21.7%,亚裔占 14.1%,西班牙裔占 10.4%,其他占 14%。在这些人中,48.6%平时使用非英语的语言交流。纽约市除了华人最熟悉的唐人街(Chinatown, Manhattan),还有其他族裔聚居地,如布鲁克林的小波兰(Little Poland)、皇后区的小圭亚那(Little Guyana)、曼哈顿西 32 街的韩国城(Koreatown, West 32nd Street, Manhattan)、皇后区杰克逊高地的小印度(Little India, Jackson Heights, Queens)、布鲁克林布莱顿海滩小敖德萨俄语区(Little Odessa, Brighton Beach, Brooklyn)和曼哈顿的小意大利(Little Italy, Manhattan)等。各族裔聚居的街区富有民族特色,充满活力。

新加坡是一个东西方文化融合的国际化都市,也是典型的移民国家。主要种族有华夏民族、马来族、印度族,这些移民将各自的传统文化带入新加坡,塑造了独特的多元文化。

◆ 种族歧视与种族中心主义

种族歧视(racial discrimination),是指一个人对自身所属人种之外的人种,采取蔑视、厌恶及排斥的态度,并用言论行为表现出来。种族歧视始于殖民时代,在经历了两次世界大战、第三世界独立运动和西方国家内部的种族平等运动后,世界各国努力打破对少数族裔的不平等待遇。

种族中心主义,又称“民族中心主义”或“文化中心主义”,是人类学的一个概念。种族中心主义是指在思考和评价别的文化时,把自己的文化放在一切事物的中心位置,并且以自己的文化框架作为衡量的标准。种族中心主义主要表现在两个方面:一是认为自己的文化比别的文化优越;二是以自己文化的价值观或规范来衡量或评价别的文化。

◆ 种族歧视与跨文化交际

中国留学生在全球各个国家的国际学生中占比越来越大,但遭受种族歧视、不公正对待和恶意暴力袭击的事件也频频发生。留学生与不同文化、不同种族的人们进行交流时要做到不卑不亢、自尊自信,同时又宽容、尊重,对待种族歧视,应客观冷静,理性处理,保护自身权益与安全。

案例分享

2019年1月27日,杜克大学校报报道:生物统计硕士项目的所有学生收到尼利(Neely)博士的一封群发邮件,要求他们在该系教学楼或其他校内场所“务必100%用英语交流”。根据尼利博士邮件的要求,有人向尼利博士检举两位中国留学生使用中文交流,他们试图确定学生身份并记录在学生档案中,而这些记录很可能给他们的实习或就业带来负面影响。杜克大学医学院院长玛丽克劳特曼(Mary Klotman)第二天发邮件,针对尼利邮件中的言论向师生道歉。

请思考,如何分辨他人的批评是善意还是歧视攻击?如何用适当的方式保护自己的权益?

在事实认定层面上,种族歧视有时也取决于接受者的感受。文化差异是解读歧视与否的重要影响因素。西方人言语表达中的幽默含讽刺较多,那些讽刺性的笑话可能使中国留学生误解。这类因文化差异而造成的沟通尴尬,通常在充分解释后便可化解消散。留学生应注意自身言行,避免在无意识中传达歧视,或包含刻板印象、偏见。如果言语不当,伤害他人,自己却无知无觉,则易给跨文化交际带来负面影响。

在很多国家,种族歧视是违法行为,有种族歧视言论和行为的学生可能被起诉至学生法庭。如果留美学子在美国认为自己遭遇了种族歧视,可以按规定向学校申诉,甚至通过法律途径解决问题。留学生亦应谨慎对待,避免无意识中流露出对其他种族的歧视。在一些情况下,由于自身的语言障碍或行为习惯,留学生可能在特定情境下被误解为种族歧视。例如,用刻板印象简单地将他人归类,造成无意识的冒犯;过度强调各自的种族问题,过分挑战其他种族的文化习惯或不尊重他人等。这些都可能成为种族歧视的导火索,留学生遇到这种情况,一定要及时解释清楚,甚至可以寻求律师帮助。

案例分享

某留学生在英国读高中,他选修的一门宗教课老师对中国有很强的刻板印象。开学第一天老师就问他:"Do you still have an emperor in China?"(中国现在还有皇帝吗?)在之后整个学期,这位老师不断在课堂和作业批改中贬损中国。该留学生携带一学期的作业批复向校长申诉。最终,涉嫌歧视的该名老师被开除。

请思考,如何分辨他人的负面评价是否存在歧视和攻击,如何用积极的方式沟通理解,如何用适合的方式保护自己的权益?

"君子和而不同,小人同而不和。"真正的君子并不苛求他人与自己处处保持一致,而是充分理解尊重对方,既不一味迎合攀附,又不排斥诋毁,保持开放的姿态。民族之间、宗教之间、种族之间,亦如此。在不同的国家生活学习,我国留学生应秉承各民族、各种族平等的原则,作为未来的全球化人才,尊重文化差异。

专家提醒

当我们正面遭遇种族歧视或不公平待遇时，应该保持冷静，尽量控制情绪。

1. 尽量做到入乡随俗，努力走出舒适区。首先要了解当地文化习俗，言谈举止不要偏离普遍认可的行为规范。避免挑战对方的文化习惯，尊重双方的交往方式。

2. 积极寻求各方资源帮助。充分利用学校资源。例如，学校的多元融合中心(Center of Diversity and Inclusion)、奥姆巴德办公室(Office of the Ombuds，隶属政府或学校的独立工作人员)、卫生健康中心的心理咨询处等。人权与平等机会事务机构也可以提供帮助，一般是由专门负责人权和平等事务的机构来出面调解。

3. 留取证据，保证自身安全。如果遇到情绪激动的歧视攻击时，切勿激进。在保证自身安全的前提下，尽量留取证据(照片、视频均可)，及时寻求法律帮助，主动维护权利。

探究与思考

观看 TED 演讲《单一故事的危险》(The Danger of a Single Story)。

小说家阿蒂奇(Chimamanda Adichie)分享了她找到自己真实的文化故事。她在演讲中告诉人们，生活和文化由许多重叠的故事组成，片段式碎片化只关注一个故事或故事的一个方面，很可能导致误解和分歧。请思考如何从不同的角度和层面看待文化差异和文化的多元性。

第三章　心理与社交安全

留学生背井离乡，面对陌生环境，独自承受学业生活等多重压力，容易出现心理问题。统计数据显示，中国留学生群体中罹患心理疾病的概率远高于普通公民，甚至近一半的留学生在留学期间出现心理抑郁症状。

由于价值观念、语言文化、社会准则、思维方式等方面的差异，留学生在新的社会文化环境往往出现心理和社交困境，呈现社交恐惧、考试焦虑、自我怀疑等不适症状。同时，留学生不切实际的期望、对交际行为的错误归因、刻板印象、偏见、种族中心主义等不恰当因素也会造成心理压力。留学生主动学习中西方文化差异，掌握跨文化交际知识，建立开放、尊重、宽容的态度，对于更好更快地适应留学环境具有重要意义。

本章将帮助留学生：

- 认知文化价值观差异；
- 掌握心理健康调节方式；
- 建立安全优质社交圈；
- 远离不良行为习惯。

第一节　跨文化交际

随着交通、通信技术的发展，跨文化交际成为人们日常生活的一部分，如何有效地进行跨文化交际成为人们普遍面对的问题。学习跨文化交际知识有助于留学生树立世界眼光，建立敏锐的跨文化意识，提高文化适应能力。同时，跨文化交际技能可以培养留学生批判性思维，理解世界观、价值观、思维方式差异，建立对待不同文化的积极态度。

价值观是影响跨文化交际最主要的因素。价值观是文化核心，体现了一种文化的本质特征。价值观是行动指南，指导人们的交际行为，并深刻影响人们对他人交际行为的解读。对不同的行为与观念，留学生应该采取尊重与宽容的态度，遇到误解时，应先尝试从文化价值观的角度去解读，不能简单地归因于人性的缺点或不良动机。

专家提醒

根据范蒂尼(A. E. Fantini)2006年的研究，跨文化交际能力是指与异文化的人们进行有效而得体的交往所需的综合能力。胡文仲先生在《跨文化交际学概论》中提及，“具有不同文化背景的人从事交际的过程，就是跨文化交际”①。留学行为属于跨文化交际，这种交际体现在语言、社交、生活方式等多元领域。了解不同国家和民族的文化取向、世界观和价值观，有助于预测和解释跨文化交际中不同文化背景的行为方式，从而避免用自己的文化标准去解释他人的行为方式。

❖ 文化价值观

异国文化与母国文化具有相通性，体现人类文明的共性。随着全球化发展趋势，虽然世界各国文化元素呈现互通性、相似性，但是深层不同

① 胡文仲：《跨文化交际学概论》，外语教学与研究出版社1999年版，第15～18页。

的价值观渗透到社会生活的各个层面，具有相对稳定性和独立性，发挥着潜移默化的作用。因此，留学生更需要关注异国文化与母国文化的差异。

留学生在异国他乡观察到的文化差异如同露出水面的“冰山一角”，而深层的价值观差异则是隐藏在“水下”不易察觉的主要部分。基于文化价值观差异，一些在母国习以为常的行为方式，在新的社会文化环境很可能被误解或排斥，带来社交障碍。

克拉克洪（Kluckhohn）与斯托特帕克（Strodtbeck）是美国的人类学家，他们的价值取向理论是最经典的价值观理论。两位学者研究发现，无论一个人来自哪种文化，他都必须面对人类的5个最基本问题（见表3-1），如何回答这5个基本问题就表现出了不同的价值取向。这5个基本问题是：人性的本质是什么？人与自然的关系是怎样的？时间的取向是怎样的？行动的取向是怎样的？人与人的关系是怎样的？

表3-1 价值取向理论

文化维度	文化要素	不同文化解读
自然观取向	与自然的关系	中华农耕文明强调顺应自然，尊重自然；西方海洋文明注重征服自然，战胜自然
时间取向	过去、现在、未来	中日韩英看重过去；墨西哥看重现在；美国注重未来
人性善恶取向	人性的本质	西欧原罪说，性恶论；儒家性善说
行为取向	强调行动、静止的存在、发展的存在	美国以成就衡量人，不看重背景，如见面问候“How are you doing?”； 泰国看重人格的成长与发展，坐禅冥想
关系取向	人与人关系	阿拉伯国家看重地位出身；中韩注重家庭关系；西欧和美国看重个人价值

❖ 文化模式

荷兰学者霍夫斯泰德（Hofstede）是最早运用大量统计数据对价值观

进行研究的学者。他在《文化的影响》一书中总结出 4 种区别不同价值观模式的文化尺度。在此，笔者引用其中个人主义与集体主义、权力距离、不确定性回避进行分析与讨论。

◆ 个人主义与集体主义

在个人主义文化中，人们根据“自我”的独特属性来定义自己，重视自治和独立思想，个人利益和目标优先于团体利益。个人态度和需求是决定行为的重要因素。成员之间的关系较疏离，离婚率更高。

在集体主义文化中，人们根据“我们”及其团体成员来定义自己，重视相互依存和集体和谐。集体利益和目标优先于个体。关系纽带和义务是决定行为的重要因素。强调大家庭的庇护，对家庭的忠诚，离婚率较低。集体文化的成员通常更喜欢集体活动，社交互动时间更长，更亲密。

个人主义与集体主义差异潜移默化影响思考推理模式。在集体主义文化环境下，解决问题时更着眼“全局”，着眼于问题产生的背景及整体；在个人主义文化环境下，解决问题更看重“个体”，侧重于分析各个不同影响因素（见表 3－2）。留学生要认识到思维方式的差异性，并且在学习过程中主动运用不同思考维度与视角。

表 3－2　个人主义文化与集体主义文化的不同特征

个人主义文化	集体主义文化
“我”的文化	“我们”的文化
个体目标	团体的目标
强调个人	强调集体
自愿性的互惠	义务性的回报
个人的管理	集体的管理

◆ 不确定性回避

不同文化中的人对社会生活中的各种不确定行为、情况或前景认识不同。不确定性回避程度是指一种文化对不可预测的情况感到紧张的程度。不确定性回避程度低的文化更容易接受不确定性,经常换职业或者岗位,鼓励冒险,更容易接受不同的观点,对模糊较少产生恐惧不安。不确定性回避程度高的文化,认为不确定性是威胁,对可预测性有强烈的需求,试图控制环境来抵制变革,比较喜欢维持现状,职业稳定。(见表3-3)

表3-3 不确定性回避程度低和回避程度高的文化不同特征

不确定性回避程度低的文化	不确定性回避程度高的文化
容易接受不确定性的因素	认为不确定性因素是一种威胁
职业经常变换	职业稳定
鼓励冒险	期待清楚的程序
冲突被看作正面的	冲突被看作负面的
期待创新	维持现状

美国和北欧国家呈现不确定性回避程度较低的文化特征,鼓励创新与冒险。留学生在这些国家要主动积极适应不稳定性、不安全感,避免过于紧张不安。日本属于不确定性回避程度高的国家,注重行为规范和秩序,采取措施减少不确定性因素。留学生在这样的国度要遵守礼仪、遵守规矩,注重决策的程序化、流程的规范化和管理的标准化。

案例分享

一位意大利妈妈每次用小推车推孩子出去时,总是遇到街上路过的中国人劝告她说,这么冷的天应该给孩子穿上袜子和鞋子。但是,中国人的好心却令这位意大利妈妈很愤怒,很生气。这位意大利妈妈反驳道:“难道我不比你们更了解我孩子,更关心我孩子吗?”

中国人眼中好心的提醒和关心,却引来意大利妈妈的强烈不满,认为自己受到了“面子威胁”。“面子”是个人在公众面前树立的形象,中西方的面子文化存在差异。在西方文化中,陌生人的建议、劝告、提醒类的话很容易被解读为对听话者面子的伤害。

请思考,在什么情况下或以什么样的方式,善意提醒才不会对让人感觉被冒犯?

每个国家的文化价值观特征不是绝对的定量，不是非此即彼的选项，而是动态地处于量化表两极的中间状态。学者通过对世界各国文化的研究总结出实用的文化价值维度。例如，倾向于活在当下还是未雨绸缪，倾向于自信果敢还是自谦合作，倾向于顺应环境还是改造环境，倾向于性别平等还是由单一性别主导，倾向于精神友爱还是物质功利，等等。通过比较不同文化价值观的维度，人们更容易认识复杂社会文化的共性与差异，进而更好地了解新文化。不过，当人们进入一个文化群体就会发现，没有任何一个文化群体的内部是完全同质的，每个文化群体成员的思想和行为都有个体差异。文化价值观的维度框架只是为跨文化交流提供了很好的起点，但它并不能精确地预测出个体的行为和反应。在实际的跨文化交流中，应立足于文化价值观维度分析，尊重个体差异，在动态中灵活把握。

❖ 跨文化交际策略

学习文化价值观差异有助于留学生加强对目的国家文化背景的理解，更好地适应当地文化与环境。同时，跨文化交际是动态的过程，发生在特定语境中，需要学习掌握跨文化交际策略，提高跨文化交际能力。

1. 自我激励，自信探索，建立宽容尊重的文化态度

留学生应思想开明，对多元文化保有好奇心，积极探索，迈出自身文化舒适圈，以自尊自信的姿态尊重、包容不同文化。主动思考他人言行背后的深层文化内涵，愿意与来自不同背景的人一起学习工作。能够克服无意识的偏见，能够在充满挑战的跨文化环境中保持乐观积极的态度。交流过程中我们可以时常这样反思：

- 我交流的目标是什么？对方的目标，兴趣和关注点是什么？
- 我是否对交流保持着好奇和耐心？
- 交流过程中什么让我感到困惑？
- 我的优点和缺点是什么？我如何才能做得更好？

2. 积累学习多元文化知识，建立敏锐的跨文化

留学生应主动学习目的国语言、行为规范、习俗，不断加深对当地文化的理解。通过对他人意图、行为和观点的理解，消除偏见和成见，有效而得体地与不同文化背景的人沟通与交流，从容地应对跨文化交际中的误解和冲突。交流过程中我们可以时常这样反思：

- 我们自己的以及对方的文化价值观和信念会如何影响行为和决定？
- 有哪些过去的跨文化交流经验可供借鉴？
- 我实现交流的目标了吗？
- 要实现目标我还需要知道什么？我要如何获取这些信息？

3. 灵活应对跨文化交际情境

留学生在进入不同文化之前，应做好充分准备和规划，并根据实际情况与具体交际语境做出灵活调整。根据实际经验不断完善原有多元文化知识体系，不断提升发现问题、解决问题的能力，不断增强风险预判评估能力。交流过程中我们可以时常这样反思：

- 交流前我是否预先去了解对方的文化价值观？
- 交流对象作为一个独特个体的特点与其文化群体特征的异同之处有哪些？
- 我是否注意到对方的反馈？
- 我是否针对对方反应对沟通方式做出相应调整、加深理解、澄清误解？

4. 多样表达、有效沟通

留学生可以根据特定情境灵活运用言语和非言语沟通，使沟通更为顺畅，有亲和力，以尊重和开放的姿态应对不同文化背景的人。当语言成为跨文化交流的阻碍时，可以积极通过非言语的（如音量、语气、适当的肢体语言等）表达方式来补充。交流过程中我们可以时常这样反思：

- 我的交流有哪些优点和缺点？是什么帮助或阻碍了我的交流

表现?

- 通过直接沟通和观察,我学到哪些语言和非语言的沟通方式?
- 我有没有尝试新的沟通方法?新方法是否有效?
- 下次我可以尝试哪些不同的沟通方式?

从这 4 个方面提升自己的跨文化交际策略,可以减少适应新文化环境时的慌乱和焦虑。人的文化身份是动态的和复杂的,因此很多问题的答案可能都是“It depends”(视情况而定)。面对新的环境,留学生需要主动学习跨文化交际的知识,掌握跨文化交际的技能,采取积极、宽容的跨文化交际态度,建立换位思考的跨文化意识。

案例分享

1. 留学生肖某觉得自己英文口语不好,很难与外国同学进行面对面交谈。其实每所大学都有大量来自其他国家的留学生,他们的语言水平大多难以达到母语水准,有些还带有浓重口音,但这不妨碍正常的沟通与交际。肖某应该主动接纳自己交流能力上的局限,正视语音语调上的不足,以乐观积极的态度、阳光自信的姿态与其他文化背景的学生进行交流,相信可以通过更多的交流提升自己的语言能力。

2. 留学生齐某注意到外国同学在课余时间开心地聊天,自己却不知如何加入其中,她感到闷闷不乐。其实,大学里的年轻人大多对不同的文化抱有强烈的好奇和积极探索交流的意愿。留学生可以与当地学生或来自其他国家的留学生交流各自国家的文化,通过分享加深彼此了解。

3. 留学生孙某和外国同学闲聊起电影《哈利·波特》,却想不出剧中人物赫敏的英文名字,结果让对方猜得一头雾水,自己也失去了继续这个话题的信心。类似的对话障碍总是让孙某感到紧张焦虑,渐渐就习惯回避外国老师和同学,不愿再主动与他们交流。在跨文化交际中,留学生可以通过媒体、互联网和知识讲座等方式积累文化知识,通过与外国同学互动交流获取信息。了解更多的跨文化知识,可以缓解焦虑,更加有效地沟通。

4. 留学生周某和外国同学一起去郊游,同学问他:“在你们中国的家乡有这样的森林和溪流吗?”周某觉得对方问得莫名其妙,明显是小瞧了中国,于是气呼呼地贬损回去,两人不欢而散。事后周某才知道这位外国同学并没有任何歧视的意思,只是出于好奇询问他家乡的地理风貌。其实，与不同文化背景的人交谈时要有耐心，不要急于下结论。有些人在潜意识中排斥陌生的价值观，缺乏耐心，不关心别人的思想、感受和反应，更不能设身处地从对方的角度考虑问题，容易在跨文化沟通中遇到困境或造成矛盾。人们需要换位思考与移情能力，试着了解言辞背后可能存在不同的原因和逻辑，才有可能相互理解达成共识。

通过阅读上述案例，请思考，自己在留学初期可以采取哪些策略适应和应对跨文化交际？

探究与思考

举例说明我国与其他国家在目光交际方面的差异。

第二节　留学生心理健康

随着留学生人数的增加，低龄化趋势的加剧，留学生心理问题日益凸显。留学生要加强对自身心理问题的关注，主动学习心理学知识，掌握排解压力、疏解情绪的途径和方法。

专家提醒

世界卫生组织对心理健康的定义是，心理健康是一个人状态良好并感到幸福的基础。心理健康不仅指无精神障碍，而且指一种思考、学习和理解自己情绪和他人反应的能力。心理健康是一种内部与外在环境的平衡状态，人们的生理、心理、社会、文化和精神活动都会参与到这种平衡状态之中。心理健康和身体健康有着不可分割的联系。

❖ 青少年留学生的心理健康

近年来，青少年留学生心理问题日益凸显。2013 年，美国耶鲁大学针对中国留学生心理健康状况展开调查研究。该研究发现,45%中国留学生曾出现抑郁症状,29%中国留学生出现过焦虑症状。2018年,美国哥伦比亚大学相关研究表明,74%的留学生在过去一年曾出现过焦虑或抑郁症状。

2019年美国一项对国际学生的研究显示,近一半留学生符合抑郁症临床标准,1/4留学生患有中重度焦虑。在新冠病毒流行后,国际学生普遍面临更大的精神压力。一些留学东道国出现针对留学生(尤其是亚裔学生)的威胁攻击和公然歧视。美国大学健康协会宣称留学生在新冠病毒疫情危机期间是“脆弱的校园人群”。中国留学生在美国国际学生中占比35%,在疫情期间压力尤其严重。①

青少年留学生的心理健康问题会对自身成长与发展产生重要影响。研究表明,青少年长期处于抑郁、焦虑状态会大幅增加其罹患抑郁障碍(Major Depression)和焦虑障碍(Anxiety Disorder)的概率。同时,青少年的抑郁心境可能进一步导致其他一系列不良行为问题。例如,尼古丁依赖、酒精依赖、自杀行为、辍学、就业困难和未婚先孕等问题。

❖ 影响留学生心理健康的因素

影响中国留学生心理健康水平的因素主要包括人际交流、社会联系与支持、语言障碍、学业压力、经济压力等。

以人际交往为例,大部分亚洲学生都处于集体主义的价值体系,这与欧美国家主流的个人主义有显著差异。研究显示,留学期间许多学生会感到“非常孤独”甚至感觉被本地学生“孤立与边缘化”。西方个人主义价值体系下的人际交往更强调独立性、独特性,而集体主义文化背景下的人际关系更强调关系的紧密性、相似性以及关联性。这种心理预期上的

---

① See Huanjia Zhang, *International Students Face Mental Health Challenges During the COVID-19 Pandemic*(Feb. 5,2021), https://scienceline.org/2021/02/international-students-face-mental-health-challenges-during-the-covid-19-pandemic/.

差异使海外留学生对本土学生的“友谊”感到困惑，往往感觉与他们的交往停留在肤浅层面，很难交到“知心”朋友。

另一个影响因素是社会支持。留学生远离家乡，远离亲朋好友，离开舒适圈，在面对困难和心理困境时缺乏及时有效的情感支持。由于新的社会支持系统的建立需要时间，留学生往往在面对心理压力时产生无人倾诉、无人理解、无人沟通的无力感和失望感，进而增加自卑、孤独、无助等负面情绪。

语言与学业压力是影响留学生心理健康最常见、最普遍的因素。语言障碍、教学模式、学习方式影响青少年留学生的学业表现。同时，中国留学生注重考试成绩，对学习成绩常常担忧，甚至恐惧。与同期留学的其他国别学生相比，中国留学生的社交圈往往局限于华人群体，而无法与当地学生群体建立情感连接，加剧了社交孤立等问题。

❖ 心理健康的自我判断

留学生面对新的社会文化环境，出现短期情绪波动是正常现象，但是如果累积的学业生活压力得不到及时排遣则可能导致身心处于亚健康状态，甚至逐渐显露出心理疾病的症状。使用表 3 – 4 自查，可以帮助人们判断心理健康状况，从而及时开展自我调节或寻求外部支持。

表 3 – 4　心理健康状况自查

表现症状	是否出现此症状
1. 难以集中注意力，胡思乱想，记忆力下降	□是　□否
2. 常担心忘记事情（如锁门）或做事出差错；无法控制地反复去想或做一些无意义的事情；做事过于追求完美	□是　□否
3. 失眠、入睡困难、浅睡多梦，次日感到精力不足	□是　□否
4. 食欲减退或暴增；过度吸烟或饮酒	□是　□否
5. 情绪悲观低落持续两周以上，感到无助或绝望，对工作、学习等都缺乏兴趣	□是　□否

续表

表现症状	是否出现此症状
6. 莫名烦恼,难以摆脱,无法通过做其他事使烦恼分散转移或减轻	□是　□否
7. 怕出门或面对人群,害怕高处、血液、疾病等,因畏惧焦虑而影响情绪和睡眠	□是　□否
8. 无法控制自己的情绪和行动	□是　□否
9. 对一些声音和强光等敏感;总觉得身体有病,总怀疑医院检查是误诊或漏诊,纠结烦恼	□是　□否
10. 思虑增多,幻想增多;被人评价为固执刻板,事情没按计划做好便耿耿于怀	□是　□否
11. 与他人有意见不合时总归咎于别人,认为别人都在嘲笑自己、故意为难,不愿多反省	□是　□否
12. 看到或听到不存在的事物,认为周围的人跟踪自己或想加害自己,怀疑自己的思想被别人偷窥	□是　□否

注:出现3项及以上的表现,说明总体有些受到负面情绪和压力的影响,可以尝试适合自己的释放压力的活动,或尝试心理咨询。有5项及以上的表现并且负面情绪持续时间较长,说明生活上遇到的困难已经难以靠自己的力量解决,需要寻求心理医生的专业支持,找到问题根源和解决方法,重建健康愉快的心理状态。

如果出现如上症状,应该及时寻求外部介入或帮助,拖延放任会导致症状加剧。首先可以向校内心理健康服务中心咨询。绝大部分海外高校均设立相关心理健康服务部门,提供免费、保密的心理咨询服务。此外,还可以联系保险公司或直接联系心理学家、心理治疗师或相关专业人士。

常见误区解析:

误区1:“做心理咨询的人都患有精神病。”

解析:普通公民接受心理咨询是非常普遍常见的,美国总统也拥有自己的心理顾问。据统计,每500个美国人中就有一名心理咨询师,30%的美国人定期做心理咨询,80%的人会不定期去心理诊所。

误区 2:“每个人都会知道我见过心理咨询师。”

解析:几乎所有国家的心理咨询相关法律与职业道德都对隐私有严格保护。你的咨询师绝不会向你的父母、朋友和学校教员透露信息。它不会影响你的成绩单或其他任何记录。

误区 3:“我能处理好自己的心理健康问题,如果不能,那就说明我很虚弱。”

解析:德国著名心理治疗大师诺斯拉特·佩斯施基安(Nossrat Peseschkian)指出,那些自认为自己是心理健康的人不是真正的心理健康者,真正心理健康者是那些敢于面对心理问题的人。

误区 4:“如果我说出喝酒或吸毒的事,我会惹上麻烦的。”

解析:心理咨询师的办公室是讨论你经历的安全场所。

❖ 心理健康与自我调节策略

◆ 策略一:合理抗压

遇到压力事件,如学业不顺、失恋等,应首先尝试进行积极合理的归因。把注意力集中在有能力解决的问题上,不要过分纠结自身控制之外的因素。任何人都具有自身局限性,遇到问题应先判断自身是否有解决方法,分析出可控因素和不可控因素。对待可控因素及时应对调整;面对不可控因素,不强求自身,可以寻求家人、朋友、老师的帮助与支持。

针对自身可以解决的问题,也不必苛求面面俱到,应当尽力而为,顺其自然,拥有积极而平和的心态。关注自身的成长变化,多看自身取得的成绩与进步,少些自我怀疑,通过自我激励、自我鼓励来面对压力,解决问题。

◆ 策略二:增加正面情绪

时时发现身边的美好,积极复盘每天发生的令自己快乐、感恩的事情,可以通过视频、录音、文字、照片等形式记录下来,与亲朋好友分享。

◆ 策略三:建立内心“安全岛”

找出一张令人感觉轻松宁静的风景图,把该图的场景记在脑海中,作为自己专属独处的“安全岛”。当感觉烦躁、焦虑、恐惧、害怕时,闭上眼睛,想象自身处于安全岛屿之上,释放压力,与自己进行深度心灵交流,忘却世俗烦恼。

◆ 策略四:锻炼身体

运动不仅可以强健肌肉、增强心肺功能,而且有助于释放压力,减轻肌肉张力,增加内啡肽和多巴胺等激素的分泌,使我们的大脑处于最佳状态。运动前做好热身活动,每次 30 分钟中等强度的有氧运动为佳,避免运动过度,损伤身体。

按摩也是放松紧张肌肉的有效方式,可以缓解疲劳感和疼痛感,增强免疫系统功能,降低血压,减少头痛次数等。可以选择适宜的按摩手法、适当的香薰或精油。人对植物有与生俱来的亲近感,多置身于自然室外环境或参加园艺活动能够带来更多有益于健康的感官刺激,降低痛感,使人保持良好的身心状态。

◆ 策略五:情绪认知调控

情绪 ABC 理论,是美国心理学家埃利斯(Albert Ellis)创立的一种针对不合理情绪的控制治疗方法。实践证明该理论具有有效的治疗效果。其具体是指一个人的消极情绪和行为障碍的结果(C),并非由某一种激发事件(A)所直接引发,而是由承受这一事件的个体,对它不正确的认知和评价(B)而引起的。在这里,这种错误的认知和评价也被称为错误信念或非理性信念。

列出引发自身不良情绪的事件,以及对这一事件的认识。对事件的认识分析需要细致、分条列出。在这一理论中,A 是诱发事件;B 是你对这个事件所产生的理解和看法;C 是个体产生的情绪行为和结果。找出对事件认识上的非理性观念(错误的认知和评价)。对找出的非理观念进行认识和纠正，找出正确合理的观念。建立合理的观念和认知，达到改变情绪的目的。

学会利用积极的自我暗示。通过积极的心理暗示，情绪和生理状态会产生良好的作用和影响，可以激发人内在潜能，成为健康、积极、乐观的正能量者。

学会接受最坏结果。当自己沉溺于焦虑情绪时，客观、理性、坦然地分析出可能面临的最坏结局。例如，面对学习成绩不佳、挂科的危险，分析最坏的结局也就是补考，或者拿不到毕业学位，但是比尔·盖茨也是中途辍学，一样可以成为世界首富。分析最好的结局，接受最坏的结局，可以达到释放压力，缓解焦虑的效果。

案例分享

2017 年，康奈尔大学材料工程专业四年级 21 岁的田某在考试期间被发现死在自己的宿舍公寓里。田某曾给同学发邮件，表示自己无法完成期末的学习项目。田某曾经是名副其实的学霸，获得过高中生美式辩论赛西南赛区 16 强，还在中国中学生英语能力竞赛中获得全国三等奖。

同年 10 月，在美国留学的生物学博士唐某被发现死在金门大桥下。唐某本科毕业于北京大学地球与空间科学系，课题研究的是难度极高的 RNA 病毒，正是巨大的研究压力导致他投河自尽。

对于这种现象，纽约大学心理健康研究中心主任表示，一方面，文化差异、环境不适会产生消极情绪，如果没有及时排解，则会造成心理疾病；另一方面，华裔父母对孩子期望值高，学生普遍感到压力大也是一个重要的影响因素。

请思考，当学生或生活中遇到问题或压力大的时候，都有哪些积极健康的方式可以疏解压力、缓解心理健康问题？

❖ “文化休克”及应对策略

大多数留学生都普遍会经历一段或长或短的“文化休克”（culture shock）。“文化休克”是由美国人类学家奥伯格于 1958 年首先提出的，是指当人们进入陌生文化环境中,因失去自己熟悉的社交符号和习惯而产生的一种疑惑、迷茫、排斥甚至恐惧的心理体验。"文化休克"通常会经历4个阶段:蜜月阶段、沮丧阶段、调整阶段和适应阶段。在留学过程中,如果不能正确认识和克服"文化休克",则会影响留学的生活体验和学业表现,还可能出现心理问题,如忧郁、压抑、孤独等。

◆ "文化休克"的表现

根据奥伯格(Kalervo Oberg,1960)和阿德勒(Peter S. Adler,1975)等研究者的描述,"文化休克"的表现主要有:

- 感到孤独和无助。
- 想念家人和朋友。
- 烦躁或焦虑。
- 害怕被欺骗、抢劫或伤害。
- 强迫性关注卫生和个人健康。
- 过度认同自己原有的文化。
- 回避与他人接触。
- 对目的国文化的居民采取敌视的态度。
- 身体疼痛或不适。

◆ "文化休克"的应对方法

应对"文化休克"是跨文化适应的核心问题,调整好自己的认知、态度、行为是处理好"文化休克"的关键。祖晓梅教授在《跨文化交际》中,提供了一些应对"文化休克"的方法。[①]

1. 广交朋友,建立良好的人际关系

多接触了解目的国文化的居民,获取目的国文化信息或得到情感上的支持。当遇到困难的时候,结交当地朋友至少有两个益处:(1)获取关

---

① 参见祖晓梅:《跨文化交际》,外语教学与研究出版社2015年版,第184页。

于目的国文化的信息，这可以使人更深入、更快地理解目的国文化；(2)取得情感上的支持，减轻文化适应中的焦虑情绪。

2. 学习目的国语言，了解目的国文化知识

语言不通会让人感到无助和沮丧，加重“文化休克”现象，阻碍文化适应的过程。掌握目的国语言可以提高人们在国外的生存能力，改善生活质量，结识更多的朋友，增强工作的自信心和成就感。

了解目的国文化的知识可以增强自信心，减少在新环境中的焦虑与失落感，帮助留学生顺利地与他人交流，建立良好人际关系。学习目的国文化的知识包括当地的历史、政治、经济制度、教育体制、风俗习惯等，尤其要注意了解文化价值观、习俗、行为规范、语言使用等。

3. 做自己感兴趣的事情

出现心理焦虑的时候，专注于个人喜欢的事情，可以转移对不愉快事情的关注，缓解焦虑的心情。比如，阅读喜欢的书籍，看电视、电影，听音乐，旅行，购物等都可以成为消除紧张，减轻心理压力的放松方式。

4. 参加社会文化活动

了解目的国文化的一个有效途径就是沉浸在当地文化中，参加文化实践活动，包括文体活动、社交聚会、俱乐部活动、志愿者公益活动。参加这些文化活动可以避免产生孤独感，亲身体验当地文化和生活方式，结交志趣相投的朋友，充实生活，增加生活乐趣。

5. 调整自己的思维

当不能改变环境时，可以使用另一种适应策略，即改变自己的想法和态度，或者换一种角度来思考新的事物和自己的处境，不钻牛角尖。特别是情绪低落的时候，多想快乐的事情、积极的方面。

遇到跨文化适应问题时可以告诉自己：

- 这一切不愉快都会过去。
- 我来这里是为了接受挑战。
- 我遇到过比这更糟糕的情况。

- 人周期性地感到情绪低落是自然的。
- 不只我一个人会经历这样的过程。
- 没有付出和努力，就没有收获。

探究与思考

中国留学生父母对孩子期望值高，留学生普遍感到压力很大。如果你面对学业压力，会采取哪些方法来调节改善情绪？

第三节　建立安全优质社交圈

留学生的异国之旅，不仅可以通过努力收获知识和一纸文凭，而且可以丰富人生经历，打造个人专属国际化社交圈，收获宝贵的人脉资源，最大化实现留学价值。但由于生活习惯、思维模式、文化礼仪、语言表达和价值观念等方面的差异，留学生在建立社交圈中往往显露出社交力不足的“短板”，甚至出现只与中国人交往的“怪圈”。本节致力于帮助海外留学生走出社交困境，建立安全优质的社交圈。

专家提醒

安全风险不仅包括安全事故或不法侵害，还包括隐匿在日常交往细节上的潜在危险元素。如果对安全风险应对不当，可能危害身心健康。如果能积极适应，并且与周围人构建起良好的社会支持网络，则会大大减少留学生活中遇到的危险和损害。社会支持网络是指个人接触所构成的关系网，是由各种有形的和无形的支持构建起来的。我们通过接触的关系网获得角色认同、情绪支持、物质援助、信息服务等。师生关系、朋友关系、恋人关系都是社会支持网络的重要组成部分。

❖ 与陌生人交往保持安全警惕

海外留学生有很多机会接触当地人。在南欧意大利等地区，拥抱、贴面、亲吻脸颊等亲密肢体接触可能热情到让很多中国学生害羞。但是,近年来海外留学生在异国遇害案件屡屡发生,在积极探索当地文化、结识当地朋友的同时,留学生也要在复杂的环境中保护好自己。把握两者的平衡是每位留学生的“必修课”。

1. 助人不忘警觉

如果陌生人向你寻求帮助,请保持警惕,理性分析自己是否有能力帮忙,是否在公共场合,是否有同伴陪同。切勿在偏远地区盲目热心。

2. 切勿随意搭车

在中国我们可以较安心地享受网约车服务,政府和相关企业实行严格的全方位的追踪、录像、监控。但是在海外,特别是一些偏远乡村地区,监控摄像头没有实现全方位、无死角覆盖,出门千万不要搭乘陌生人的车。如有出行需求,尽量选择公共交通方式,或者选择正规购车、正规租车。

3. 不要夜间独行

在中国,高校所在地往往是经济较发达的城区,但是在欧美国家,部分大学常常坐落在远离城区的偏僻乡村。夜间独自出行危险性高,特别是在美国这种公民可以持枪的国度。

案例分享

女留学生李某夜跑时被女子诱骗继而遇害案

德绍是德国东部一个安静的小城。2016 年 5 月 11 日晚上 9:30,就读于德国安哈尔特应用技术大学的留学生李某夜跑时,在家门口附近遇到一位年轻的德国女孩,女孩请求李某去家里帮她搬一个箱子。善良的李某答应了女孩的请求,然而,当她一进入公寓房间,就被预先躲在门后的该女孩的男友控制,随后被施暴性侵后残忍杀害。由于嫌犯作案时未满 21 岁,法庭对两名被告按照成年刑法还是青年刑法判决争论不休。由于缺乏直接证人,且两名犯罪嫌疑人在庭审期间一直保持沉默,整个案件的审理长达 1 年多。直至第 37 次开庭,李某遇害一案才正式宣判。

请思考,面对陌生人的求助,有哪些情况需要警惕关注?

❖ 与朋友交往把握安全界限

留学生独自异国他乡求学，难免孤独寂寞，对此时建立的友情往往倍感珍贵深厚。但是，留学生始终应该在朋友交往中把握尺度，拿捏分寸，守住安全底线，警惕人性之复杂。

1. 不要轻信他人，随意发生金钱往来

留学生之间借钱不还现象频频发生，甚至出现借钱人消失等现象。用自己的账户帮助认识的人进行跨境转账也可能卷入洗钱案件中。

2. 不要过分介入与他人的情感关系，以局外人视角保持理性社交距离

朋友单方面的讲述未必能够客观反映事情的全貌或真相。如果朋友在亲密关系中受到威胁，应第一时间向校方或当地警方寻求支持。

案例分享

日本江某案

2016年11月3日凌晨，来自山东青岛的女留学生江某在东京都中野车站接同住的女友刘某时，在公寓楼门口遇到刘某的前男友，双方发生了争吵，继而遭到该名男子杀害。刘某是江某的老乡兼好友，但在出事后她的行为却让人心寒。在江某被杀5天之后，刘某接受采访时，不是指证凶手，不是为江某申冤，而是急于撇清自己的关系。

在异国他乡，友情的支持格外宝贵。

请思考，如果确保自己与朋友交往的边界与分寸？

❖ 与恋爱对象交往保持安全尺度

甜蜜浪漫的异国恋情是一份难能可贵的缘分。恋爱对象无论是共同在海外求学的祖国同胞，还是有文化差异的别国友人，都应该建立在彼此深入了解、互相吸引的基础之上。和谐良性健康的两性关系，可以成为留

学生活的靓丽风景。

1. 正视恋爱文化背景差异,正确解读约会含义

对于留学生来说,交流时用词不准确也常会带来一些尴尬和误解。一些与约会相关的词,可能仅适用于特定的亲密关系阶段(见表3-5),最好谨慎询问清楚,确保澄清彼此的期望再做出明智的决定。

表3-5 "恋爱"相关英文词汇含义解读

词汇用语	恋爱含义
Hook up	发生亲密关系
Going out with someone	在与某人恋爱交往
Seeing someone	在与某人稳定恋爱交往
Just dating	有约会但没有确定稳定、排他的恋爱交往关系

2. 约会小贴士

- 首次约会将约会相关信息告知家人、朋友。约会期间保持通信畅通。
- 首次约会要有防范意识,了解你周边应急报警电话的位置和号码,以便在遇到危险情况时可以快速求助。
- 首次约会选择公共场合,避免去封闭私人空间。
- 首次与陌生人相亲约会,不要饮酒。
- 不要轻易告知银行卡密码、邮箱密码、家庭住址、财产状况等私密信息。
- 性关系要基于双方共识,确保身心安全与健康。女生要注意防护,堕胎在一些国度和地区属于违法行为。

❖ 建立优质社交圈的途径

1. 校园和课堂是建立社交关系的最佳途径

师生、校友、室友、同级、同班同学之间更容易建立持久可靠的社交关系。美国课堂注重学生参与，在与小组成员讨论发言、分配任务、演讲展示过程中更容易彼此了解，互动沟通。而且，同专业一般就业领域、就业机会高度吻合，更容易成为毕业后事业发展的人脉资源。因此，留学生不必好高骛远，舍本逐末，而更应该抓住身边机会，善于将泛泛之交经营发展为长久、深厚、良性关系。

2. 就业发展与指导中心是了解社会的前沿枢纽

各个大学一般均设立就业发展与指导中心，可以提供校内兼职岗位，提供校外实习机会。留学生应该充分利用这个校内平台，通过官方路径协助找寻就业实习岗位和机会，并在这个过程中积累人脉资源。

3. 社团是拓宽社交圈的有力渠道

俱乐部和社团会聚志趣相投的学生，让大家能突破文化差异进行轻松的交流。校内兼职工作，在帮助各个部门解决问题的同时，有机会跟来自各国的同学打交道，结识各种各样的朋友，锻炼自己的沟通和服务的能力。志愿服务可以获得培训学习的机会，发展技能并为简历添彩。

案例分享

如果你选择就读美国大学，“希腊生活”(Greek Life)很可能在校园中占一席之地。所谓的“希腊生活”就是由美国大学的学生组织成立的兄弟会和姐妹会，因为这些组织都是以几个希腊字母组合起来命名的，因此，“希腊生活”就成了这些学生组织的统称。加入兄弟会和姐妹会可以帮助留学生融入当地生活，发展社会人脉(见图3－1)。但是，近年来，兄弟会频频出现负面新闻，如聚众狂欢时发生意外事件，严苛荒诞的入会仪式等。

图3-1 美国大学校园“希腊生活”信息

注:转引自 Official Twitter page of the Interfraternity Council at Northern Illinois University。

“希腊生活”组织希望帮助学生建立牢固的内部联系和社交圈,毕业后成为彼此的人脉资源。他们建立了深厚的友谊,并且非常重视“姐妹”或“兄弟”的概念。因此,即使大学毕业后,校友毕业生仍继续与大学生保持联系,事业有成的学长会回来指导年轻学弟、学妹的职业道路,帮助他们获得实习。几乎所有“希腊生活”都会组织各种慈善活动,参与组织慈善筹款活动也是很好的社会实践和简历素材。

参加“希腊生活”也是一项耗费大量时间精力的任务,正式活动所需的着装、礼物和短途旅行都开销颇大。选择参加“希腊生活”组织活动时,要考虑到自己的发展目标和时间管理能力。

请思考,根据自己的特点和需求,你是否适合大学的“希腊生活”?

❖ 日常生活礼仪小贴士

◆ 见面寒暄

见面时自我介绍是重要的社交礼仪。中国人初次见面经常这样自我介绍:“您好！我是李明,××大学的老师,久闻大名,幸会幸会。”日本人通常则说:“我是小野一郎,初次见面,请多多关照。”美国人自我介绍可能是这样的:“Hello, I am John Smith. You can call me John.”(你好,我是约翰·史密斯,你可以叫我约翰。)中国人和日本人的自我介绍比较正式,一般采用尊人贬己的礼貌原则,经常会说明自己的工作单位;美国人自我介绍则相对随意。

寒暄是见面后的重要社交活动,也是深入交谈前的“热身”。不同文化人们的寒暄方式不同。中国人和日本人寒暄时间较长,而西方国家正式会谈前寒暄是短暂的,一般直入主题。寒暄内容也存在差异性(见表3－6)。中国人喜欢寒暄的话题有:家庭和孩子、社会见闻、职业、体育活动、饮食等;西方人喜欢谈论的话题有:职业、天气、爱好、旅游、新闻。西方人禁忌的话题是年龄、婚姻状况、收入、家庭财产等,这些被认为是个人隐私。

表3－6　部分留学国家初次见面礼仪与互赠礼品礼仪解读

留学国家	正式场合初次见面礼仪	互赠礼品的礼仪
美国	握手力度和时长适宜;自我介绍;对方自我介绍后重复一遍以确认无误;介绍同行的他人	学校师生同事之间礼物不宜太贵重; 礼物郑重包装后送出; 到别人家中拜访,在见面之初送上礼物; 接到礼物通常当面打开并表示欣赏赞美
法国	握手或贴面礼(行贴面礼要在见面时和告别时面颊轻贴对方面颊,从对方右颊开始,左右依次轻贴,按各地习俗贴1~5次)	礼物可以是有文化特色的精巧工艺品,忌昂贵,以免贿赂之嫌; 礼物包装精美以示礼貌; 接到礼物通常当面打开并表示欣赏赞美

续表

留学国家	正式场合初次见面礼仪	互赠礼品的礼仪
日本	握手等长辈或上级先伸手；鞠躬；互呈名片，双手递接，接过名片后读出确认对方姓名头衔以示尊重	礼物不宜太昂贵，以免被对方认为与身份等级阶层不符； 礼品包装精美隆重以示尊重，送出礼物时要表示自谦； 收到礼物时不必推让，要双手接取以示尊敬并表示感谢； 获赠礼物通常妥善收存而不当面拆开，如要当面打开，需先礼貌询问送礼的人

◆ 宴请赴约

在跨文化交际中，宴请招待是经常发生的社交活动。参加宴会或者招待客人需要遵循必要的社交礼仪。中国与西方的宴请习俗及餐桌礼仪，如餐具摆放、上菜顺序、就餐举止等，都有很多不同之处。宴请招待礼仪涉及方方面面的规则和细节，在此选取与留学生生活关系紧密的部分礼仪进行分享。

• 在公共场所就餐，切勿喧哗。中国宴请讲究热闹的氛围，而在国外餐厅就餐则注重安静的气氛。不要大喊大叫，与熟人打招呼，也请走近后交谈。

• 欧美国家以 AA 制为主，不必为他人买单。中国好友之间请客吃饭很正常，但是欧美朋友之间则各自付款，为对方买单不仅达不到拉近关系的效果，而且可能适得其反。

• 注意不要混淆公用的餐具和自己所用的餐具，避免用自己餐具挑拣菜肴或为别人夹菜、舀汤。中国的劝让、夹菜方式常常让外国人感到不自在。在西方国家，主人一般不会给客人夹菜，而是让客人自己选择，一般会说：“Help yourself. Make yourself at home.”（别拘束，像在自己家一样。）

• 聚餐（potluck）更具有美国特色，美国人经常在朋友和同事之间举行这种活动。每位客人带来自己准备好的饭菜,主人则准备一两个主菜和酒水。大家把自己做的饭菜放在一起分享,拿着自取的食物随意走动并与别人聊天。

• 提前预约沟通,切勿贸然拜访。在欧美国家,出席家庭宴请不要提前到达,晚到 10 ~ 20 分钟是合适的。日韩通常有进门换鞋的生活习惯,去别人家做客要注意鞋袜干净卫生,换下的鞋子摆放整齐。

◆ 其他日常礼仪

遵守礼仪是现代人的基本素养,也是一个国家文明程度的体现。日常礼仪渗透到生活的各个方面,不可能一一列举,在此强调部分礼仪,供留学生参考。

• 与教师交往,称呼教授,而不是称呼老师。中国大学会泛化,称呼所有的教职工为老师,但是欧美大学校园里,一般称呼老师为教授。特别是拥有博士学位的教员更喜欢被称呼为“Dr. ”,这一点非常重要。

• 在西方国家,要付小费。付小费是一种习俗,按照欧美观念,是对服务行业人员劳动的承认和尊重。小费数额因人、因地而异。美国一般比较慷慨,是消费数额的 15%;在西欧,小费约为消费额的 10%;南欧国家是 5% 左右。

• 西方人更倾向于使用电子邮件。中国人使用电话、微信的频率较高,无论是工作还是私事,喜欢电话、微信联络。而西方人喜欢用电子邮件办公,其理由是:第一,发邮件显得正式,更能引起对方的重视;第二,西方人看重证据,邮件可以为日后查询提供依据;第三,打电话容易打扰别人。

探究与思考

中国人赠送和接受礼物的习俗中,容易引起外国人误解的地方是什么?

第四节 文明留学

留学生群体中交通事故、非法就业、电信诈骗、枪击遇害、性侵犯罪等案件频频发生。因此，留学生群体要不断强化法律法规观念，树立安全防范意识，坚守法律底线，既要保护自己，不成为受害者，又要遵纪守法，不成为施害者，努力做到安全留学、健康留学、文明留学。

“黄赌毒”在中国是明令禁止的，但其他国家与地区的法律政策不尽相同。例如，泰国色情业是公开的；美国拉斯维加斯博彩业发达，赌博是一种娱乐形式；荷兰法律对待“黄赌毒”是全世界最宽松的，大麻在当地“被包容”等。有些刚踏出国门的留学生，面对全新环境，禁不住诱惑而误入歧途，整日沉迷于物欲享受，荒废学业，甚至触犯法律，危及生命。

青年时代是人生精力最旺盛、最充沛的美好时光，也是求知识、学技能、看世界、交朋友的黄金时代。留学生一定要保持清醒的头脑，牢记亲人的嘱托，拒绝各种诱惑，远离黄赌毒，坚守好底线。

专家提醒

异国求学的机会来之不易，留学生要珍惜时光，严以律己。要时刻谨记习近平总书记对青少年留学生的勉励：“青年一代有理想、有本领、有担当，国家就有前途，民族就有希望。实现中华民族伟大复兴的中国梦，离不开一代代青年的接力奋斗。希望你们弘扬留学报国的光荣传统，胸怀大志，刻苦学习，早日成长为可堪大任的优秀人才，把学到的本领奉献给祖国和人民，让青春之光闪耀在为梦想奋斗的道路上。”留学生背井离乡求学，难免孤独寂寞，但是应该用学业、社交活动、运动充实生活，切不可在“黄赌毒”中寻求慰藉和安慰。

❖ 远离毒品

◆ 大麻让生命戛然而止

近年来，在美国、英国、加拿大等主要留学目的国，部分地区大麻合法化，使校园中毒品事件时有发生。青少年自控力差，辨别能力弱，易受外界影响。

案例分享

1. 2018 年，新西兰报道了一则令人痛心的新闻：中国留学生吸大麻成瘾，死在了回国戒毒的路上。这位留学生出于好奇，和朋友一起偷偷吸食大麻，结果一发不可收拾，毒瘾越来越大。母亲发现孩子染上了毒品，给儿子买了回国的机票，打算送他去强制戒毒。没想到，刚到机场不久，他受不了毒瘾的折磨，偷偷跑去厕所吸毒，由于吸食毒品过量，最终因眼部血管爆裂而亡。

2. 2016 年 9 月，就读于美国雪城大学的中国留学生袁某，被毒贩开枪打死。他的室友后来描述，袁某想赚钱减轻家里经济负担，把目标瞄准了毒品交易。2016 年夏天开始，袁某一边上暑期班，一边向留校的学生和运动员兜售大麻。2016 年 9 月 30 日，他在纽约州雪城市东部一个荒凉的居民区进行大麻交易时被买家枪杀。23 岁的生命就此终结。

请思考，为什么大麻虽然对身体的直接危害较弱，但是往往会引起更严重的毒品相关案件？

◆ 新型（软性）毒品

近年来，北美年轻人中流行吸食“笑气”（laughing gas），俗称“打气球”，部分留学生抵制不住诱惑也开始沾染这种新型毒品。“笑气”的学名是一氧化二氮（化学式 N_2O），是一种没有颜色的甜味气体，蛋糕店用它来发泡奶油。适量使用也有麻醉的效果，北美的牙医将它用作麻醉剂使用。由于“笑气”能给人带来 10 秒的愉悦感，欧美很多年轻人喜欢在派对上用它来“助兴”。

“笑气”在世界范围内还没有被列入毒品的行列，因此并不难买到。在北美、澳大利亚等地，一些华人甚至在微信上贩卖“笑气”，并承诺给第一次尝试的买家“现场教学”。“笑气”的上瘾速度比很多传统毒品还要可怕。10 秒钟的短暂快感很容易使人反复吸食，最终走上歧途。大量使用“笑气”会使人产生幻觉，导致视听功能障碍和肌肉收缩能力降低以及精神错乱等，并且这种危害是不可逆的。

◆ 抵制诱惑，远离毒品

毒品被喻为“白色的瘟疫”，不仅严重摧残吸食者的身心健康，而且会危害社会，甚至会诱导人犯罪。身处海外的留学生接触毒品的机会多、诱惑大，更要时刻保持警惕。

在国外，留学生们和其他同学合租房子是很正常的事情，有可能合租室友热衷于吸食大麻，倘若这样的室友邀请你一起参加聚会，一定要拒绝，不要触碰大麻或是其他毒品。留学生出门在外，一定要约束好自己，切不可因为一时好奇而尝试毒品，特别是新型毒品。留学生要坚守住底线，坚决不吸第一口毒，应当保持与毒品、吸毒者的距离，不要抱有任何侥幸心理。

❖ 远离情色交易

国外某些城市有吸引各国游客的红灯区。红灯区一般和犯罪、吸毒紧密相关，夜总会“人体艺术”（如脱衣舞）、黄色网站上门服务等都是留学生面对的色情诱惑。

面对灯红酒绿的诱惑，留学生要时刻保持警惕，保持清醒的头脑，远离低俗的色情交易。留学生在异国他乡应该树立正确的恋爱观、婚姻观。值得注意的是，某些网站涉及情色的视频内容，观看虽不违法（用学校网络观看可能被警告甚至开除），但传播共享就是重罪，即使没有从中获利，也会受到法律制裁。

❖ 远离赌场

◆ 博彩业

欧洲、美洲、澳大利亚这些中国留学生的目的国，都有着发达的博彩业。美国境内约有 1000 家赌场。美国人每年在赌场里的花费，甚至超过体育、电影和音乐上娱乐花费的总和。随着互联网的迅速发展，美国立法院正在考虑将网络博彩合法化。欧洲、加勒比海等地区的很多国家已经将网络赌博合法化，容许网上赌博。2019 年全球博彩市场总博彩收入达到 4950 亿美元。数据同国际互联网公司（Statista）的数据显示，在美国，新冠病毒感染导致近 1000 家赌场无法营业，这让社交博彩游戏异军突起。2020 年，社交博彩类型游戏的全球总收入达到 62 亿美元，预计到 2026 年将增至 75 亿美元。①

专业赌场的细节设计，也别有用心。从光线、色温、音乐、筹码，都经过科学验证，对玩家形成强烈刺激。博彩业还渗入人们的生活之中，如向全民开放的六合彩与各类随买随刮的彩票在报刊代理小店都有出售。

◆ 不赌，才会赢

赌，根植于人性，完全禁赌是非常困难的，这也是博彩业发达的原因之一。虽然法律允许博彩业的适度存在，但在道德层面对赌博问题一直是持否定态度的。

中国是禁止赌博的国家（澳门特别行政区除外），而中国学生常去的留学目的国可能存在合法经营的赌博业。出国之后，留学生拥有更多自由支配的时间和金钱，而且对于赌博的风险知之甚少，也许幻想着能够在完全随机的赌博游戏中挣到大钱。而事实上，一旦染上赌瘾，损失的不仅仅是金钱，更有可能付出自由乃至生命的代价。

---

① 参见《Liftoff：2021 年社交博彩游戏应用报告》，载财保研习社网 2021 年 11 月 16 日，https://www.cbyxs.com/archives/352。

赌场是“黄赌毒”高频聚集的地方。出入赌场的人鱼龙混杂，甚至有黑社会背景。一旦有了赌瘾，资金没有办法满足赌博的需要，留学生很有可能借高利贷，而高利贷是黑洞，一旦借来的钱没有办法还上，可能因走投无路而自杀。2019 年，我国外交部“12308”热线接听的涉境外赌博类求助多达 3348 个。

中国留学生对于“黄”“毒”大多有着较高的警惕，但部分人对赌博的危害警惕不高。不要自以为“小赌怡情，大赌伤身”，结果深陷泥潭，输掉青春年华，输掉大好前程。留学生要远离赌博场所，远离害人的网络赌博游戏。

案例分享

孟某毕业于南京一所顶尖中学，2009 年到澳大利亚留学。中学期间，他是学生干部、两次市级作文大赛冠军、成绩名列全班第一，留学前景也是一片光明。一开始，孟某只是出于好奇，到阿德莱德的 Sky City 赌场“见世面”。本打算拿出 100 澳元“赌资”，输光了就离开，却从此成了赌场的常客。把所有学费、生活费输了精光之后，他迫不得已向父母坦白了赌博成瘾的事实。他认识到自己的错误，保证以后不再赌。谅解了他的父亲给了他 3000 澳元生活费，但他只用 5 天就花完了。后来他回国 3 周调整状态，这 3 周也是他离开赌场的最长时间。一回澳大利亚，他马上直奔赌场，结果在 30 分钟内输掉了 6000 澳元。因为久赌久输，加上赌瘾难戒，他服用大量抗抑郁药物，最后学业没能完成，悲痛欲绝的父母将他接回了国。

请思考，如何避免陷入赌瘾的泥沼？如何远离诱惑，在自己和吞噬时间金钱的成瘾行为之间筑好防线？

❖ 远离烟酒

◆ 禁烟法规

吸烟有害健康。吸烟会让我们在几分钟内接触 7000 多种化学物质，其中 69 种会致癌。同时，有 12% 的心脏病死亡是由吸烟和“二手烟”导致的。全世界每年有 300 万人因吸烟而死亡。

由于意识到吸烟的危害，世界上很多国家开展了严格的控烟运动并取得了显著效果。下面我们就一起了解一些国家的控烟政策和惩罚制度。

英国是比较早实行室内禁烟的国家。自2007年起，英国的苏格兰、威尔士、北爱尔兰和英格兰地区就陆续实行了禁止在室内吸烟的规定。按照这项规定，禁止在任何室内工作场所、公共建筑物内和公共交通工具内吸烟。办公大楼须在显眼位置张贴禁烟标志，同时禁止设立员工吸烟区，烟民必须在建筑外吸烟。英国的长途列车也完全禁烟，不允许设立任何吸烟区。

澳大利亚联邦及各州政府都逐步加大控烟力度。以该国人口最多的新南威尔士州为例，2000年，该州的无烟环境法令还没有对酒吧、夜总会和各类俱乐部禁烟，此后相关法令逐渐收紧，从规定这类场所的一半面积为无烟区发展到全面禁烟。2007年，该州规定所有封闭区域全面禁烟，各类运动场所、车站、游泳池、室外儿童活动场所周围10米范围内为禁烟区，违反这些规定者可被处以110澳元（约522元人民币）罚款。

美国各州有不同的控烟法规。目前，美国有26个州、约700个城市颁布了全面禁烟法律，禁止在工作场所、餐馆和酒吧吸烟，各种禁令覆盖美国约一半人口。洛杉矶贝弗利山地区甚至规定，在剧院、商场、出租车等公共场所吸烟最高可罚款500美元（约3180元人民币）或判处1个月监禁。

◆ 吸烟法定年龄与电子烟

2019年，美国食品药品监督管理局正式宣布新规定，将法定吸烟年龄从18岁提高到了21岁。这项法律意味着零售商向任何21岁以下的人出售任何烟草产品（包括香烟、雪茄和电子烟）都是违法的。同时，澳大利亚、英国、西班牙以及韩国等国家的法定吸烟年龄均为18周岁，烟草零售商不得向18周岁以下的人出售烟草产品。

除传统烟草日益在世界范围内受到严格控制外,最近兴起的电子烟也受到了许多国家的重视。“无害”是电子烟最大的宣传卖点。然而,2014 年世界卫生组织报告已经有足够的证据显示电子烟的健康风险,该风险主要来自尼古丁、其他有毒释放物以及二手释放物。2019 年 8 月,美国伊利诺伊州卫生官员宣布,一名成年人吸食电子烟,患上严重的呼吸道疾病后不治身亡。2020 年,美国疾控中心共接收到 2807 例与电子烟相关的肺部损伤病例或死亡病例。①

市面上的电子烟种类繁多,有毒物质的情况也很复杂。比如,加热过程有助于电子烟释放甲醛、乙醛、丙烯醛等有害物质,还可能改变某些化学物质的成分,产生新的潜在危害。有研究分析了 12 种电子烟,发现与传统烟草相比,有些电子烟释放的有毒物质很少或含量很低,但也有些电子烟会释放致癌物质,并且含量和很多常规卷烟中的一样高。世界卫生组织的数据显示,与正常空气相比,电子烟二手气溶胶中的 PM 1.0 和 PM 2.5 含量分别高出 14 ~ 40 倍和 6 ~ 86 倍,尼古丁水平则高出 10 ~ 115 倍。

◆ 适量饮酒

调查表明,美国大学生中大约有 40% 的人有过度饮酒的习惯,美国国家卫生研究院关于大学生饮酒情况的调查报告显示,美国每年有 1400 名大学生死于因饮酒过量而导致的各种事故。有研究指出,酗酒的大学生有更高的风险发生性侵犯、低学分、暴力犯罪、意外受伤和死亡等情况。国外大学过度饮酒与大学派对文化关系密切,过度饮酒有百害而无一利。处于社交场合应该谨记饮酒安全注意事项。

首先,各个国家有相应的合法饮酒年龄。例如,大多数欧美国家都限

---

① See *Outbreak of Lung Injury Associated with the Use of E-Cigarette, or Vaping, Products*, *Centers for Disease Control and Prevention* (Feb. 25,2020), https://www.cdc.gov/tobacco/basic_information/e-cigarettes/severe-lung-disease.html.

定 21 岁以下是不得饮酒的，在一些国家，替未成年或未到法定饮酒年龄的个人买酒也是违法的。购买酒水需要事先查好所在国的合法饮酒年龄，否则非法饮酒将受到严厉的惩罚。

其次，各国对于酒吧饭店以外的公共场所饮酒有不同的法规。由于宗教原因，几乎所有的伊斯兰国家都不允许在公共场所饮酒。美国大部分州都要遵守“开盖酒瓶”法规（Open Container Law），在公园或街头等公共场所，酒需要用纸袋或者不透明袋包装起来。在车内放置的酒瓶也不可以是打开过的，否则可能被追究刑事责任。

再次，在饮酒场所需要保持警惕。在夜店或酒吧饮酒，应该尽量结伴出行，避免孤立无援，同时又可以有人照看，让图谋不轨或借机盗窃的人无从下手。同时一定要注意瓶身的酒精浓度标识，适量饮酒。

饮酒时还应该关注是否出现酒精中毒。饮酒过多导致的酒精中毒分三期：第一期是兴奋，爱说话，还说不清。此时，不要继续饮酒，卧床休息即可恢复。第二期行动笨拙，走路歪歪扭扭，容易摔倒，说话也含糊不清，共济失调。此时做好安全防护，如果出现呕吐，注意防止呕吐物造成窒息。第三期是昏迷期。醉酒的人会昏睡不醒，心跳加快，血压下降，呼吸缓慢，体温下降。此阶段危险性高，可能出现呼吸、循环麻痹。应及时就医，维持呼吸正常；注意血压、脉搏；维持水、电解质、酸碱的平衡；心电监测及血糖监测也是必要的。

最后，饮酒后应该选择打车或乘坐公共交通工具回家。酒驾在多数国家都会受到严厉的惩罚。在美国，醉酒驾车即便是没有发生人身伤害交通事故，一旦被警察查出驾驶人酒精含量高于法律标准，就会被拘留关押，然后由刑事法官宣判，最低可判 1 周监禁，重则可以判 1 年监禁。

探究与思考

查阅你的目标学校对吸烟和饮酒的行为规定。

第四章　学业与校园安全

学业与校园安全与每位留学生切身相关。很多国家和地区的高校校园都是开放式的，留学生如果轻视安全问题，很可能危害自身健康甚至危及生命。很多安全问题需要留学生预先认知和掌握。本章内容将讲述如何在校园内保护好自身财物和人身安全，如何避免学业违规，如何在勤工俭学过程中规避一些潜在风险，以及如何远离不良的社交活动。

本章将帮助留学生：

- 了解校园和实验室安全知识；
- 重视学术诚信；
- 远离校园欺凌、性骚扰；
- 合理合法进行勤工助学和社区服务工作。

第一节　校园环境和实验室安全

近年来，受经济不景气、移民等因素影响，一些留学目标国家的犯罪率有所上升。国内外治安环境有一定差异。例如，我国现已拥有了世界上最大的视频监控网，在震慑犯罪方面起到了重要的作用。其他一些国家由于种种原因，视频监控覆盖范围有限，留学生在安全风险防范时应加以重视。

案例分享

哥伦比亚大学是一所位于纽约曼哈顿的常春藤大学。根据《纽约邮报》报道，2019 年 8 月 27 日，于同学作为刚入学哥伦比亚大学的新生，在抵达美国的第四天，就在晨曦公园（Morning Side Park）遭遇持刀抢劫。短短 4 个月后，哥伦比亚大学巴纳德学院的大一新生梅某某在附近同样的公园遇刺。根据纽约警察局的数据显示，2019 年这个社区公园已经发生了 20 多起抢劫事件。值得注意的是，由于该公园内并没有安装任何摄像头，这给纽约警方抓获相关犯罪嫌疑人增加了难度。

2018 ~ 2019 学年，共有 5805 名中国留学生就读于哥伦比亚大学，占据了哥大国际留学生总人数的一半。而在这些留学哥伦比亚大学的中国留学生中，很多留学生因为与学校距离近或住宿价格低廉等原因，选择租住在学校附近的区域。

请思考，如果知道某些地方罪案风险比较大，可以提前做哪些防范？

专家提醒

• 尽量避免随身携带过多现金和贵重物品。财物交易时留心附近有无可疑人等，防止被跟踪。遇到异常情况，综合考量对方人数、体型、有无凶器、所处区域和当地法律规定、取证难度等，视情况决定能否呼救、逃跑或反抗，必要时在法律允许范围内诉诸武力。

• 一旦找到机会反抗，要善于利用身边一切锐器和刺激性物品，攻击对方软肋，尽可能使对方短期内丧失攻击能力，护住颈部等自身要害部位。建议大声呼救，震慑歹徒的同时，也能为自己争取目击证人。注意保留证据，为后续证明自己防卫合法性做好准备。

• 牢记在任何情况下，人身安全特别是生命权是第一位的，绝对优先于财产权。切勿贪恋财物。

——《中国海外留学人员安全防范手册》第12页

❖ 校园环境和安全

2016年联邦调查局统一犯罪报告显示，财产犯罪是目前校园犯罪的主要来源，占95.5%。暴力犯罪所占比例要小，纵火只占0.4%。在财产犯罪中，盗窃罪最为常见，约占8.9%。在校园内的财产犯罪中，机动车盗窃也占了很大一部分。其中严重伤害罪比例约占暴力犯罪的一半，其次是强奸和抢劫，分别占暴力犯罪的22%和20.3%。

◆ 在宿舍

1. 养成离开房间随手关窗锁门的习惯，即使离开较短时间。

2. 建议为昂贵物品，如电脑、音响、耳机、摄像机等贴上标签信息，便于捡拾者归还。

3. 开门前先看门镜或猫眼，不要随意开门，时刻保持警惕。

4. 及时向宿舍管理员或前台报告居住区域的安全问题。

◆ 在图书馆

1. 避免独自在过于僻静的地方学习。

2. 完成打印复印后，不要忘记取出学生卡。

3. 时刻保管好个人财物，不给偷窃者可乘之机。

◆ 夜间在校园

1. 尽量避免独自夜间出行，选择走熟悉的大路，避开无人小路。

2. 随时注意周边环境。与陌生人之间保持安全距离。

3. 建议选择在白天提前了解校园布局，记清楚餐厅区、洗手间等位置，避免夜间寻找。

4. 了解并熟悉距离最近的蓝光紧急电话（Bule Light Emergency Reporting System）（见图 4－1）位置。

图 4－1　蓝光紧急电话

◆ 在停车场

1. 提前准备好车钥匙，以便以最快速度上车，尽量不在车外过多停留。

2. 尽量选择过道中心，以防止行凶者背后偷袭。

3. 上车前检查后座，对车辆状况进行全面检查。

4. 建议将车停靠在停车场照明良好、位置便利的区域。

5. 不要将贵重物品放在车内。如果必须携带的话，尽量放在后备厢或其他隐蔽处。

◆ 其他提示

1. 在不熟悉的环境中，尽量避免饮酒。酒精会降低人的应变能力，增加潜在危险。

2. 熟记当地报警电话,以便于遇到紧急情况寻求警方帮助。

3. 使用自动柜员机时要注意周围环境,注意是否有跟踪者。

4. 在健身中心健身时,准备好零钱租用储物柜,尽量精简携带物品。贵重物品不能随意放置,合理利用储物柜,不能抱有侥幸心理,因小失大。

5. 独自进行户外运动时,尽量不要戴耳机,这会减弱听觉的防御机制。夜跑时建议邀约同学朋友结伴。

6. 将自己的行程提前告知熟悉的人;不要在社交网站,如 Twitter、Facebook、MySpace 上发布自己的行踪。

7. 积极参加安全教育及其相关研讨会,学习相关安全知识。

8. 购买安全性能强的自行车和摩托车,使用车锁和头盔。骑行时遵守当地的非机动车管理规定。

案例分享

2017 年 6 月 9 日下午,26 岁的访问学者章某某在美国伊利诺伊大学厄巴纳香槟分校打算乘坐公交前往校外公寓签署租约,由于不熟悉公交线路和车次时间,错过了原本计划搭乘的巴士。嫌犯开车注意到她在单独等车,就主动攀谈并邀请她搭车。章某某上车后再也没有人见过她。3 周后,美国警方宣布认定章某某已被害,并拘捕一名男性嫌犯,该嫌犯为伊利诺伊大学物理学硕士。2019 年,凶手终于被判决入狱。

留学生日常的出行安全细节颇多,请务必保持安全意识。遵守学校请假和销假制度,外出时向校方或亲友报备行踪,在条件允许的情况下,尤其夜间外出或会见陌生人时,尽可能结伴出行。发现不安全因素,及时向校方报告,申请保护。

请思考,在学校校园及周边遇到的陌生人是否比在城市其他地方遇到的人更安全?如何在做好自我保护的前提下探索新环境、结识新朋友?

探究与思考

留学生在海外校园的学习环境与在国内有何不同?由此带来哪些安全风险?

❖ 实验室安全

◆ 安全守则

1. 所有人员必须遵守所在实验室的相关规定，严格执行操作规程。

2. 实验室门口需张贴安全信息牌，标识潜在的危险因素。

3. 实验室要建立健全仪器设备、水电卫生、物品使用等管理制度或操作规程，并张贴于醒目位置。

4. 实验室工作人员使用化学品或仪器设备等必须经过专业培训并且熟知详细情况和流程，操作时按规范做好个人防护。

5. 对实验室产生的危险废弃物进行分类，妥善暂存，按规定集中进行处理。

6. 进行实验时，工作人员不得擅自离岗，禁止出现无人值守现象。

7. 进行危险实验时必须两人在场，并提前向学院及导师申请。

8. 保持实验室干净整洁、通风良好，及时清理废旧物品，保持消防通道通畅，便于开关电源及取用消防器材。

9. 严禁在实验室吸烟、用餐、焚烧物品、过夜等，禁止追逐打闹。

10. 离开实验室时，应检查水、电、气、门窗是否关闭。

11. 发现安全隐患或发生事故，要立即采取措施，及时向实验室负责人报告。

◆ 个人安全须知

1. 进入实验室前须接受并通过各级实验室安全教育培训与考核，熟悉并严格遵守各项规章制度。

2. 进入实验室应了解潜在的安全隐患和应急方式，佩戴必要的安全防护用具、采取适当的安全防护措施。

3. 进行实验时，不能穿拖鞋、短裤。女士不能穿裙子，长头发要扎起来。接触易感染或有毒有害物质时，必须佩戴防护手套。

4. 不允许在实验室内使用电炉、电饭煲等违章电器，严禁私拉电线。

5. 要熟悉紧急情况下的逃离和疏散路线；清楚灭火器材、喷淋设施的位置；牢记急救电话。

6. 在不危及他人和自身人身安全的情况下，尽可能采取措施保护实验室财产少受损失。

7. 要保管好自身贵重物品，注意防盗。

◆ 常见事故应急处理

1. 爆炸、火灾事故

应采取得当的措施先救人，避免伤亡扩大，及时拨打报警电话，请消防部门灭火，请医疗部门抢救伤员。

2. 危险化学品事故

应先确定事故涉及的化学品种类和性质，再根据危险化学品烧伤、腐蚀、中毒等情况，选择不同的方法对照进行救治，详见本书“危险化学品使用安全”部分。

3. 气体泄漏事故

应立即查明泄漏源头，关紧阀门，然后打开所有门窗通风。若为有毒气体泄漏，则要及时疏散室内和附近人员。若为易燃易爆气体泄漏，千万不可触动电源或电器开关，以免产生火花引起爆炸。

4. 烧伤事故

应迅速脱离热源，保护好受伤部位，用凉水冲淋或浸浴。烧伤程度较轻，可在伤处涂抹烧伤膏或万花油，较重者需立即送往医院治疗。烧伤处的水泡尽量不要弄破，应用纱布或衣物简单包扎。

5. 冻伤事故

首先脱离低温环境和冰冻物体，将冻伤部位放入温水中浸泡 20 分钟左右，使受冻部位复温。若冻伤严重，需要去医院就医。切勿用火烘烤冻伤部位。

6. 割伤事故

若伤口不大,需先清理伤口处的异物,用水洗净伤口,涂抹红汞药水后,用消毒纱布包扎,也可贴上“创可贴”立即止血。若伤口过大,则必须先压住附近动脉或用绷带止血,并立即送医院治疗。

7. 生物感染事故

应立即封闭实验室,采取措施对可能感染人员就地隔离,同时向实验室负责老师、校医院报告,等待处理。

8. 眼内进异物事故

若为木屑、尘粒等,可由他人帮助翻开眼睑,用消毒棉签轻轻取出异物即可。若是玻璃碎屑等尖锐异物进入眼睛,先要保持平静,不要用手揉搓,尽量避免转动眼球,用纱布包住眼睛后及时送医院处理。

9. 触电事故

应先关闭电源,然后做好自身防触电措施,用木棍等绝缘物品分离触电者,触电者停止呼吸或脉搏停跳要立刻进行人工呼吸并送医院救治。

常用安全标志如图 4 –2 所示。

图 4 –2　常用安全标志

◆ 危险化学品事故的应急处理

发生危险化学品安全事故，应立即采取措施进行应急救援，将受伤人员送医院治疗，并及时报告实验室负责老师和相关部门。

1. 化学烧伤

应立即脱去沾染化学品的衣物，迅速用大量清水长时间冲洗，避免扩大烧伤面。烧伤面较小时，可先用冷水冲洗 3 分钟左右，再涂抹烧伤膏；当烧伤面积较大时，可用冷水浸湿的干净衣物(或纱布、毛 巾、被单)敷在创面上，然后就医。处理时，应尽可能保持水疱皮的完整性，不要撕去受损的皮肤，切勿涂抹有色药物或其他物质，如红汞、龙胆紫、酱油、牙膏等，以免影响对创面深度的判断和处理。

2. 化学腐蚀

迅速除去被污染衣服，及时用大量清水冲洗或用合适的溶剂、溶液洗涤受伤面。保持创伤面的洁净，以待医务人员治疗。如果溅入眼内，应立即用清水冲洗；如果溅入单侧眼睛，冲洗时水流应避免流经未受损的眼睛。

3. 化学冻伤

应迅速脱离低温环境和冰冻物体，用 40℃左右温水将冰冻融化后将衣物脱下或剪开，然后再对冻伤部位进行复温，尽快就医。对于心跳呼吸骤停者要施行心脏按压和人工呼吸。严禁用火烤、雪搓、冷水浸泡或猛力捶打等方式作用于冻伤部位。

4. 吸入性化学中毒

采取果断措施切断毒源，如关闭管道阀门、堵塞泄漏的设备等，并通过开启门窗等措施降低毒物浓度。救护者在进入毒区抢救之前，应佩戴好防护面具和防护服。尽快转移病人、阻止毒物继续侵入人体，采取相应的措施进行现场应急救援，同时拨打报警电话求救。

5. 气体爆炸

应立即切断电源和气源、疏散人员、转移其他易爆物品，拨打火警电话。

6. 误食性化学中毒

(1)误食一般化学品

为降低胃内化学品浓度，延缓其被人体吸收的速度，保护胃黏膜，可立即吞服牛奶、鸡蛋、面粉、淀粉、搅成糊状的土豆泥、饮水等，或分次吞服含活性炭(一般 10～15 克活性炭大约可以吸收 1 克毒物)的水进行导泻或引吐，同时迅速送医院治疗。

(2)误食强酸

立刻饮服 200 毫升 0.17% 氢氧化钙溶液，或 200 毫升氧化镁悬液，或 60 毫升 3%～4% 的氢氧化铝凝胶，或者牛奶、植物油及水等，迅速稀释毒物。同时迅速送医院治疗。急救时，不要随意催吐、洗胃。碱性的碳酸钠或碳酸氢钠溶液遇酸会产生大量二氧化碳，故不要服用。

(3)误食强碱

立即饮服 500 毫升食用醋稀释液(1 份醋加入 4 份水)，或鲜橘子汁将其稀释，再服食橄榄油、蛋清、牛奶等。同时迅速送医院治疗。急救时，不要随意催吐、洗胃。

(4)误食农药

对于有机氯中毒，应立即催吐、洗胃，可用 1%～5% 碳酸氢钠溶液或温水洗胃，随后灌入 60 毫升 50% 硫酸镁溶液；禁用油类泻剂。迅速送医院治疗。

对于有机磷中毒，一般可用 1% 食盐水或 1%～2% 碳酸氢钠溶液洗胃；误服敌百虫者应用生理盐水或清水洗胃，禁用碳酸氢钠洗胃。同时迅速送医院治疗。

探究与思考

查询目标学校化学实验室的使用规定。

第二节 学术诚信

《2019 年留美中国学生现状白皮书——劝退学生群体状况分析》显示,学术表现差及学术不诚信仍然是造成中国留学生劝退危机的两个主要原因。出勤率低是中国留美学生被开除的重要原因之一。数据显示,因学术表现差被劝退的人数比例由 2018 年的 41.24% 降至 37.11%;因学术不诚信被劝退的人数比例持续增多,由 2018 年的 35.72% 增长至 41.45%。学术不诚信成为造成中国留学生劝退危机的第一大原因。《2021 年留美中国学生现状白皮书》指出,2021 年因学生学术不诚信而导致劝退的比例明显增加,对比 2020 年劝退原因,2021 年学生被劝退对主要原因为学术不诚信和学术表现差(见图 4 -3)。

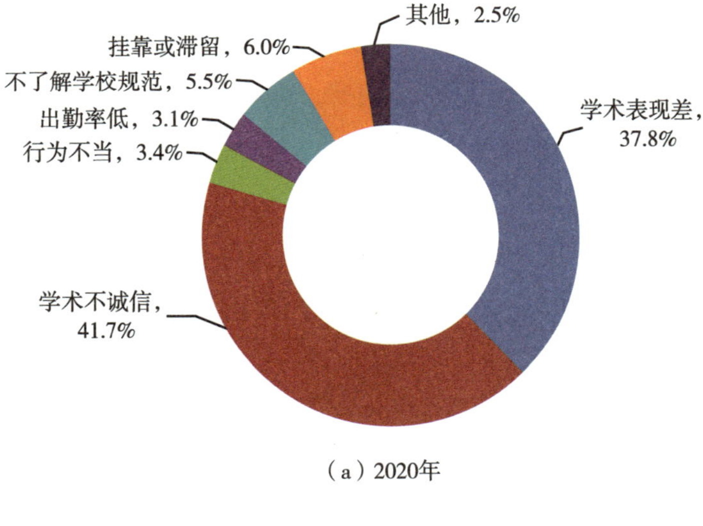

(a)2020年

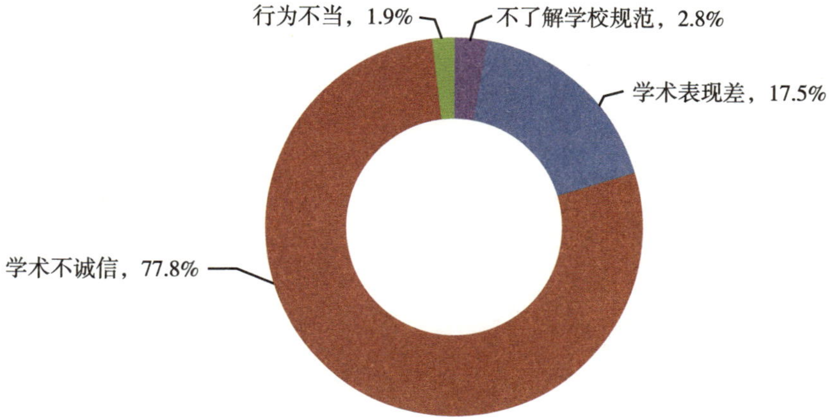

（b）2021年

图 4－3 2020～2021 年被劝退原因对比

资料来源：《2021 年留美中国学生现状白皮书中文版》，载原创力文档知识共享平台 2021 年 6 月 18 日，https://max.book118.com/html/2021/0618/81351101 20003111.shtm。

❖ 出勤率

有些学生出国之后，由于不受家长管束，自身对学习松懈，沉迷游戏，导致缺勤旷课现象严重。

学术表现差也可能发生在认真好学的学生身上。这些学生面对众多优质课程，低估课程难度，盲目选择选课，缺乏科学规划时间能力，导致课业繁重，压力大，成绩不佳。为了避免类似情况，留学生首先应该在选课前认真听取院系指导老师的专业选课意见。如果发现课程难度超出自身能力，可以选择及时退课。有些学生不听从专业选课意见，完全依靠自身兴趣胡乱选择，导致无法满足毕业学分要求，不得不延迟毕业。

案例分享

安某被哥伦比亚大学录取后由于个人原因一直没有去学校上课，导致其出勤率和 GPA 都低于学校要求。第一学年，学校并没有对他作出严重的处罚。之后，安某更加肆无忌惮，在第二学期被学校开除学籍并终止了 F－1 签证。同时，由于过低的出勤率和 GPA，他无法通过转学来继续获取学生身份，被强制驱逐出境。

请思考，如果有特殊原因不能到校上课，你可以向学校和院系的哪些办公室、老师请教、求助，寻找妥善的解决方法？

专家提醒

通过对过去6年中国留学生被劝退因素的分析发现，因学术诚信问题被劝退的人数明显增长，甚至超过因学术表现差而被开除的人数。很多院校持“宽进严出”的教育方针，为了避免被劝退情况的发生，留学生需要在入学前了解院校的规章制度（University policies，procedures and regulations），积极寻求导师指导意见，严格遵守学校的各项规定，切忌抱有侥幸心理。

❖ 作弊

作弊是指学生在各项评估中，采取任何获得不公平优势的行为。作弊包括以下几种形式：

- 抄袭：学生直接盗用他人的观点或作品。
- 串通舞弊：协助他人作弊或纵容他人抄袭自己作业的行为。
- 重复提交：针对不同的评估项目重复提交同一份作业。
- 其他：任何获得不公平优势或影响他人考试结果的行为。

案例分享

一位留学生参加一场闭卷考试时，由于太过紧张，在考试后发现自己将复习笔记本带入考场。他马上主动将笔记本交给监考老师，并且解释自己是无心之失，并没有翻阅。

请思考，这名留学生的行为是否属于作弊行为？

有些课程采取开卷考试（Take-home Exam）的形式。面对开卷考试，很多学生认为这样的考试形式，只要照抄课本就可以轻松过关。但实际上，这种开卷考试并没有因为可以参考课本就降低考试难度，反而对思辨能力、知识理解、创新思维等方面提出了更高的要求。参加开卷考试，一定要提前了解学校相关开卷考试规定，了解授课教师的答题要求。通常情况下，任课教师允许学生根据教材、课堂笔记或其他材料回答问题，但同时要求学生在试卷中正确使用引用格式。

案例分享

杨同学在一次开卷考试后，突然收到了学校的邮件，学校判定她在考试中作弊，这让她感到莫名其妙和委屈。在看到老师的说明后才知道，原来在她准备考试的时候因为电脑出了故障而借用了同学的电脑，导致两个学生的IP一致被监考老师怀疑作弊。杨同学通过平时的努力以及考试答题过程向学校阐明自己没有作弊的动机，并解释出现IP一致的原因，最终校方相信了她并撤销指控，杨同学成绩没有受到影响。

请思考，如何避免被判抄袭了在被误判违反学术诚信要求的情况下，如何维护自己的权益？

如果因学术不诚信问题，如抄袭作弊、代写代考等面临调查和听证会时，一定要诚恳道歉，争取学校的理解或从轻处分，争取保留合法居留的学生身份再寻求转学机会。不要幻想通过纠缠老师、打感情牌来躲过处罚。遇到被误解的情况，千万不要冲动。应客观冷静，先梳理整理好能够证明自己没有作弊的证据，再向老师和学校提出申诉，准确真实地表达自己的想法，逻辑清晰，有理有据地化解学术危机。

❖ 抄袭

抄袭是指在未经他人同意的情况下，将他人的作品或想法作为自己的作品或想法，在未得到充分承认的情况下将其融入自己的作品中。抄袭可能是有意或无意的，故意抄袭属于违纪行为。

每位留学生都应该对抄袭行为有明确的认知,对抄袭行为的界定有充分的掌握,清楚知道哪些行为属于学术抄袭。抄袭是对学术诚信的一种破坏。学术界应该承认他人的思想、文字和数据。把别人的作品冒充自己的作品,不仅是不道德的,而且会对学生的未来发展带来严重影响。

很多留学生对学术诚信问题重视不够,缺乏相关知识,不了解如何规范完成学术论文。留学生一定要高度重视学术诚信,具备严谨而科学的学术态度,尊重知识产权与原创。作业必须具有原创性和真实性,上交的各种形式的作业都应呈现自己的语言、表达方式和想法。在写作过程中如直接引用或转述他人的作品或观点时,应明确表明出处。

◆ 抄袭类别

学术论文有时会借鉴参考他人研究成果、研究数据、出版作品等,必须确保正确引用这些来源。抄袭是指使用他人的言论或思想,而没有以正确的形式、格式提及原始作者。有些抄袭行为涉及故意盗用他人作品,这样的做法会被学校视为破坏学术诚信的行为,导致成绩不及格或被学校退学。

不同情况会构成不同类型的抄袭,以下列举几种类型的抄袭,留学生应避免发生这些行为。

1. 直接抄袭

- 某同学赶不及写作业,于是直接从网站上复制了一篇文章,署上自己的名字交给老师。
- 某同学想要在很短时间里发表一篇学术论文,他在一本很冷僻的期刊中发现10年前的一篇文章,就复制并作为自己的论文提交出去。
- 某同学有一篇历史课论文作业,她的朋友去年修这门课,她就向朋友要来了论文,稍作修改后作为自己的论文上交。
- 某同学的男朋友约她出去,但她需要待在家里写论文,于是男朋友主动分享他去年在同一堂课上写的论文。她把男朋友的旧论文署上自己的名字提交出去。

• 某同学的读书报告快到提交的时间还没来得及阅读。他就在书评网站直接复制了一些书评编辑成自己的报告。

2. 雇佣抄袭

• 某同学花钱在网上找了代写服务来完成自己的课堂作业，整篇文章都由他人代笔，她只是署上自己的名字交给老师。

• 某同学向自己的舍友求助，如果舍友帮忙完成一篇课堂论文，他愿意做一个月的家务。随后他将舍友完成的论文署上自己的名字交给老师。

3. 协作抄袭

• 某同学在小组合作项目中基本没有参与，但是作业提交时还是把自己的名字和其他组员列在一起。

4. 自我抄袭

• 某同学在转学前上过一门类似的课程，她没有创作新作品，只是交了她在以前学校的论文作业。

• 某同学有一篇作业跟自己以前在博客中发表的帖子主题类似，他对文章作了一些言语措辞上的调整当作业提交了。

5. 拼凑（马赛克）抄袭

• 某同学找到了几篇与作业主题相似的论文，把文献内容糅合在一起并更改了措辞，让想法、信息、语言结构看起来都与原始作品不同，署上自己的名字交给老师。

• 某同学找来几篇相关论文，把内容重新组织，并且在开头和结尾加上自己的想法表达，署上自己的名字交给老师。

6. 意外抄袭

• 某同学在论文中逐字逐句地引用了一本书中的文本，他在脚注标出了书籍来源，但忘记在文本中用引号指出这些文字是直接引用的。

• 某同学在课上听到老师讲的一些信息，用在自己的文章中，而没有注明来源。这些信息不属于常识，但是他在文章中表述成自己的想法。

◆ 避免抄袭小提示

- 检索研究文献的来源，养成记录文献来源的习惯。
- 避免粘贴复制，用自己的语言表达自己的思想。
- 源自文献的释义或引用都需要标注引用来源。
- 如果是逐字逐句地摘录，一定要用引号。
- 在原文引用和参考清单中注明原始作者。
- 提交之前，使用抄袭检查工具进行核查。

案例分享

参考文本：

“从阶级的角度来看，这让他们（公路工人）处于一种矛盾的境地。为了达到那种骄傲的，即使是暂时的，道路绅士的地位，他们没有质疑他们社会的不平等等级制度。然而，他们大胆的行为和行为，把他们作为叛逆的逃犯排除在法律之外，使资本主义的‘动物精神’复活，成为伦敦工人阶级对立文化的重要组成部分，这严重阻碍了一支温顺、听话的劳动力队伍的形成。因此，仅仅绞死他们是不够的，他们所拥护或代表的价值观必须受到挑战。”

［来源：彼得·林堡（Linebaugh，P.），《伦敦绞刑：十八世纪的犯罪与公民社会》（*The London Hanged：Crime and Civil Society in The* 18 *Century*）（伦敦，1991 年），第 213 页。］

抄袭示例：

尽管他们没有质疑自己社会的不平等等级制度，但拦路人却成为伦敦工人阶级对立文化的重要组成部分，对形成一支听话的劳动力队伍构成严重威胁。尽管他们没有质疑他们社会的不平等等级制度，但拦路人对工人阶级具有强大的吸引力。一些历史学家认为，这阻碍了顺从劳动力的发展。尽管他们没有质疑自己社会的不平等等级制度，但拦路人“已成为伦敦工人阶级对立文化的重要组成部分，并成为形成一支可爱、顺从的劳动力队伍的严重障碍”。拦路人的大胆行为复兴了资本主义的“动物精神”，使他们成为伦敦工人阶级反对文化的一个重要组成部分。彼得·林堡认为，他们对形成一支听话的劳动力队伍构成了重大障碍。

由于渴望获得“道路绅士”的称号，拦路人并没有挑战他们社会的不公平分类。然而，他们的英勇事迹却使他们成了不法分子，并激发了伦敦的敌对文化，严重阻碍了顺从劳动力的发展。归根结底,吊死他们是不够的——他们所代表的理想必须被否定。

抄袭示例点评:

1. 开头文字没有提及原作者,属于一字不差的引用拼凑。

2. 所有引用的材料必须用引号括起来并充分引用。

3. 尽管最引人注目的短语被放在引号内并被正确引用,原文中也提到了原作者,但仍有大量未经承认的借用。

4. 这在表面上似乎是可以接受的,但通过准确地模仿原文的结构,并使用同义词,作者更多是对原文的翻译,而不是自己的理解和解读。

非抄袭示例:

彼得·林堡(Peter Linebaugh)认为,尽管高速公路上的人对社会正统观念没有明显的挑战,但他们渴望被称为"道路上的绅士",他们经常被不守规矩的工人阶级视为反英雄的榜样。他得出结论说,他们被处死不仅是因为他们的犯罪行为,而且是为了消除不服从命令的威胁。他认为,拦路人是对资本主义社会习俗的有力挑战,激发了伦敦工人阶级的反叛情绪。

非抄袭示例点评:

这段话的释义是可以接受的,因为措辞和结构表明读者对这段话的解释,而没有完全照搬原文。本文和脚注中的参考文献都恰当地说明了讨论中的观点的来源。

专家提醒

- 所有材料的引用来源包括:地图、照片、插图、数据、图表、计算机软件和各种形式的媒体(如音频、视频、光盘、DVD 的形式、电子邮件和其他数字或电子媒体等)。
- 所有已获取信息来源的网址和日期。
- 所阐述的他人或其他来源的文字和观点。
- 所使用的翻译文本。
- 所借鉴的艺术作品包括音乐、电影、舞蹈、戏剧艺术或视觉艺术。

❖ 惩罚措施

◆ 美国学校对违反学业政策及规定的学生采取的处罚

警告(warning):通过口头或者书面通知学生,其行为不符合大学的行为准则,如再次出现将面临严厉的惩罚。

留校察看(probation):书面通知告知学生触犯了学校的相关规定,如果再犯将面临惩罚。允许学生继续就读,但一旦再次触犯学校政策将被停学甚至被开除。一般由学校委员会或者学院决定留校察看的时间范围,一般适用于初犯者。

停学(suspension):书面告知学生在学校的一切权利被停止一段时间。停学惩罚可能有重新入学的机会。

退学(withdrawal):包括学生主动放弃在校学习机会,也包括因违反校规校纪被校方要求退学。

开除(dismissal/academic drop):学生通常由于连续多学期成绩不达标或者违反学术行为准则被开除,一般通过书面形式告知学生,在校学习以及使用学校资源等的一切权利被冻结。与停学相似,但比停学程度严重。

永久性开除(permanent dismissal):通过书面通知告知学生,其在校一切权利被永久冻结。将来不可回校继续就读。

◆ 英国学术诚信问题影响个人诚信等级

针对学术不端行为,英国高校的处分包括:警告;降低考核分数,取消考试成绩,重新参加考试;取消考试成绩,同时取消考试资格;取消课程成绩,但可以重修;取消课程成绩,同时取消重修资格、开除等类型。另外,对于必修课而言如果取消重修资格,就意味着无法取得毕业证。

作弊记录对个人信用等级也产生影响,大到找工作租房子,小到购买手机、办理银行业务,英国的相关部门办理业务时首先查看信用等级,信用等级过低会影响业务办理。

◆ 澳大利亚学术不端要遣返

澳大利亚院校具有强大且严谨的论文查重系统,所有学生的作业、论文都要进行系统查重检验,一旦被查出抄袭,该科目即为不合格,严重者可能被遣返。

案例分享

2017 年 5 月，马萨诸塞州检方曾公布“4 名中国留学生替考”被起诉的消息，引起许多人关注。其中一名 21 岁留学生找人替考，该学生被控欺骗美国政府罪，这是一个联邦重罪，最高可判 5 年刑期、3 年监视居住以及 25 万美元的罚款。同年 8 月 30 日，该留学生选择认罪遣返，其余 3 名学生陆续受审，最终被遣返回国。

请思考，对于整个学术研究社群来说，严厉惩罚违反学术诚信行为的意义是什么？

第三节　留学生与校园欺凌

当今校园欺凌和性骚扰现象时有发生。大多数欺凌行为在中学阶段达到顶峰。随着互联网的发展，欺凌和性骚扰行为也衍生出新的形式，甚至日益猖獗。校园欺凌和性骚扰现象随时可能发生在校园内的食堂、更衣室、操场、游泳馆、自习室等地方，对于大部分留学生来说，提前学习预防和应对这些问题的知识和技能十分必要。

❖ 防止校园欺凌

专家提醒

2013 年研究者凯瑟琳·罗斯彭达（Kathleen Rospenda）等人研究发现，在接受调查的 2118 名大学新生中，有 43% 的人在学校遭受过欺凌，还有 33% 在工作场所遭受过欺凌。一般来说，欺凌的基本特点是以侵略性的行为侵犯尊严或恐吓敌对，让人陷入被侮辱的境地。随着时间的推移，该行为可能会重复出现。欺凌的发生可能对其中的每个人——受害者、旁观者甚至欺凌者本身产生长期影响。如果不加干预，可能将一直持续延伸到生活的方方面面。

◆ 欺凌的类型

身体欺凌：通常指对被侵害者施加拳打脚踢等暴力行为，也包括财产毁坏和盗窃，强迫饮酒或吸毒以及性侵犯。

言语欺凌：起外号、恶意取笑，还可能涉及嘲讽、恐吓和威胁等行为。

社会关系欺凌：通过人际关系和声誉伤害受害者。包括有目的地排斥、散布谣言、泄露隐私以及公开嘲弄。

网络欺凌：通常通过口头和社交欺凌相结合的方式来伤害受害者，在网上传播受害者的信息或图像，对受害者进行网络跟踪，骚扰威胁等。

案例分享

2010年备受瞩目的网络欺凌事件：罗格斯大学的学生达伦·拉维（Dharun Ravi）秘密录制并公开发布了他的室友泰勒·克莱门蒂（Tyler Clementi）在其宿舍亲吻另一个男性的视频。克莱门蒂向校方投诉此事后，从乔治·华盛顿大桥跳下身亡。克莱门蒂案的悲剧揭示了在大学环境中欺凌行为的恶性影响。

欺凌也可能发生在学校的俱乐部等组织中。有些本应该为学生提供支持的组织，实际上可能助长了虐待、排斥、羞辱、强迫等欺凌行为的发生，特别是兄弟会内部，成员与非成员之间的欺凌时有发生。

欺凌行为会对受害者、欺凌者以及旁观者造成严重的影响。欺凌行为也会引发精神问题，如抑郁症或者焦虑症。随着时间的流逝，如果没有得到适当的干预和治疗，可能产生持久恶性影响。受害者可能由于身体暴力或长期焦虑的影响而导致身体健康下降和学业成绩下降，甚至可能休学、退学或被解雇。而欺凌者本身可能继续进行其他犯罪行为。

欺凌行为通常会增加吸烟、饮酒或吸毒的概率。有研究者发现，校园欺凌的受害者往往会出现酗酒、吸毒、暴饮暴食等问题，或人际关系和工作学习表现也容易变得比较消极。

◆ 应对欺凌行为

留学生可以通过预防和寻求支持来解决。

求助不意味着软弱。如果受到欺负，请求助于父母，朋友，教授，权威人物或导师。不要自己委曲求全，求助并不意味着软弱。此外，有很多校园资源可以提供帮助，包括学生事务办公室、咨询服务中心、安全服务中心、宗教和文化组织以及其他学生组织。研究表明，校园欺凌受害者会感到更加孤独和孤立，更需要自己的社会支持网络提供安全感和支持感。

了解迹象并给予支持。留意身边遭受到欺凌的家人朋友，主动干预与帮助。冷静理性耐心倾听受害者感受，努力使他们感觉自己被支持和被理解。选择安全合理方式向他们伸出援助之手。

远离危害。尽量想办法脱离给自己带来危害的境地，保护好自己。欺凌者经常以同伴身份施加压力，持续攻击受害者。

保存记录。如果遇到欺凌，尽可能保留各种证据，以便为可能提出的投诉和索赔提供证据。在保证自身安全的情况下录制视频或音频。如果遇到网络欺凌行为，可以保存屏幕截图、电子邮件和文本等证据。最好是在日志中尽可能详细地记录和欺凌事件有关的任何信息。

了解自己的权利。留学生要主动了解学习如何保护自身合法权利。通常，政府法律和校园规定都会对这些权利作出定义。比如，美国《教育法修正案第九条》（Title Ⅸ）和《克莱尔法案》（Clery Act），以及英国的《2010 年平等法案》（Equality Act 2010），还有地方性法规，如《加利福尼亚州教育法规》第 234.1 条就明确提出学区应努力减少歧视、骚扰、暴力、恐吓和欺凌的要求。这些法规提供了防止性骚扰、歧视和性侵犯的保护措施，也规定了学校的法律义务，要求学校必须对这些不良行为主动采取措施。

举报欺凌行为。关于欺凌和骚扰行为，高校通常都有明确的行为守则和政策来判定和惩处，留学生可以向学生宿舍办公室、学院、学生组织负责人或其他部门举报欺凌行为。人身攻击、威胁、纠缠骚扰、侵犯隐私和损坏财产等行为都是违法的，应当报警。

组织或参与反欺凌活动。要防止欺凌，团结起来相互支持、相互保护。院校通常成立相关组织，建议留学生积极关注，参与反对校园欺凌活动。从自身做起，坚决与校园欺凌行为说“不”。

不要做旁观者。有时候旁观者的无动于衷也变相助长了校园欺凌行为。如果看到有人被欺凌，应在保证安全的前提下进行干预，联系校园安全管理部门的工作人员介入。

不要欺凌他人。欺凌者之所以成为欺凌者，通常是在其成长过程中有意、无意慢慢养成的行为习惯。对于某些人来说，这是他们应对焦虑和创伤的一种防御机制。实际上，欺凌者自己也往往痛苦不堪，因为这种权力不平衡带来的优越感并不能真正满足他们深层的人际需求。

❖ 反对校园歧视

绝大多数国家和学校都有法律法规来保证学生的安全，包括不因种族、宗教、国籍、性别等因素遭到口头或身体的歧视。美国公民自由联盟（American Civil Liberties Union，ACLU）强调，虽然所有学生的表达自由、言论自由都受到美国宪法保护，但是不能针对特定人群进行言语、身体伤害、骚扰或暴力威胁。学校必须采取行动及时纠正类似行为。

《加利福尼亚州教育法规》第234.1条同时规定如果学校工作人员目睹歧视、骚扰、恐吓或欺凌行为，在安全的情况下没有立即采取措施进行干预，会被投诉。

案例分享

2019年11月，美国雪城大学校园内发生了多起针对黑人学生及亚洲学生的攻击性涂鸦与公物破坏事件。中国学生主动联系校方，促使校方面向亚洲学生召开了一次研讨会。校级部门领导及教职人员到场参与讨论并答疑。在与会学生呼吁下，大一新生必修的多样性文化课程设计更加合理，并增设社会公平领域的必修课程。增加华人导师的比重，以便给予华人留学生更多帮助和关心。学生还向校方反映了涉及亚洲学生实习机会和奖学金方面所受的逆向歧视。并且希望进一步直接与校长沟通，开除带有种族歧视的教职工并作严重处理，加强校园反骚扰条约，对种族歧视相关言论实行零容忍政策，增加用于改善校园边缘化社区建设的资金等。目前,雪城大学在种族歧视仇恨言论方面的管理已经大大改善,由此可以看到团结一致理性发声的力量。

请思考,在面对校园种族歧视攻击时,如何通过法律法规和学校政策维护自身权益?

❖ 远离校园性骚扰

2021 年,平等就业机会委员会(Equal Employment Opportunity Commission)报告了 20,908 多项种族歧视指控和 187,602 多项与性别有关的指控。[①] 其他针对年龄、残疾或性别表达的骚扰也经常发生。平等就业机会委员会将工作场所的性骚扰定义为不受欢迎的性行为,或明或暗地干扰个人工作的性行为,创造令人感到畏惧、敌对或反感的工作环境。有些性骚扰行为很容易被识别。例如,不怀好意地抚摸、被迫去约会或令人反感的性昵称。另一些性骚扰行为则不太明显。例如,对他人进行贬损或冒犯性的言论,张贴露骨的色情图片或定期谈论性行为。随着社交媒体的普及,网络性骚扰的问题也日趋严重。

提到性骚扰,女性一般被认为是受害者。事实上,虽然向平等就业机会委员会投诉的绝大多数性骚扰案件都是由女性提出的,但据统计,越来越多的男性开始投诉自己被骚扰的经历。在 2021 年平等机会委员会收到的 5581 项性骚扰申诉中,有 16.3% 是由男性提出的。

与欺凌行为类似,骚扰行为也时常伴随权力不均衡,相关调查显示,2/3 的大学生会遭受某种形式的性骚扰,研究生比本科生更容易受到导师的性骚扰。在证实存在不当行为或达成和解的 221 例针对教职员工的

---

① See US EEOC, *Charges Alleging Sex-Based Harassment* (*Charges filed with EEOC*) *FY* 2010 – *FY* 2021, https://www.eeoc.gov/statistics/charges-alleging-sex-based-harassment-charges-filed-eeoc-fy-2010-fy-2021 >[Accessed 15 April 2022].

诉讼中，超过一半的案例属于不受欢迎的性接触，而48%的案例涉及一段时间以来多个受害者的指控。这些校园骚扰的受害者往往感觉被操控而无力反抗，因为他们能否顺利毕业的决定权掌握在导师手中。这也严重干扰了他们的生活和情绪，许多人因此产生厌学、身体不适、失眠、头痛等问题。

◆ 骚扰行为界定

骚扰由于文化背景、个人观念等差异，在界定上存在模糊空间。留学生应该格外注意以下行为也属于骚扰，可以向校方举报：

- 讨论中涉及敏感政治话题，并有针对性指向个人。
- 在他人拒绝的情况下，强行拥抱、握手或亲吻等身体接触。
- 模仿他人口音，或开种族玩笑，这属于“原籍歧视”（National Origin Discrimination）的骚扰。
- 暗示他人需要改变外表，可能被视为对他人种族、文化、性别或收入水平的攻击。
- 在学校里到处散布八卦谣言，说闲话。八卦和谣言影响个人安全感。
- 许多类型的骚扰源于开玩笑或影射。要懂得每个人对于玩笑和幽默的接受程度不同。2017年《纽约时报》一项调查显示，性笑话是男性工作中参与得最普遍的骚扰行为。
- 公开展示令人反感的照片或文字作品，如色情照片、宣传宗教的小册子或任何攻击某些种族、宗教、性别、性取向和身份文化的事物，都会造成敌对的环境，会被解释为骚扰。

留学生需要充分了解这些社交边界，谨慎把握社交尺度，避免冒犯他人，同时也要学会通过法律法规和学校政策维护自身权益。

◆ 性骚扰法律责任

上述各种骚扰行为中，性骚扰属于民事骚扰，包括对他人的性取向、性别认同和性表达或怀孕状态的任何骚扰。性侵犯则属于刑事犯罪。性侵犯则是一项非常严重的指控，情节严重者可能被判入狱并驱逐出境。在与异性接触时应该多加注意自身行为。

法定性行为年龄的规定在各地有所不同。以美国为例，美国各州有自己规定的“同意年龄”（age of consent），多设定在16～18岁。一般来说，任何人（尤其是成年人）与小于性同意年龄的未成年人发生性关系，皆属违法。对未成年人的保护，美国法律向来以“零容忍”严苛著称。很多在成年人之间可能认定为轻微甚至不构成违法的行为，涉及未成年人则将被判重罪并在量刑时顶格处理。例如，用手、身体其他部位或物体故意直接接触未成年人身体隐私部位，无论同性、异性，均被认定为性侵害，刑罚通常在10年以上。此外，为预防再次侵害，罪犯刑满释放后，将被登记为终生性侵儿童罪犯，在系统中公示，甚至直接通知邻居和其他相关家庭注意。

专家提醒

预防和阻止性侵犯：

- 在社交场合，要时刻保持警惕，远离毒品、酒精；
- 饮料不要脱离自己的视线；
- 要提防路上、车上或者聚会上碰到的陌生人；
- 远离人迹罕至，灯光昏暗的地方；
- 敢于拒绝不当身体接触和行为。

万一遭遇性侵：

- 第一时间报警；
- 在向警方报案或者去医院前，切勿冲洗、淋浴、换洗衣物而毁掉重要的证据；
- 切勿饮酒或者服用镇静剂或其他药物，尽量保持清醒，向警方描述案情，尽量提供侵犯者的所有体貌特征。

根据美国社区安全宣传机构调查显示，在美国高等院校中，平均每5名女生就有一个遭遇过性骚扰，每16个男生里就有一个有过被性骚扰的经历，而且大多数性骚扰行为是来自熟人。留学生面对社会交往的文化差异,一方面,要明辨他人的骚扰举动,了解可以投诉求助的机构;另一方面,也要了解社交尺度上的文化差异,避免因无知越界而被控告的情况。下面列出的“6 个 C”可以帮助留学生了解约会中亲密行为的知情同意原则(见图 4-4),和交往对象进一步发生亲密举动必须要经过对方的同意才可以。

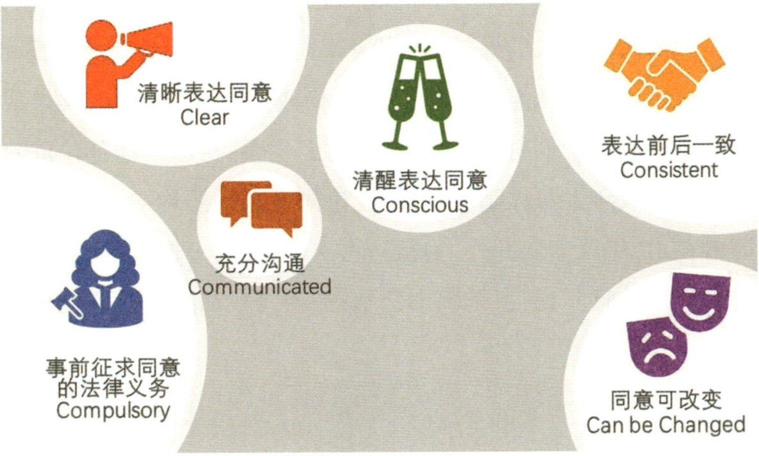

图 4-4 约会中的同意原则

• 必尽责任(Compulsory):在发生亲密行为前有义务征求交往对象的同意,未尽责任则有可能涉嫌性侵。

• 事先沟通(Communicated):交往对象无论口头还是行动上都表达了同意进一步发生亲密关系的意愿。

• 表达清晰(Clear):交往对象的意愿表达必须清晰。沉默或没有明确拒绝并不意味着同意。在没有得到确定答复之前不可以进一步行动。

• 一致同意(Consistent):交往过程中每进一步都需要询问对方同意,要确保符合双方共同意愿。

• 清醒状态(Conscious):交往对象在身体、精神、情绪都正常的情况下表达同意才可以进一步发生亲密关系,醉酒或服药或昏迷的情况下即使表达同意也不合法。

• 可以改变(Can be changed):在进一步发生亲密关系的过程中,双方都有权随时改变心意提出停止,一旦对方要求停止就必须尊重对方的意愿停下来。

探究与思考

浏览英国政府防止欺凌与骚扰指南的网页(https://www.rcn.org.uk/get-help/rcn-advice/bullying-and-harassment),收集留学目标学校对欺凌、歧视等行为的相关网页,了解相关投诉与支持的资源。

第四节　勤工俭学与社区服务

"勤工俭学"这一理念的提出者和推动者是我国社会教育家李石曾(1881~1973年)。出生于晚清官宦之家的他曾在1902年随清朝公使赴法,先后学习农学、化学和生物等领域。深受法国文化影响的李石曾无心官场,借助自己各界的人际关系,积极推动国内同胞赴法工作并接受教育。自1909年起,他先后通过不同方式,使许多家境并不富裕的国人得到了出国留学的机会。1915年,他在家乡河北创立了以"勤于做工,俭以求学"为宗旨的勤工俭学会。"勤工俭学"这个词语正式登上历史舞台。到1921年,李石曾先后组织超过2000名学生赴法求学,其中包括周恩来、邓小平、陈毅等对新中国成立影响重大的人物。

根据《2021出国留学蓝皮书》①中的调查显示,当今大多数家庭都会在经济能力承受范围内,支持孩子的留学计划。这意味着,与20年前的初代自费留学人员相比,当代多数留学生在经济上不会有很重的负担。尽管如此,勤工俭学对于很多留学生依然是一个不过时的选项。一方面,

---

① 参见中信银行股份有限公司:《2021出国留学蓝皮书》,中国金秋出版社2021年版。

勤工俭学可以使留学生减轻家庭经济负担；另一方面，可以通过参加社会实践，充分了解社会，增长阅历。

专家提醒

大多数留学生在国内没有相关勤工俭学的经验，加上对国外法律法规和社会文化的不熟悉，在寻找和参加相关活动的过程中存在一些安全方面的隐患。因此，留学生有必要了解勤工俭学相关基本概念和安全知识，保障在勤工俭学和社区服务的过程中顺利安全。

❖ 勤工俭学安全

大多数国家都对国际学生在学业之余的工作状况有所限制。在澳大利亚，留学生被取消签证的理由不尽相同，主要原因包括出勤率低、超时打工、品德问题、涉嫌欺诈行为和违反本地工作规定等。澳大利亚移民局允许留学生在规定范围内合法打工，但是毕业后滞留期过长，则面临被取消签证的风险。留学生必须遵守留学目的国的法律法规。留学目的国对于留学生可以从事的有偿工作和活动，有明确的法律规定，如工作时长、工作类型等。留学生在开始寻找工作前，首先要了解最基本的法律法规，避免出现不良法律后果。

以美国为例，大多数留学生持有的是 F－1 签证，这类签证的持有者只能在校内打工（如前台、助教等）；同时，在正常学期内，每周工作时长不能超过 20 小时；寒暑假期间，每周工作时长不可超过 40 小时。部分国家，如法国，会在签证上面注明学生签证可以从事的工作时长百分比（不超过法定全职工作时间的 60%），留学生在拿到自己签证材料时应当仔细阅读相关说明。

在勤工俭学的过程中，留学生还应该注意税务申报问题。无论是以英美为代表的海洋法系国家，还是以法国为代表的大陆法系国家，只要从事有偿工作和活动，就会涉及税务申报的问题。很多国家都要求个人主动申报年收入。以法国为例，只要年满 18 岁的个人，无论国籍、就业与否，收入有无，每年必须主动去当地税务局申报年度个人收入，并按照具体情况缴纳相应税款。在美国，无论是实习还是工作，都需要有社会安全码（Social Security Number）来追踪个人的税务缴纳信息。税务方面的失信行为，可能给学生后续的留学活动带来很多不确定性。因此，勤工俭学的学生一定要提前了解相关国家的相关税务申报要求。

同时，尽量选择可信度高的兼职信息搜索平台，一般来讲，由政府、大型机构、学校等发布的招聘信息可靠程度大于小型组织和个人。绝大多数国家都有官方主导的工作招聘信息发布平台，为留学生提供丰富的兼职招聘信息。部分国家，如丹麦，甚至建立了专门的中文页面帮助我国留学生更好地选择相应工作。

最后，留学生需要充分考虑工作类型和工作内容，从个人发展的角度考虑，权衡经济回报和经验回报。尽量选择和自己所学专业或者准备从事工作相关的实习兼职。同时，在工作的过程中，应当秉持学习的心态，注重观察，积极总结经验，而不是单纯地出卖体力，才能更好地利用出勤工俭学机会挖掘深层价值。

2019 年美国乔治城大学的教育与劳务中心报道称，平均每 10 名学生中就有 8 名从事兼职工作。留学生虽然可以通过勤工俭学来减轻经济压力，但是很多学生无法很好地平衡工作与学习。一方面，工作时间挤压了学习时间，导致成绩降低；另一方面，他们的勤工俭学经验与自己未来职业发展方向无关，无法为毕业找工作提供高质量的经验支持。

在求职市场中，相关经验往往成为制胜的砝码。但现实是，学生往往很难找到与自己专业相关的兼职工作，在兼职工作中所花费的时间也无助于他们日后工作所需的积淀。因此，建议留学生在保证学业的前提下，进行勤工助学，并且每周兼职工作不超过 15 小时，尽量寻找与专业相关的实习机会。

探究与思考

你的留学目的国最大的官方主导的职业就业信息发布平台是什么?

❖ 实习和社区服务安全

美国国家志愿组织理事会(National Council for Voluntary Organization)表示,“志愿服务是指无偿地花时间做一些旨在造福于环境的事情,或者与他们没有密切关系的人。志愿服务必须是每个人自由选择的选择”。该组织进行的一项调查还表明,在英国注册的慈善机构中有91%由志愿者经营。全国学生联盟(National Union of Students)举办的学生志愿活动周旨在激励学生志愿者并鼓励学生从事公民生活。该活动已经成功运行了17年,2018年的活动有60所大学和55,000名学生参加。

专家提醒

社区服务(Community Service)一般是指为了帮助某一区域居民而进行的志愿服务活动。

实习(Internship)一般是指以获取某一行业工作经验为目的而在相关组织、企业等进行的短期工作。

依据个人所学专业和家庭环境的不同,部分留学生可能需要参与一些社区服务活动。此类活动与之前所提到的勤工俭学活动有相似之处,也有不同点。志愿服务也利用业余时间完成。校园里有很多俱乐部和社团会组织各种各样的服务活动,往往需要大量的志愿者,校外也有志愿服务机会可以尝试体验,留学生可以根据自身兴趣进行选择,如运动、社会护理、教育、艺术、自然保护等。

相较有偿的兼职工作,参与社区活动面临的税收方面问题概率要小一些。但是依然建议留学生在参与之前,主动同校方、有参与类似活动经验的同学等核实相关法律规定。

很多留学生在就学期间或者取得毕业证后会有实习的需要。依据实习的类型(学期内实习和毕业实习)、是否带薪等,留学生所需要注意的法律方面的问题与勤工俭学以及社区服务有相似之处。但是,由于实习的特殊性,很多国家如法国、西班牙等,法律规定实习前必须由大学、学生和实习接收方共同签署三方协议。

对于毕业后的实习,在大多数情况下还涉及签证类型更换的问题。因此,应当在此类实习开始前,提前做好相关的规划和签证变更申请。

专家提醒

- 勤工俭学寻找兼职应遵守留学目的国的相关法律和规定。
- 在可信度高、正规的平台上寻找相关兼职或社区服务任务。
- 社区服务需要注重人身安全。
- 很多国家要求实习需要签订三方协议,毕业实习签证变更需提前规划。

义工和志愿服务在大学阶段是很有意义的体验,但也需要注意其中的一些风险。例如,在加拿大安大略省,根据《职业健康与安全法》的规定,工人被定义为“从事工作或提供金钱补偿服务的人”,此定义不包括志愿者。因此,在志愿服务工作中要格外关注健康和安全问题。参加志愿活动,志愿者有权在安全的环境中提供服务,也有权拒绝从事不安全的工作。通过志愿组织培训,可以了解可能的危害以及采取什么措施来避免危害。在主管人员的督导下尝试安全地完成任务,多观察、多提问,避免过于疲倦时提供志愿服务,增加受伤的风险,也影响服务的效果。

第五章　生活起居安全

留学生活不仅有异国风情的浪漫，而且有日常生活的琐碎，夹杂着衣、食、住、行大大小小的事情。增见识，学本领，塑技能，国外的日常生活起居让留学生走出舒适圈，独立生活和成长。确保生活起居安全，是身体健康、完成学业的基本保障。

无论是初来乍到的不知所措，还是逐渐适应后的成长变化，留学生活带来的不仅是思想的变化和视野的开阔，还包括生活能力的提升。本章将带领大家从留学生的居住地安全、个人信息安全、财务安全以及饮食安全等日常生活方方面面了解潜在的安全隐患，帮助大家在未来顺利地安排好自己的生活。通过本章内容，可以培养大家独立生活的能力，学会应对生活中的琐碎和细节，更好地适应新生活。

本章将帮助留学生认知：

- 居住地安全；
- 信息安全；
- 财务安全；
- 饮食安全；
- 疾病控制。

第一节　居住地安全

对于留学生而言，无论是初来乍到面对全新生活环境，还是身经百战常年旅居国外，身心健康都是头等大事。处理好生活衣食住行等方方面面的细节小事，注意人身、财产安全是留学生必须掌握的技能。

专家提醒

由于国内外大学在办学模式上存在差异，留学生在国外的住宿方式也和国内大学的住宿方式有所不同。一般而言，在国外大学读书除了学校宿舍之外还可以根据自己的实际情况选择校外租房或者寄宿家庭。但无论选择哪种方式，安全永远是第一位的。

❖ 学生宿舍

留学生可以选择在学生宿舍居住。学生宿舍通常离学校比较近，交通方便。宿舍房间一般会提供书桌、床、衣柜等基本家具，学生只需要准备床上用品和生活用品即可。不同学校或者地区提供的宿舍种类也有差别，一般而言，国外学生宿舍提供单人或双人房间，共用餐厅、客厅和洗衣房。学校住宿通常包含餐食，还可以参加丰富多彩的社团活动。

◆ 宿舍住宿的优势

学校宿舍优点之一就是相对安全，大多数学校的宿舍都配有电子监控系统及专业的安保人员。同时，宿舍里通常有学生会成员组成的生活协会，对于留学生来说，这是认识更多朋友的好机会。

◆ 宿舍申请

学生宿舍是一种稳定且安全的居住方式，但是床位有限，国外大学不会为学生预留宿舍床位。一般而言，留学生需要通过申请才能入住。国外学校住宿的名额非常有限，不是所有申请宿舍的学生都可以被批准，很多学校实行“先到先得”原则，留学生应尽可能提前早申请。申请前，要仔细查看学校的住宿信息，因为同一个学校，不同的宿舍有不同的收费标准。此外，还有学校会要求缴纳申请费和保证金，一旦完成申请，无论最后是否实际居住，这两笔费用均不退还。

◆ 室友相处

和谐良好的室友关系将成为留学助力。中国自古有言，远亲不如近邻。留学生要重视与室友的相处，经营彼此关系。面对文化差异、生活习惯的不同，要相互理解、相互尊重，慢慢磨合适应，切忌挑起争端，扩大矛盾。

❖ 校外租房

留学生也可以选择校外租房，特别是在没有申请到学校宿舍的情况下。留学生在外租房首先应该考虑居住环境的安全性。留学生要对居住地周边环境进行走访探查，了解治安状况，理性选择居住地，避免选择偏僻地区。

案例分享

2019 年 4 月 20 日，在美国加利福尼亚州留学的张同学收到了法院的传票，要求张同学缴纳拖欠的 2975 美元房租以及延期罚金。然而，张同学已经按时在平台缴纳了 850 美元房租并无拖欠。原来，张同学租房的平台 WeHousing 已经拖欠公寓数十万美元月租，平台公司北美办公室也人去楼空。张同学的例子警示留学生，在国外租房时要做充分的调查，理性选择，科学决策。

请思考，如何了解留学当地租房相关的法律法规，如何了解租房渠道是否可信可靠？

◆ 租房注意事项

假房源。黑中介会在租房网站上发布一些价格便宜、装修精良的房源，其实这是虚假房源、虚假信息，目的只是吸引消费者，获取联系方式。

假房东。一些专门冒充房东的人，他们自己从房东手里将房产短租过来，然后以稍低于市场价格的方式发布求租广告，但要求租客一次性支付半年或一年的租金。

假中介。中介公司用事先短期租借好或租期即将届满的房子，在同一时段内反复出租给多个人，收取预付租金或押金，等到按照约定向租房人交钥匙时，中介公司早已逃之夭夭。

合同陷阱。无论是房东还是房客在委托中介公司为之出租或租赁房屋时，都要与之签订一份委托合同，如果不认真阅读其中的条款，很可能掉入中介公司挖好的陷阱。

◆ 如何避免租房陷阱

通过可靠的租房中介公司找房，通过信用度高的相关网站寻房。无论是通过中介还是个人租房，签订租房合同一定要与“房屋所有人”真正的房东签订租房合同。有些房子还可以转租，对此可以与租客签订合同，但是其必须提供房东出具的转租许可，即房东同意转租客将房屋转租给他人。有些不法中介会以低于市场价的价格进行转租，或者号称不收取定金，吸引留学生群体，对此，应提高防范意识，不贪图小便宜。

◆ 租住位置与安全

留学生在海外租房时除需要注意租房中的一些合同陷阱外，还要注重租住地区的安全隐患，如地理位置、治安情况、安全设施是否齐全等。除了安装必要的设备和报警装置之外，还需要收集所在城市的安全信息，根据安全数据选取最合适的居住地。在美国可以通过犯罪情报地图网站（Spot Crime——https://spotcrime.com/）搜索相应的安全数据，也可以通过周边安全（Safe Around——https://safearound.com/）这类网站了解城市的安全性。

案例分享

2018 年 9 月 4 日，几名中国留学生在澳大利亚墨尔本伯伍德(Burwood)租住的房屋遭到入室抢劫，多名戴着面罩手持武器(两把老式手枪、两把撬棍)的男子破门而入。其中，留学生小宇(化名)被歹徒使用撬棍击伤头部，10 分钟后歹徒带着价值数万澳元的财物逃之夭夭。① 根据维州政府公布的数据，自 2016 年 9 月至 2017 年 9 月，墨尔本共发生了 33,599 起住宅盗窃案，在这些案件中，有 3228 起入室抢劫，即发生抢劫时住户是在家的状态，还有 66 起暴力抢劫案。② 警方的数据专家分析，新房子、长期闲置的房子是偷窃者的首选目标。因此，留学生在选择租房时，对居住街区进行安全评估就显得尤为重要。

请思考，如何提前了解自己留学目的地的安全性，并选择安全性相对高的居住区域？

专家提醒

- 地理位置安全可靠。了解不同区域的治安情况，事先知晓物业和安保的状况，租房位置最好临近地铁站、公交站，不要租住在偏僻区域。
- 提前了解房源信息。若有条件，可以通过已在留学目的地学习的同学帮忙“踩点”，对意向租住区域进行基本摸底。
- 独立屋从外部可做防护措施。加强门窗门锁，公寓内安装防盗链。
- 自行安装门窗警报器，最好是安装有报警系统的门窗报警器，安装监控摄像头。

❖ 寄宿与安全

在海外留学除宿舍和自己租房外，还可以选择寄宿(Homestay)。通过寄宿家庭，可以得到适当照顾，也可以了解当地人生活，提升口语交流能力。选择适当的寄宿家庭需要全方位考量，理性决策。

---

① 参见《墨尔本中国留学生遭歹徒盯上！CBD 公寓遭入室抢劫，妹子亲述事情全过程，真有点可怕》，载微信公众号“澳洲红领巾”2018 年 3 月 22 日，https://www.aoweibang.com/view/35865793/。

② See Crime Statistics Agency, *Spotlight Residential Burglary*, https://www.crimestatistics.vic.gov.au/spotlight-residential-burglary.

留学生应该全面了解西方文化，熟悉西方礼仪和风土人情，以开放和积极的态度融入寄宿家庭。外国人大多喜欢早睡早起，寄宿学生晚上9点以后不要大声打电话或语音与人聊天，也不要制造响动，更不要夜半归来，以免影响主人家休息。如果要搬家，通常需要提前一个月通知寄宿家庭。想什么时候搬就立刻搬走，是不礼貌的违约行为。

不同文化背景和生活习惯可能引起寄宿学生与寄宿家庭之间的矛盾。这是正常现象，留学生要正视差异与矛盾，相互尊重、相互迁就、相互体谅。作为寄宿学生，要尽量入乡随俗，既然自己选择了寄宿，那么在一定程度上就要依从寄宿家庭的生活习俗、作息时间和饮食习惯。

◆ 寄宿家庭的选择

寄宿家庭事实上也是一项有偿的商业行为。有些家庭并非出于经济目的，更多是出于好客心理，愿意了解中国文化，希望给孩子找同龄伙伴，一起学习成长，感受异国文化，这类寄宿家庭收费很少。

留学生应该提前了解家庭成员情况与家庭结构。例如，女留学生应该避免选择单身或离异男性家庭。此外，还需要了解寄宿家庭是否有犯罪记录，是否受过良好教育，是否愿意了解中国文化并且接纳中国学生，是否可以提供安全、干净、舒适的居住环境等。

◆ 寄宿家务劳动和活动

请保持房间干净整洁，不要长时间占用洗手间。大部分家庭浴室是共用的，所以家庭成员都有责任保持浴室整洁。使用完任何东西，应立刻归还原位。不要随意在公共空间置放个人物品。外出时要随手关灯、关电视机等，注意节约能源，爱护家里的设施。

主动参与家务劳动是融入寄宿家庭的好途径，留学生应适当参与家务劳动。很多家庭会邀请留学生参加家庭集体活动，如看电影、游泳、滑冰、滑雪、聚会、烧烤、野外露营等，甚至出外旅游。留学生要积极参与，并力所能及地帮助做准备工作，这也是了解国外文化的良好机会。

◆ 安全与紧急联系

如果不能按常规时间到家，要预先告知寄宿家庭归家时间，避免他们担心，并且告诉他们与自己同行的人员姓名及其联系方式。寄宿家庭的地址、电话要随身携带，并且把学校同学、朋友的电话提供给寄宿家庭，以便紧急联系。

案例分享

中国人的食材广泛，烹饪手段又是花样百出，菜品丰富。大多数西方国家的饮食是相对单调的。小李（化名）在新西兰一所大学读书，寄宿在一对退休的新西兰夫妇家，早晚伙食和房租算在一起，不算太贵。新西兰的盎格鲁—撒克逊族人本来就来自英国，他们做的饭也和英国人差不多。

英国菜以淡而无味著称。英国的早餐，以面包片加黄油为主，或者用牛奶拌各种各样的谷物。晚饭比较丰富一些，除了“有色无货”的各式粗糊、浓汤以外，总有一盘生熟蔬菜和荤食。土豆每天以不同的面貌出现，凉拌、热烤、水煮，整个的、泥状的。火鸡、猪肉、鱼都是整块上餐桌，用餐者用刀叉切碎了吃。在得到了这样的“待遇”之后，小李有点儿沉不住气了。有一天中午，小李到主人的冰箱里自倒果汁喝，主人却指着冷水龙头，要他喝自来水。小李怒气冲冲，闹着要走，主人却再三挽留。

请思考，面对生活习惯不同、吃不惯的饭菜，要如何与寄宿家庭和谐共处？

造成类似矛盾的原因是多方面的。接待国际学生的东家通常不会因为客人的饮食习惯而改变自家食谱，留学生理应“客随主便”适应当地人的生活方式。当地习惯直接饮用冷自来水，并无“虐待”客人之意。如果不习惯，当然可以谢绝。如果喜欢喝果汁，也应当礼貌地询问是否可以取用，或者最好自备。

◆ 注意油烟问题

很多留学生常年旅居国外，不习惯顿顿汉堡、沙拉、牛排，选择自己下厨，做出中国美味。但是，国内外的烹饪方式存在差异，国外烟雾报警器敏感度很高。留学生海外“下厨”需要适度调整烹饪方式，适应当地厨房管理规则，减少油烟。

- 控制火候，减少爆炒。
- 改用高科技厨具，快速传热，低温烹饪，减少油烟。
- 经常擦洗油烟机、灶台，避免排风口堵塞。

案例分享

在澳大利亚留学的中国人张某，在家煮了一碗螺蛳粉，没想到因为味道传到了邻居家里，被误以为是在研究生化武器。邻居十分耿直，闻到味道以后立刻打电话报警。警察来到以后，立刻感受到了臭味冲击。虽然张某只是煮了一碗螺蛳粉，可还是被罚款65澳元。

因吃饭招惹的麻烦不仅这一例。2019年，在澳大利亚留学的王某下厨做爆炒鸡胗，家里瞬间油烟弥漫，导致整个楼道的烟雾报警器都响了。虽然消防员到后检查没什么大事后就离开了，但王某被罚款1500澳元。

请思考，各种中式烹饪中哪些烹饪方法可以避免类似的消防安全问题？

第二节　个人信息安全

随着互联网行业和科学技术的发展，个人信息泄露问题日渐加剧。个人信息保护已成为全球性议题，无论是企业、社会还是个人，都无法回避。身处海外的留学生同样容易遭遇个人信息泄露。信息泄露可能带来各种相关问题，如个人通信受阻、电信诈骗、网络暴力、信息安全缺失等。面对个人信息泄露，没有旁观者，只有当事人。

专家提醒

个人敏感信息包括个人基本信息、使用的设备信息、个人账户信息、隐私信息、社会关系信息、网络行为信息等。这些信息的泄露严重时会造成重大损失。数据挖掘技术的发展，使个人敏感信息泄露的情况日益严重。因此，提高信息安全意识，保护好自己与他人的敏感信息，是确保网络生活安全的基本要求。

❖ 个人隐私数据泄露情况

个人信息安全问题越来越成为公众关切的焦点议题之一。个人信息与数据保护作为互联网治理体系的组成部分,也是构建良好互联网秩序的重中之重。但是随着大数据技术的迅速发展,个人行踪记录遭售卖、“朋友圈”信息被盗用、电商数据外泄、隐私信息刷屏等现象比比皆是,这些现象表明,大数据开发利用中的信息安全问题已成隐患。有关数据显示,2019 年我国出国留学人员总数为 70.35 万人,[①]我国互联网用户规模已超 8 亿个,留学人员也是这 8 亿个互联网用户中的一员。在数据安全风险日益凸显的当下,保障数据安全、保护个人信息隐私值得高度重视。

国际安全公司(Risk Based Security)报告显示,2019 年前 9 个月发生了 5183 起违规事件,总共泄露了 79 亿条记录,泄露记录总数同比增长 112%。从数据泄露类型来看,身份盗窃漏洞的数量占比超过 64%。从数据泄露严重的行业或领域看,社交媒体泄露的数据条数(56%)排名第一(见表 5-1)。

表 5-1 国际安全公司统计 2018~2020 年泄露数据类型占比

单位:%

数据类型	2018 年	2019 年	2020 年
姓名	27	30	46
邮件	62	62	32
社会保险号码	14	15	28
密码	58	56	26
住址	15	14	23
生日	9	10	17
金融	8	8	16

---

① 参见《2019 年度出国留学人员情况统计》,载教育部官网 2020 年 12 月 14 日,http://www.moe.gov.cn/jyb_xwfb/gzdt_gzdt/s5987/202012/t20201214_505447.html。

续表

数据类型	2018 年	2019 年	2020 年
医疗	6	7	13
信用卡	12	12	12
账户	11	9	11
未知	10	13	30
其他	21	22	28

资料来源：https://www.riskbasedsecurity.com/2021/02/11/data-breach-quickview-january-2021/.

当前，移动互联网已成为数据安全威胁扩散的重要途径。侵犯数据安全的恶意应用、木马病毒等日益增多，对用户的人身、财产安全构成了极大隐患。手机病毒类型多达数十种，个人隐私信息获取成为继资费消耗、恶意扣费后的第三大病毒类型。

探究与思考

留学生应该注意哪些个人敏感信息？

❖ 谨防电信（网络）诈骗

电信（网络）诈骗是指通过电话、网络和短信方式，编造虚假信息，设置骗局，对受害人实施远程、非接触式诈骗，诱使受害人打款或转账的犯罪行为。该类型诈骗通常冒充他人，或伪造合法形式以达到欺骗的目的，如冒充商家公司厂家、国家机关工作人员、银行工作人员、各类机构工作人员，伪造招工、刷单、贷款、手机定位等各种形式进行诈骗。

电信（网络）诈骗的主要特点：一是犯罪活动的蔓延性比较大，发展很迅速；二是信息诈骗手段翻新速度很快；三是团伙作案，反侦查能力非常强；四是跨境犯罪比较突出。个人信息数据泄露，给犯罪分子以各种名义进行诈骗提供了可乘之机，造成被害人的精神和物质利益的双重伤害。

2019 年,中国外交部全球领事保护与服务应急呼叫中心“12308”热线接听的海外电信诈骗类求助多达 5118 个,电信诈骗手段花样翻新,层出不穷。

案例分享

留学生王某在假期和朋友一起旅行时收到了澳大利亚某银行的短信,内容是关于个人信息需要更新提醒。他自己点进了短信中的网站,半小时内,被盗走了 1000 澳元。好在朋友机警,及时帮他冻结了银行卡。报警之后,警察和银行积极介入此事,最后追回了被盗的财产,但也泄露了个人信息。在那段时间,甚至出现过王某一天接到 6 个骚扰诈骗电话的情况,最后不得不更换了手机号,重新办理了银行卡。

2019 年,美国联邦调查局网络犯罪举报中心防范涉及华裔电信诈骗发布提醒公告。该公告称,该中心 2017 年 12 月至 2019 年 2 月共接到全美 27 个州 350 余起案例,声称遭遇假冒中国使领馆或中国信用卡公司的电信诈骗,受害人被骗总金额逾 4000 万美元,平均每人被骗金额高达 16.4 万美元。上述案件中 35% 发生在纽约州和加利福尼亚州。

请思考,真正的领事馆或银行可能通过电话或网络向留学生核实个人信息、账户信息和要求转账吗?

❖ 社交平台谨言慎行

随着各类社交软件越来越多地渗入日常生活,社交媒体不仅为人们提供了更广阔的社交平台,还成为人们沟通的重要渠道。如何管理好自己的社交账号成为广大留学生需要重视的问题。社交账号管理不当,或在上面发表不当言论,后果很严重。目前,社交平台普遍要求实名认证,如脸书(Facebook)和腾讯微信。在实名制下,若有不当言论,当事人将被记录在案,继而受到惩罚。虽然常说言论自由,但是如果与暴力相关,威胁到他人或公众的安全,则是不允许的。留学生犯了这样的错误会被国外大学处分,严重者会被开除或者停学。

案例分享

2019年美国哈佛大学曾官方宣布撤销了10名准新生的录取资格，原因是这些学生曾在自己的社交账号上分享不当表情包，发布不当言论。

2019年3月15日，新西兰清真寺发生血腥枪击事件后的早晨，贝洛伊特学院的学生纳撒尼尔·阿查里亚在Facebook发布了关于该事件的帖子，他的言论在校园引起了争议，违反了美国的法律规定和学校的规章制度，最后因社交媒体发布不当言论被停学。

网络聊天中的不当言论除了可能带来人身安全风险，还可能带来其他利益损害。据2016年环球网的一则新闻报道，一位中国留学生只因为大半年前在微信聊天中，向朋友透露"我不喜欢这个学校，只是临时挂一下身份"，就在入境美国时被海关盘问3个多小时，然后遣返回国。

请思考，在国外网络社交媒体上用中文发言是否也要考虑当地法律法规和学校规章制度？

探究与思考

在社交媒体发布言论应该注意哪些问题？

❖ 网络暴力

网络暴力是一种危害严重、影响恶劣的暴力形式，它是指一类由网民发表在网络上的并且具有"诽谤性、诬蔑性、侵犯名誉、损害权益和煽动性"五个特点的言论、文字、图片、视频，这一类言论、文字、图片、视频会对他人的名誉、权益与精神造成损害，人们习惯称其为"网络暴力"。网络暴力往往伴随侵权行为和违法犯罪行为，亟待运用教育、道德约束、法律等手段进行规范。网络暴力是网民在网络上的暴力行为，是社会暴力在网络上的延伸。网民若想获得自由表达的权利，便要担当起维护网络文明与道德的使命，至少，要保持必要的理性、客观。2019年12月，国家互联网信息办公室发布《网络信息内容生态治理规定》，根据该规定，网络信息内容服务使用者和生产者、平台不得开展网络暴力、人肉搜索、深度伪造、流量造假、操纵账号等违法活动。

留学生群里在网络空间应该保持理性,不能在没有了解事实真相的情况下,肆意谩骂。网络空间的言语攻击、恶语相向,可能给一个人带来严重伤害。留学生要合理有效地使用社交媒体,做好一个守法合格的网民,不仅要了解和认清事情的真相,更要慎言慎行,做一个合格守法的网民。

案例分享

《搜索》是陈凯歌导演的一部电影,讲述的是名叫叶蓝秋(高圆圆饰演)的美丽女子,在体检时发现自己罹患淋巴癌晚期。她心情低落沮丧,在去上班的公交车上,由于没有给一位老人让座,被一名叫杨佳琪(王珞丹饰演)的记者拿手机拍到,交给了陈若兮(姚晨饰演)。陈若兮把这个作为新闻热点大肆渲染,在媒体和网络上炒作,形成"墨镜姐不让座"事件。在遭遇纷纷扬扬的网络暴力后,叶蓝秋跳楼自杀。一次不让座事件通过人肉搜索让一个癌症晚期病人失去正常生活,以自杀方式结束生命。

影片中这起网络暴力事件,运用了视频、软文、图片、水军、新闻推送、病毒、微博等一系列网络推广手段,对"墨镜姐事件"进行恶意攻击。网民在不明真相的情况下,对当事人叶蓝秋进行指责、攻击、谩骂。当不让座视频流出后,记者陈若兮没有考虑当事者的实际情况,没有进行调查了解,而是片面地站在道德制高点炒作新闻。①

请思考,在事件真相没有全面浮现时,需要怎么做才有助于减少急于表态站队和进行道德审判等网络攻击行为?

探究与思考

搜索相关网络暴力事件并且进行分析。

---

① 参见周蕾:《由电影〈搜索〉看网络暴力》,载文秘帮网2019年10月17日,https://www.wenmi.com/article/pzi6lk020nr8.html。

❖ 保护个人信息安全的方法

◆ 保护个人敏感数据信息

留学生们要注意保护个人敏感信息,不可轻易外泄,以免让不法分子有机可乘。养成良好的生活安全习惯,如邮箱要上锁,及时领取邮件;印有个人信息的纸张一定要用碎纸机绞碎再扔掉;不要轻易通过电话、邮件或网络向陌生人透露个人信息;使用柜员机前要环顾左右,谨防旁人看到输入的密码;仔细核对每月的对账单,如有异常及时向发卡银行汇报。

个人敏感信息包括:

(1)基本信息。包括姓名、性别、年龄、身份证号码、电话号码、电子邮箱及家庭住址等在内的个人基本信息,有时甚至包括婚姻、信仰、职业、工作单位、收入、病历、生育等相对隐私的个人基本信息。

(2)设备信息。主要是指所使用的各种计算机终端设备(包括移动和固定终端)的基本信息,如位置信息、Wi-Fi 列表信息、Mac 地址、CPU 信息、内存信息、SD 卡信息、操作系统版本等。

(3)账户信息。主要包括网银账号、第三方支付账号,社交账号和重要邮箱账号等。

(4)隐私信息。主要包括通讯录信息、通话记录、短信记录、IM 应用软件聊天记录、个人视频、照片等。

(5)社会关系信息。主要包括好友关系、家庭成员信息、工作单位信息等。

(6)网络行为信息。主要是指上网行为记录,在网络上的各种活动行为,如上网时间、上网地点、输入记录、聊天交友、网站访问行为、网络游戏行为等个人信息。

留学生在使用 Instagram、Facebook 等社交工具发布生活状况时,不要给照片做地理标记,不要向陌生人透露你的具体位置,不要公开你的独行计划，当然其他个人信息、家人朋友信息也不要公开，以免留下安全隐患。要关闭手机照相机的定位功能，否则别人保存了照片后，可以通过照片看到定位；查看社交媒体账户上的隐私设置，停用位置服务；在分享内容前三思，一旦内容被发布到网络上，就很难再完全删除；在社交媒体上发照片时，将车票、机票以及个人信息进行遮挡。

◆ 养成良好的网络操作习惯

电脑和手机等电子产品应安装防火墙或杀毒软件等能提高安全性的软件，有效防止入侵者的攻击。电脑及手机上各种软件的登录或支付密码应使用复杂的组合，提高安全性，最好开通短信认证及短信通知；不使用电脑和网络期间，一定要关机。进行网上购物时，须注意分辨网站是否安全，不要通过不安全的链接进入网站；建议在大型网购平台进行网购，不要轻易相信各种打着打折优惠的旗号，实则为钓鱼网站的宣传链接。

◆ 慎防网络骗局或电信诈骗

有些犯罪分子会伪装成银行、互联网服务供应商、政府、警察局的工作人员，诱使你向他们透露个人信息。美国国税局曾发出警告，要求纳税人小心电话骗局。有不法分子采用技术手段使来电显示为国税局免费号码，冒充其工作人员，要求纳税人缴纳并不存在的税款，并以此盗窃银行账户信息。有受害者反映，曾有人称是工作人员，前来检修热水系统并索要高额修理费。涉及费用问题时，真正的工作人员不会要求居民当场支付现金，而是会把账单给你，并在上面注明付款方式和联系电话。

有些诈骗团伙利用留学生为中国亲朋好友代购的机会，吸引留学生进入网页，套取信用卡信息、电话号码、微信或 Facebook 号码及密码等。有些犯罪分子利用“美国留学签证发生变化”“美国高校留学必备”“海外轻松兼职收入过万”之类的信息，吸引受害人登录页面并留下个人信息，然后利用时差以受害人身份向中国的亲友骗取钱财。留学生最好提醒家中亲友，微信、QQ 或 Facebook 上陌生人发的链接不要随意打开，如遇汇款的信息一定要和本人电话或视频核实。一旦发生手机丢失或微信、QQ号码被盗，最好立刻通知国内亲友，避免骗子打“时差”牌。

有些不法分子甚至假冒中国使领馆进行电信诈骗。不法分子利用不法手段获取公民个人信息，使一些中国公民上当受骗，蒙受经济损失。我国海外使领馆已多次发布领事提示：我国驻外外交机构不会通过电话提醒属于个人意愿的办证服务需要办理，尤其不会通过电话要求个人提供银行账户或转账服务等，更不会谈及刑事案件调查、冻结银行信息等内容。

◆ 提高警惕，积极求助

除了线上的信息安全常识，线下也要注意信息泄露的情况。在国外留学时，留学生偶尔会参加多人聚会或约见网友。在聚会上与陌生人初次交谈，要避免透露详细的学校信息、住址信息、电话信息等；约见网友时，对自己的信息要“有所保留”地表达，同时在会面之前，将网友的信息、你的行程提前告诉身边亲近的朋友。

如果个人信息不慎泄露，可向“公民身份和网络支持服务”（National Identity and Cyber Support Service）寻求帮助。如怀疑或发现上当受骗，应及时向当地警方报警，并委托国内亲友就近向中国公安机关报警，同时向国内反电信网络诈骗中心请求帮助（拨打“110”即可）。

总之，在海外留学，留学生面临更复杂的环境，因此需要了解国外法律制度，树立安全意识，牢记个人信息，学习和掌握保护个人信息的技巧，避免出现个人信息泄露，最大限度减少危害发生的概率。

案例分享

2018年5月某日凌晨4时，中国驻加拿大卡尔加里总领馆领保工作人员接到了一对焦急父母从国内打来的求助电话，称在卡尔加里读大学的儿子李某被绑架，他们收到儿子微信发来的被绑架的照片和视频，绑匪要求100万加元赎金，否则撕票。几段视频中，李某都是赤裸上身，表情非常痛苦，用方言向父母求救。在使馆与卡市警局的努力之下，上午11时，正在一家洗车旅馆办理入住手续的李某被找到。

一天前的下午，李某接到电话留言称有一份重要文件在总领馆未取，接通留言中的号码后，被告知该文件是一份国际刑警发来的快递，称他涉嫌犯罪，李某与对方辩解。随后电话被转接到“北京国际刑警总部”一名叫“严正”的警官，“严警官”称北京海关截获了一名犯罪嫌疑人，在他身上查获了上百张银行卡，其中一张就是李某的。当李某按要求提供护照页照片后，“严警官”称系统显示李某作为同伙涉及更严重的“国际洗钱案”，严厉呵斥他必须在当天返回北京接受调查，否则将签发“国际通缉令”。李某为了自证清白，将银行存款转账到对方提供的安全账号供审查。

之后，“严警官”表示将全力帮助他洗清罪名并躲避加拿大洗钱集团的追查报复。按照“严警官”的指令，李某将自己的微信用户名和密码交给对方调查，将手机微信卸载并调成飞行模式，使用对方提供的“加密”QQ号与对方单线联系。随后，李某被要求立刻离开目前住址，选择偏远宾馆入住。同时，为了“迷惑”其他犯罪集团成员，李某按对方要求通过专用QQ号为自己拍摄了他父母之前收到的那些“被绑架”的视频和照片。

请思考，阻断被骗者与外界直接联系是诈骗者的惯用策略，留学生要如何识别这种套路，设置安全联络人，确保自己不落入圈套？

“虚拟绑架”诈骗是电信诈骗的升级形式，其受害者主要是国际留学生。美洲、澳大利亚已发生多起，涉案金额巨大。诈骗分子的惯用手法是先通过“电信诈骗”获取当事人信息和信任后，要求当事人切断手机、微信等，与家人或亲友“失联”，通过对方提供的秘密QQ号等单线联系诈骗人。

在“虚拟绑架”诈骗中，有的要求当事人藏匿起来、乘飞机回国或出行。有的则欺骗、诱导或威逼当事人拍摄自己被捆绑、殴打甚至裸露的照片或视频，向家长哭诉自己被绑架等。然后，诈骗分子趁当事人与外界“失联”期间，冒用当事人微信或手机联系家长，谎称被“绑架”，并发送相关照片或视频，骗取巨额“赎金”。

犯罪分子总是不断变换诈骗手法，留学生要严防各类电信诈骗和升级的“虚拟绑架”诈骗，保护好财产和人身安全。不给犯罪分子留下可乘之机。

探究与思考

查找相关资料，列出留学生在海外求学时避免个人信息泄露的方法。

第三节　个人财务安全

留学生需要独立面对和处理自己的财务问题。学习理财对于留学生来说是个挑战。从管理信用卡和支票账户，到获得学生贷款以及支付书本费和学费，财务问题涉及生活的方方面面。下面来了解一些海外独立生活的实用财务基础和需要规避的问题。

专家提醒

从哈佛大学毕业的澳大利亚留学生说："初来美国遇到最困难的事情竟是银行开户。"他在入学之前需要开设一个当地美国银行账户。办理开设银行账户业务时，工作人员要求他提供当地手机号码和美国居住地地址。为了办理银行业务，他找到当地手机运营商，希望办理手机卡及相关业务。但是，手机运营商在办理业务时，要求他提供银行账号。这种情况是很多留学生都遇到过的尴尬，提醒留学生需要提前了解相关内容和信息。

❖ 支付方式

中国目前手机支付已经非常普及，可以不带现金出门，但是一些欧美国家仍然保留现金支付的方式和习惯。在许多大城市，人们可以使用信用卡和借记卡支付各种费用，一些地方支持苹果支付（Apple Pay），使用一些手机银行或 Venmo 之类的手机应用程序来拆分账单和小额付款也很简单，游客集中的地方甚至可以选择微信和支付宝支付。不同支付方式的优缺点及注意事项见表 5－2。

表 5-2 支付方式之对比

支付方式	优点	缺点	注意事项
信用卡（Credit Card）	方便便捷	交学费不建议用信用卡，手续费比较高；国外刷信用卡无须输入密码，存在盗刷风险	国内银行双币种信用卡可以全球使用；在美国使用信用卡需要输入邮编
国际转账（Wire Transfer）	快捷，2~3 个工作日即可到账；常用的学费支付方式	不同银行，收费标准有差异	从国内汇钱时，须提前了解银行收费标准
电子支票（E-check）	应用广泛	需要在当地办理账户、有银行卡	退课、退学时，学校会自动退款到关联的卡上。没有手续费，也方便从学校系统查询
旅行支票和汇票（Money Order）	国外很普及；汇票手续费最低	速度慢；中国用得少	万一丢失，需要汇票有效期过了才能补发，但是一般汇票有效期是半年到一年

欧美大部分城市仍在使用传统的银行支付系统，其中支票扮演着重要角色。许多人写支票支付水电费、房租和学费。因此，到达留学目的国后需要在当地开设银行（支票）账户。美国的银行需要验证姓名、出生日期、地址和官方身份。留学生需要事前与银行核对，了解办理业务需要什么信息、文件，了解办理流程和手续。

❖ 换汇

出国留学，学费和生活费用需要转换成当地货币，因此在计算大学预算时要考虑汇率。留学生通常会在国内的银行开设外币或多币种账户，大多数国际银行都可以提供这种账户，这样留学生可以在抵达目的地时将人民币轻松转换成当地货币进行消费。这些账户通常是低收费或免费的，货币汇率也很合适。许多银行可以通过手机应用程序查看汇率，方便在汇率适合时换汇。等到达留学目的地并建立了本地银行账户，就可以将这些外汇转到新的当地银行账户。

中国一年的外币额度为5万美元，包括不同币种。根据中国出入境管理条例，出境人员携带金额在等值5000美元以内的现钞出境的，不需申领《携带外币出境许可证》（以下简称《携带证》），海关予以放行；出境人员携带金额在等值5000美元以上至10,000美元的，应向银行申领《携带证》，海关凭加盖银行印章的《携带证》验放。因此，出境时最多可以随身携带的金额为10,000美元。根据美国海关规定，无论是个人还是多人结伴入境，只要个人以及团体携带现金、旅行支票或者其他货币（如人民币）形式的数目超过10,000美元，就需要向美国海关申报，并填写申报表，对现金的来源做出合理的解释。如果携带超过10,000美元现金不申报，当事人最高可面临50万美元的罚款以及10年以上的有期徒刑。所以，随身携带现金入境虽然可以省掉手续费，但是金额受限，并有一定风险，也非常不安全。

需要提醒的是，部分留学生通过微信群、朋友圈私下换汇，而私自换汇可能违反中外两国法律，卷入洗钱犯罪案件，个人也将遭受经济损失。另外，有些不法分子还会在外国以优惠汇率兑换外币，并带领留学生进行实体考察和店面体验，以达到获取信任的目的。实际上，所谓实体店面是不法分子为施骗而临时租用、布置的，留学生向指定账户汇去钱款后，诈骗分子便会消失。留学生务必通过正规合法渠道换汇。

探究与思考

如果他人请求你帮忙换汇转账，金额还比较大，该如何处理？

❖ 信用卡与信用评分

在国外，信用卡使用非常普遍，留学生信用卡被盗刷事件也时有发生。在中国刷卡需要输入密码，且消费有短信提示，而美国信用卡刷卡不用输入密码。“境外盗刷”的情况大多数是磁条卡，只要在被犯罪分子处理过的卡槽刷过卡，磁条信息就可能被盗取。这通过一套几百元的设备就能完成。因此，留学生要养成核对账单的习惯，认真核对消费记录，防止盗刷。一旦发现异常情况，第一时间向银行反馈。

案例分享

2015 年 9 月，美国《侨报》报道，有中国留学生向记者反映，他的银行卡被盗刷了 3000 美元，其后发现有众多中国留学生有和他类似的经历，而他们被盗刷不久前都到过同一家餐厅吃饭。据美国《世界日报》2017 年 6 月报道，毕业季不少中国留学生家长赴美参加孩子的毕业典礼，顺便在美旅游度假。然而，当他们使用中国的信用卡消费时，却频遭盗刷事件，遭受不少损失。例如，刚从纽约大学毕业的朱同学和父母，前往佛罗里达州旅游，用美国银行卡订了全家的机票及酒店，又用国内信用卡的副卡在酒店消费，没想到被盗刷了 6 笔，损失上千美元。

请思考，核对账单发现异常应如何处理？

另外，附有个人资料、银行及信用卡资料的信件要妥善保管，没有用的支票也不能随便放置或丢弃，尽量使用碎纸机剪碎。银行月结单尽量采用电子方式，纸质的月结单最好投递到上锁的邮箱，以防被他人偷取。

信用评分可以反映一个人偿还债务的能力，国外很看重信用评分。租用校外公寓，房东可能查看信用评分；购买汽车和房产申请银行贷款时，也会根据信用评分来评定。建立信用评分的普遍做法是向当地银行申请有担保的信用卡，进行负责任的购买并每月主动还清欠款。这有助于建立信用记录，而且无须承担管理卡的额外责任。信用卡积分往往可以换取各种消费优惠，对于很多学生来说，精明地安排消费可以带来很多好处。不过，要定期查看自己的还款管理账户是否有足够的余额来还信用卡消费，否则超过还款时间需要付较高的利息，信用分数也会下降。

探究与思考

搜索银行信用卡丢失或盗刷的处理方法。

❖ 合法取得收入

◆ 学生签证下的合法工作

留学生在国外全职和兼职，都需遵守当地法律法规。留学读书期间，有关兼职工作的规定，可以向国际学生办公室进行咨询。在美国，如果持F－1学生签证，每周最多可以在校内工作20个小时，假期允许全职工作40个小时。通常这些工作是在校园书店，图书馆或自助餐厅等。规定允许实习工作，但与学习无关的带薪校外工作，通常要求在美国学习满一年时间。根据实习期（OPT）的规定，刚毕业的研究生和本科生持F－1学生签证可以在美国工作12个月，获得科学、技术、工程或数学学位的学生最多可以在美国工作17个月。不过，目前美国方面对OPT的规定时有变化，需要留学生及时关注。

许多大学将勤工俭学计划作为其经济援助计划的一部分，有些可以抵学费，或提供额外的报酬。关键是要找到适合时间和发展方向的工作，平衡好自己学习、工作和生活的时间。学校网站通常会即时发布校园工作的招聘信息，如果想更多地了解当地文化、积累经验、结识朋友，校园工作都是不错的机会。

◆ 合法代购

对于很多留学生来说，代购可谓是屡见不鲜的事情，除帮一些朋友家人代购外，一些学生还选择代购赚钱来补贴家用。然而，针对代购行为，不同国家有不同法律规定，有些国家明确界定代购为违法行为。例如，根据韩国《出入境管理法》规定，持有留学签证，不得从事代购等就业活动。在韩国的留学生帮助亲戚、朋友，偶尔购买一些商品邮寄到中国的行为是不违法的，但是长期、大量地购买一些商品，通过物流的方式邮寄给国内客户的行为是违法的。

有些国家虽然没有明确的法律规定代购是违法的，但是代购所涉嫌的税务问题很容易导致留学生被遣返。例如，购买荷兰奶粉，代购时花的是欧元，国内客户付的是人民币。荷兰对个人银行异常消费监察比较严格，多次大量打入欧元，可能被查账，偷税漏税则会被追究。留学生选择代购补贴家用，出发点是好的，但是出国留学主要的精力应该在学习上。近年因代购被遣返的留学生数不胜数，留学生应该重视此类问题。

❖ 报税与免税

留学生的收入（包括豁免的学费）被视为应纳税收入，需要报税。但很多时候，全职或兼职的学生以学业为主，业余打工，可以免缴一些税。美国公民和居民需要缴纳，而非居民外国人（Non-Resident Alien），即来美少于5年的留学生或者交流少于2年的学者，可以免缴社会安全税以及医疗保险税。这种豁免取决于签证类型、在该国的时间长短以及经济援助奖励的类型（见表5-3）。

表5-3 留学生收入税收豁免权条件

签证身份	签证	金额
学生/Student 培训人员 Trainee	FJQM 签证 JQ 签证	美国以外资助的用于学习教育研究的资金，不论金额，都不收税； 美国（一般为大学）资助的用于学习教育研究的资金，如奖学金，不论金额，都不收税； 收入最多每年5000美元免税
老师/教授/研究人员 Teacher/Professor/ Researcher	JQ 签证	3年内收入无须缴纳联邦收入税

资料来源：朱峰：《留美学生申请豁免缴税分四种情况》，载中国新闻网2010年3月26日，https://www.chinanews.com.cn/lxsh/news/2010/03-26/2191272.shtml。

❖ 谨防欺诈陷阱

留学生远离家庭独自求学生活，通常手里掌握着一笔学费、生活费，经常成为各种欺诈目标。例如，有些犯罪分子可能利用留学生洗钱，让留学生在不同国家之间转移被盗资金。网上书店也常存在陷阱。国外教科书通常很昂贵,有一些在线书店以较低的价格吸引学生购买,收取书费后消失,不交付产品。因此,在线购物需要选择信用良好的网站。

专家提醒

- 树立个人信息保护意识,不要轻易泄露敏感信息。
- 互联网是个开放的大舞台,个人重要信息上传要慎重。
- 警惕电信(网络)诈骗。
- 网络上不能信口开河,要对发表的言论负责。
- 养成良好的维护信息安全习惯。

探究与思考

通过互联网搜索关键词(scam、fraud、fake)找出可以对欺诈网站或电话进行验证的网站。

第四节　饮食安全

民以食为天,食以安为先。中国人几千年悠久的饮食文化名扬世界,随着东西方交流日益加深,西餐文化也逐渐融入中国人生活。但看上去似乎中西合璧的"中国胃"并不能完全适应国外的饮食,留学生如何在国外合理安排膳食应引起大家的关心。

专家提醒

中西方的饮食习惯有着很大不同的。即便同样是西餐,国内与国外的制作方法及口味也有所差别。留学生尤其是初到海外的留学生,在饮食上要多加注意。另外,容易被忽视而往往会引发重大矛盾的是不同民族的饮食禁忌。例如,穆斯林不吃猪肉等食物;基督教徒虽然在饮食上没有太多禁忌,但跟他们在一起时要避免吃动物血。

❖ “水土不服”

一方水土养一方人，很多远离家乡的学子到其他国家和城市会觉得不适应，几顿洋餐过后肚子就开始“翻江倒海”。一般来说，水土不服不是病，只是地理、时空、环境发生重大改变后的机体反应，即原来生活环境中已经适应的肠道环境微生物发生改变，肠道菌群平衡被破坏；或者受精神、心理等影响，机体出现不适应的状态。其常见的症状是消化不良、腹泻呕吐，甚至会心慌胸闷、精神低迷、内分泌失调或失眠等。

留学生出现胃肠道菌群失衡属于正常现象，人体可以调整自身的肠道菌群，不必大惊小怪。初到国外，合理安排膳食非常重要，科学饮食才是健康之道。

探究与思考

有研究表明，肠道菌群失衡可能会引起抑郁或影响大脑健康。查一查，关于肠道菌群的最新研究进展和成果。

❖ 喝水也有学问

国内的餐馆，大多提供免费的茶水，而且基本上都供应白开水。但在西方很多国家，茶水属于饮料，欧美餐馆一般不提供白开水，只提供直饮水。在英国，无论是厨房还是厕所都装有两个水龙头，冷热水是分开的，没有混水阀。冷水称作“Tap Water”，可以直接饮用；而热水是不能饮用的，属于工业用水，温度一般是 60 ~ 70℃。

探究与思考

查一下留学目的国人们的饮水习惯，与自己的习惯进行比较。

❖ 关注食品农药残留

食品安全是当今世界性难题。众所周知，市场、超市中销售的 90%

的蔬菜水果，在种植时都会使用农药、化肥、除草剂、杀虫剂，而这些化学品残留会对我们的健康造成不良的影响。

美国环境工作小组的报告显示，草莓已连续 4 年摘得“最脏”蔬果的“桂冠”，其他如菠菜、羽衣甘蓝、油桃、苹果、葡萄、桃子、樱桃、梨、番茄等人们餐桌上常见的蔬果也都含有大量的农药残留（见表 5－4）。该报告指出，草莓每个样本平均含有 7～8 种不同的农药，最脏的甚至含有多达 23 种不同的农药，超过 90% 的苹果、樱桃、油桃和菠菜等。在每天都吃的水果和蔬菜中，发现了 225 种不同的杀虫剂和农药分解产品。而且在测试之前，所有的产品都经过了洗涤或者去皮，这表明简单的洗涤并不能去除所有的农药残留。世界卫生组织的统计结果显示，全世界的消费者都普遍存在误食农药的隐患。

表 5－4　环境工作组织 2021 年的农产品农药残留消费者指南

农药残留严重	草莓、菠菜、羽衣甘蓝、油桃、苹果、葡萄、樱桃、桃子、梨、柿子椒、辣椒、芹菜、番茄
农药残留轻微	牛油果、甜玉米、菠萝、洋葱、木瓜、甜豌豆、茄子、芦笋、西兰花、卷心菜、奇异果、菜花、蘑菇、白兰瓜、哈密瓜

资料来源：Dirty Dozen，*EWG's* 2022 *Shopper's Guide to Pesticides in Produce*，https://www.ewg.org/foodnews/dirty-dozen.php.

探究与思考

搜一搜英国、澳大利亚、美国 3 国的蔬菜水果农药残留的最新调查数据。

❖ 均衡膳食

我国留学生仍存在一些营养健康问题。例如，膳食不平衡，包括高油高盐摄入，青少年含糖饮料消费逐年上升，全谷物、深色蔬菜、水果、奶类、鱼虾类和大豆类摄入普遍不足等，这是慢性病发生的主要原因。又如，身体活动总量下降，能量摄入和消耗控制失衡，超重肥胖成为重要公共卫生问题。康奈尔大学关于高校学生的营养调查显示，在大学生择食观念中，相较于食物的营养价值，他们更注重食物的美味程度。

留学生群体需要高度重视膳食模式的平衡、合理及健康，这可以全面地影响人类整体健康状况和疾病风险。

◆ 合理安排就餐时间

留学生即使忙于学业，也不能暴饮暴食。要规律饮食，提前安排好自己课程和生活的时间表，建立一个规律的就餐时间表，每天按照自己规定的时间严格进餐。只有规律饮食才能更好地控制每餐食物的摄入量，让自己的胃肠合理工作。

◆ 常备营养食物

留学生经常可能出现因为学业紧张而耽误就餐的情况，此时，健康的零食或餐点可以及时补充当日需要的营养。一般海外高校的宿舍都支持学生购买或携带迷你冰箱，可以储存牛奶、酸奶、新鲜水果和蔬菜等健康食物。在房间里，也可以储存有益健康的谷类食品，如燕麦片、坚果、粗粮等。这些健康零食和瓜果可以更好地满足日常的营养需求。

◆ 参考膳食指南

膳食指南是根据各国居民实际生活情况，将现有膳食营养与健康的证据研究转化为以食物为基础的平衡膳食的指导性文件，旨在帮助人们做出科学的食物选择，合理搭配膳食，以维持和促进健康，预防和减少营养相关疾病的发生。中国营养学会出版的《中国居民膳食指南科学研究报告(2021)》①，可供留学生参考借鉴。

2014 年，美国卫生部推出了一个名为“MyPlate”的新营养图标，作为推行全民营养膳食的标准。MyPlate 仅显示包括谷物、蛋白质、奶制品、蔬

---

① 参见中国营养学会:《中国居民膳食指南科学研究报告(2021)》，载中国居民膳食指南网，http://dg.cnsoc.org/upload/affix/20210301174345895.pdf。

菜、水果五种基本食物组的建议比例，而不是建议的份数。在定制三餐的膳食计划时，参照 MyPlate(www.choosemyplate.gov)关于 5 种基本食物组的比例可以更均衡地摄入营养。过多膳食摄入可增加不良健康结局风险的综合评价见表 5－5。

表 5－5　过多膳食摄入可增加不良健康结局风险的综合评价

食物	与健康关系	证据来源	证据类型/可信等级
畜肉	过多畜肉摄入可增加 2 型糖尿病、肥胖、结直肠癌发病风险	糖尿病：2 篇 Meta 分析，7 项队列研究和 1 项病例对照研究	B
		结直肠癌：1 篇 Meta 分析，6 项队列研究和 3 项病例对照研究	B
		肥胖：1 篇 Meta 分析，1 项队列研究，2 项病例对照研究和 3 项横断面研究	B
烟熏肉	过多摄入可增加胃癌、食管癌的发病风险	胃癌：1 篇系统综述，2 项队列研究和 12 篇病例对照研究	B
		食管癌：1 篇系统综述，10 项病例对照研究	B
食盐	高盐(钠)可增加高血压的发病风险，降低盐(钠)摄入能够降低血压水平	高血压：9 篇系统综述、3 项队列研究和 1 项横断平面研究	A
	高盐(钠)可增加脑卒中的发病风险	脑卒中：4 篇系统综述和 3 项队列研究	B
	高盐(钠)可增加胃癌的发病风险	胃癌：7 篇系统综述，2 项队列研究，4 项病例对照研究和 1 篇横断面研究	B
	高盐(钠)可增加全因死亡的风险	全因死亡：3 篇系统评价和 1 项随机对照试验	B

续表

食物	与健康关系	证据来源	证据类型/可信等级
饮酒	酒精摄入过多可导致肝损伤风险增加	肝损伤:3 篇系统综述,3 项队列研究和 1 项病例对照研究	A
	酒精摄入过多增加胎儿酒精综合征风险	胎儿酒精综合征:1 篇系统综述,5 项队列研究和 4 项病例对照研究	A
	酒精摄入过多增加痛风、结直肠癌、乳腺癌的发病风险	痛风 1 篇系统综述,2 项队列研究、1 项病例对照研究和 1 项横断面研究	A
		结直肠癌:2 篇系统综述,4 队列研究和 3 项病例对照研究	B
		乳腺癌:3 篇系统综述,8 项队列研究和 2 项病例对照研究	B
	酒精摄入与心血管疾病危险性呈 J 型关系;过量饮酒可增加心血管疾病风险	心血管疾病:8 篇系统综述,14 项队列研究和 3 项随机对照试验	B
添加糖和含糖饮料	过多添加糖、含糖饮料摄入可增加龋齿的发病风险	龋齿:2 篇系统综述,8 项队列研究和 10 项横断面研究	B
	过多摄入含糖饮料增加成人 2 型糖尿病发病风险	糖尿病:4 篇系统综述与 Meta 分析,6 项队列研究	B
	过多摄入含糖饮料增加儿童、成年人肥风险	肥胖:4 篇系统综述与 Meta 分析,7 项队列研究,6 项横断面研究	B
油脂	高脂肪摄入可增加肥胖风险,减少总脂肪摄入有助于减少体重	肥胖:4 篇系统综述,3 项随机对照试验	A
	反式脂肪摄入过多可导致心血管疾病死亡风险升高	心血管疾病:9 篇系统综述,4 项随机对照试验	B

资料来源:《中国居民膳食指南科学研究报告(2021)》,载 http://dg.cnsoc.org/upload/affix/20210301174345895.pdf。

❖ 食品标签

世界卫生组织和粮农组织通过食品法典委员会为各种食品标签制定全球标准(见图5-1),各国的食品标签(特别是那些将在国际市场上销售的食品)都必须遵守这些标准。人们可以通过食品标签了解食物的成分,如维生素、矿物质、卡路里、脂肪等(见表5-6)。这些信息可以了解微量营养素摄入量,从而避免营养不足;可以通过监控卡路里和饱和脂肪来控制体重;可以限制糖和盐的摄入量,确保饮食平衡,预防糖尿病和心脏病等疾病。

图5-1 食品标签

资料来源:https://www.foodtivist.com/category/labelling-2/.

表5-6 营养成分中英对照

英文单词	汉语释义
Serving Size	每次建议摄入量
Calories	卡路里。一个食用分量的卡路里在40以下为低热量,400卡路里以上为高热量
Total Fat	总脂肪

续表

英文单词	汉语释义
Saturated Fat	饱和脂肪
Trans Fat	不饱和脂肪
Cholestenol	胆固醇
Carbohydrate	碳水化合物
Sodium	钠
Dietary Fiber	膳食纤维
Total Sugars	总糖
Protein	蛋白质
Vitamin	维生素
Calcium	钙
Iron	铁
Potassium	钾

除了营养成分表，还有一些标签可以提醒人们减少脂肪、胆固醇和钠摄入，摄取足够的营养素（如纤维素、维生素、微量元素）（见表5－7）。

表5－7 营养成分标注中英文对照

英文单词	汉语释义
Natural	天然，是指食品中不含防腐剂和人工添加剂
Health	健康，表示含有有机质、天然成分、低热量物质或素食，但不代表其中不含人工成分
Organic	有机，是指制造食品所用的原料在生长过程中没有使用杀虫剂或化学肥料
Sodium Free	无钠型，表示每单位食品中钠含量少于5毫克
Gluten Free	无麸质
Sugar Free	无糖，是指食品中不含蔗糖
Cholesterol Free	无胆固醇，表示每单位食品中胆固醇含量少于2毫克，脂肪含量少于5克，饱和脂肪酸少于6%

各类食物上的标签纷繁复杂，如果不了解其中含义，很容易被商家误导。例如：

•“非转基因食物”不等于“有机食物”。转基因食品，并不意味着它是有机食品。如果不使用转基因种子进行种植，即使是常规育种的作物，如玉米、大豆和油菜，也可以被认定为非转基因作物。

•“非转基因”“纯天然”标记可能未经认证。目前，有许多食品、营养产品都贴上NON-GMO(non-genetically modified organisms)标签(见图5－2)声称是“非转基因”，但没有提供任何相关证明。美国农业部并未对“全天然”一词进行管制，任何食品，包括用人造色素、化学甜味剂、化学防腐剂和转基因生物制成的食品，都可以标记为“纯天然”。

图5－2　非转基因食品标志

资料来源：https://www. nongmoproject. org/.

•“低热量”通常是指添加化学甜味剂。标有“低卡路里”的食品或饮料，最有可能包含三氯蔗糖、乙酰磺胺酸钾、糖精、阿斯巴甜或其他化学甜味剂。“低热量”并不意味着它更健康。低热量食品，如低糖汽水，仍可能含有极具破坏性的成分(如磷酸，这种有效的化学物质会腐蚀牙齿和骨骼)。

根据世界卫生组织2020年公布的数据，每年有6亿多人因食用受细菌、病毒、寄生虫、毒素和化学品污染的食品而患病，近42万人死亡。食品标签提供关于产品使用方法的警告和重要信息(如何储存和烹饪)。例如，美国农业部要求所有生的或未煮熟的(非即时食用)肉类和家禽包装上均应贴有安全食品处理标签（Safe Food Handling Label），告诉消费者如何在家中存储、准备和处理（见图5－3）。

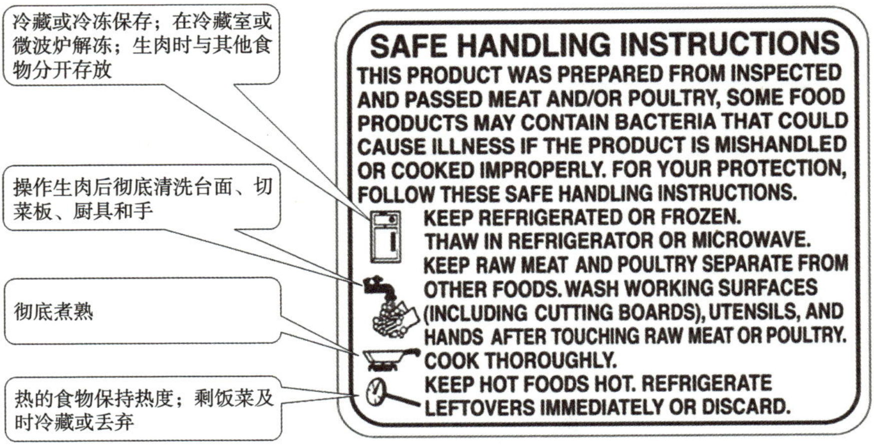

图5－3 安全食品处理标签

在美国，大多数食品标签受美国食品和药物管理局监管。肉类和家禽产品的标签受美国农业部食品安全与检验服务的监管。美国农业部对于肉类、家禽和蛋类产品的标签上使用的语言描述非常讲究，例如，新鲜的家禽与冷冻的、“无激素”以及其他标识符。通过这些标签可以了解肉、禽或蛋的储存温度和制备过程。美国食品药物管理局规定冷藏胡萝卜汁和其他低酸果汁等冷藏食品需要附加标签，清楚地向消费者表明该产品必须在冷藏条件下存储。

有的食品标签会标明可能导致过敏的成分。最常见的过敏性食物源包括花生、大豆、牛奶、鸡蛋、鱼、甲壳类动物、小麦和树坚果。

美国2004年的《食物过敏原标签和消费者保护法》（The Food Allergen Labeling and Consumer Protection Art，FALCPA）强调了对食物过敏原的适当标签。根据FDA的说法，8种过敏原（FALCPA称为“主要食物过敏原”）占所有食物过敏的至少90%：牛奶、蛋、树坚果（如杏仁、腰果、核桃）、鱼（如鲈鱼、鳕鱼、比目鱼）、贝类（如蟹、龙虾、虾）、黄豆、小麦。

如果包装食品，无论是成分、调味剂、色素还是附带的添加剂包含任何形式的这些过敏原，都需要体现在食品标签上。其以单词“Contains”开头，后面是过敏原的名称，如“包含鸡蛋、牛奶”（见图5－4）。

图5－4　过敏原标注

食物包装上的日期也有学问（见表5－8）。

表5－8　过期标注中英对照

英文	中文
Expiration Date	过期日期
Sell By	给零售商的建议，展示出售期限
Use By	确保食品在最佳状态的使用期限
Best if Used By/Before	确保食品最佳质量（味道、口感等）的期限

❖ 饮食禁忌

饮食文化博大精深，一个民族，往往能够形成一种独特的饮食文化。中西方饮食文化的差异不仅仅表现在聚食与分餐上，烹饪技术、饮食习惯、就餐礼仪等方面也有很大差别。留学海外，留学生必须了解留学目的国的饮食禁忌。而且，其他留学生可能来自各个国家，需要留心各国的饮食禁忌,以免在无意中造成重大误会。

◆ 各国饮食禁忌

美国饮食禁忌:美国人不喜欢吃麻辣味,也不喜欢吃蒸和红烧的菜肴。他们一般情况下忌食肥肉和各种动物的内脏,不喜欢吃像蒜、韭菜这种气味大的食物。美国人介意进餐时发出声响,反感未征求同意替他人取菜,禁止吸烟,不喜欢别人劝酒,当众脱衣解带或议论令人作呕之事都会被视为无礼。

加拿大饮食禁忌:加拿大人偏爱甜食,喜欢白兰地、香槟酒等,忌食虾酱、鱼露、腐乳以及怪味、腥味的食物和动物内脏。

俄罗斯饮食禁忌:俄罗斯人忌讳用餐发出声响,并且不能用匙直接饮茶或让其直立于杯中。通常他们吃饭时只用盘子而不用碗。饭菜中的酱汁或肉汁应该用面包蘸着吃干净。如果面包剩下,会被看作一件晦气和浪费的事。俄罗斯人对伏特加酒非常推崇,喝伏特加时不要和别的酒或饮料混合,否则会被认成奸诈之人。拒绝别人递上的伏特加会被当作不信任,拒绝与他做朋友。

英国饮食禁忌:英国人只吃动物的肉,不吃动物的内脏、头、蹄、血等部分。在口味方面,他们喜清淡、酥香,不爱辣味,较少吃海鲜。英国人在吃饭时忌讳碰响水杯,有人认为这会带来不幸。所以要避免刀叉器皿碰撞出声,万一不小心碰响了,用手使其停止作响。

德国饮食禁忌:德国人喜欢肉食,尤其是香肠,但他们不吃猪蹄等。他们讲究食物的新鲜营养,不吃有化学成分的食物。德国人很节俭,多数时候会把食物吃得很干净,不吃咀嚼后需要再吐出来的东西,如螃蟹、河鱼等。

法国饮食禁忌:法国人不吃肝脏之外的动物内脏、无鳞鱼和带细刺的鱼,不吃味精,也不爱吃辣味的菜肴。法国人对面包比较尊重,只能在餐后吃,不许把面包当作开胃品。

日本饮食禁忌:日本人一般不吃肥肉和猪内脏,有的不吃羊肉、鸭子、兔子肉、驴肉。为日本客人盛饭时，忌讳盛得过满过多，也不可一碗就盛一勺，不要把整份饭或菜分成一份一份的。吃米饭时不要把筷子竖直插在米饭碗里，这会被当作祭祀。

韩国饮食禁忌：韩国人一般不喜欢吃过于油腻、过甜的东西，不吃鸭子、羊肉和肥猪肉，不喜欢吃馒头。韩国人对长辈非常尊重，就餐时长辈未动，晚辈一定要等待。长辈给晚辈倒酒，晚辈必须双手接过杯子，然后轻轻地喝一口以示尊重。

◆ 宗教饮食禁忌

世界各地不同宗教对饮食有不同的禁忌，有些禁忌相当严格。

基督教饮食禁忌：基督教在饮食上没有太多禁忌，只是在节日时饮食有些习俗。圣诞节时为了纪念耶稣的复活，信徒们要举行斋戒，不吃肉食，不用刀叉进食，减少娱乐。有些基督教徒不吃任何动物的血，不吃死物（死鱼除外），任何带血的动物必须洗干净才可以吃，不吃带血的肉。

天主教饮食禁忌：天主教会制定了守斋的规则。小斋，即素食，在星期五这一天，禁吃猪、牛、鸡、飞禽、羊的肉，即热血动物的肉，但水族的肉、鱼虾等可以食用。大斋是教会规定于每年复活节前 40 天内守的斋，故称封斋月。每年在圣灰礼仪日和耶稣受难日，凡年满 18 周岁至 60 周岁的信友都必须守大斋。大斋日这天午餐可吃饱，早、晚可按本地习惯吃少许点心。因某种原因不能守斋的（如孕妇或哺乳婴儿的妇女），可请求“豁免”。

伊斯兰教饮食禁忌：伊斯兰教的饮食禁忌比较多，主要是不食不洁之物。伊斯兰教除不吃猪肉外，还有一些动物也不食用。大概可以分为以下几种：凡是反刍的、吃草的畜类，吃谷子的禽类都可食用，如牛、羊、驼、鹿、兔、鸡、鹅、鸠、鸽以及河海中的鱼、虾等。相反，吃肉的、有爪子的、不反刍的兽类，鹰钩咀、吃肉、性情凶暴的禽类都不能食用，如驴、骡、狗、豹、狼、鹰、鹞等。伊斯兰教还不食无鳞鱼、青蛙、蟾蜍、麻雀、奇形怪状的海鲜

（如龙虾）等。非阿訇宰杀的动物和自死的动物也不吃，同时还禁止饮酒。

总之，饮食上的禁忌还是比较多的，为免造成误会与摩擦，留学生要尊重他人的饮食习惯与禁忌。

案例分享

湖南株洲的小李只身来到澳大利亚国立大学留学。初到澳大利亚，饮食的不适应就给小李带来了困扰。澳大利亚的饮食以牛羊肉和海鲜为主，小李是土生土长的湖南辣妹子，饮食不习惯，学习压力大，不吃早餐、熬夜生活无规律等，使小李患上了胃结石。

请思考，留学生为什么会出现“水土不服”的情况？如何才能做到健康饮食？

第五节　疾病预防与控制

对于留学生而言，无论在哪个国家、哪所学校就读，健康永远是第一要务。拥有强健的体魄，才能更好地投入学习与生活。2020 年突如其来的新冠病毒感染迅速在全球蔓延，许多留学生的留学生活被迫中断，一些学生甚至面临疾病的威胁。疫情用事实叙述着生命的可贵与脆弱，也警示人们在日常生活中应重视学习疾病防控知识与技能。

专家提醒

传染病是指能够在人与人之间、人与动物之间流行的感染性疾病。传染病对人体的危害很大，一般会通过间接接触、空气、飞沫、食物、水昆虫或动物媒介、血液和体液等多种途径传播。因此，保持良好的卫生习惯是我们保护自己不受疾病侵扰的重要手段之一。健康的生活习惯、运动习惯、压力调节技能也都有助于维护良好身心状态、预防疾病。保持良好的身心状态是我们调节自身抵抗疾病的重要力量。

❖ 常见疾病

出国留学,安全和健康是家长们最担心的问题。多年的留学生涯,在一个陌生的国家,很难保证不会出现生病、受伤的情况。尤其是对于留学生来说,父母不在身边,即使生病了也需要独自面对和解决。因此,出国前了解常见疾病以及疾病预防很有必要。

◆ 肠胃疾病

肠胃疾病是留学生群体中比较常见的疾病。饮食环境和习惯的变化是诱发留学生肠胃疾病的主要因素之一。由于读书期间时间宝贵,许多学生会选择快餐解决午饭问题,而西式快餐往往油脂过高,造成油脂摄入量超标,长此以往容易引起肠胃疾病。此外,课业压力大、作息时间紊乱、吃饭不规律,也容易出现肠胃疾病。

◆ 肥胖

许多同学在留学期间都出现了一定程度的"长肉"现象。由于欧美国家饮食多以肉类、奶酪等高热量食物为主,海外留学期间肥胖是比较容易发生的。部分留学生缺乏运动,更加剧了脂肪堆积。

◆ 神经衰弱

医学上认为,持续的紧张心情和长期的内心矛盾,使神经活动过程强烈而持久地处于紧张状态,超过神经系统张力的耐受限度,可能导致神经衰弱。留学生独自一人生活在异国他乡,面对不熟悉的环境,极易产生焦虑。而且,很多同学无法应对课业,承受着较大的学业压力。

神经衰弱的症状杂多,常见的有肌肉无故疼痛、头昏、头疼、睡眠紊乱、失眠、易激动、消化不良等。有些留学生在学业比较重的时间段,如考试周、论文答辩期间等,很难入睡,有一丁点的噪声就感到心烦意乱。神经衰弱的康复相对漫长。

探究与思考

除了上述情况,请查一查留学生在国外还会遇到哪些常见的疾病?

❖ 常见传染性疾病

除了面对以上常见疾病之外,一些常见传染疾病也应该引起重视。

◆ 流行性感冒

流行性感冒简称流感,是由流感病毒引起的急性呼吸道传染病,具有很强的传染性。流感病毒分为甲、乙、丙3型。流行性感冒的传播途径主要以空气飞沫直接传播为主,也可以通过被病毒污染的物品间接传播。流感的主要症状有发热、全身酸痛、咽痛以及咳嗽等。人群对流感普遍易感,病后有一定的免疫力,但持续时间不长,病毒不断发生变异可以引起反复感染。

接种流感疫苗是国际医学界公认的防范流感的最有效武器。由于流感病毒变异很快,通常每年的流行类型都有所不同。因此,每年接种最新的流感疫苗才能达到预防的效果。另外,锻炼身体,增强体质,在流感季节经常开窗通风,保持室内空气新鲜,尽量少去人群密集的地方等,也是预防流感的有效措施。

◆ 结核病

结核病过去俗称"痨病",是由结核杆菌主要经呼吸道传播引起的全身性慢性传染病,其中以肺结核最为常见,也可侵犯脑膜、肠道、肾脏、骨头、卵巢、子宫等器官。结核病的传播途径包括呼吸道、消化道和皮肤黏膜接触,但主要通过呼吸道传播。结核病多缓慢起病,长期伴有疲倦、午后低热、夜间盗汗、食欲不振、体重减轻、女性有月经紊乱等症状。严重的患者可有高热、畏寒、胸痛、呼吸困难、全身衰竭等表现。肺结核病人往往伴有咳嗽、咳痰,痰中可带血丝。结核杆菌可造成头痛、呕吐、意识障碍、消瘦、腹泻与便秘交替，还可有血尿、脓尿、脾大、贫血以及妇科疾病的症状等。首先，结核病的预防主要是提高自身的免疫力，加强锻炼，保证充足的营养；其次，应注意房间通风，避免与已确诊的传染性结核病患者密切接触；最后，应积极、有效地治疗糖尿病、矽肺、百日咳等容易诱发结核病的基础疾病。

◆ 禽流感

人感染高致病性禽流感是由高致病性禽流感病毒引起的以呼吸道损害为主的人急性感染性疾病。禽流感主要通过空气传播，病毒随病禽分泌物、排泄物及尸体的血液、器官组织，或者衣物、种蛋等传播，亦可经过消化道和皮肤伤口而感染。禽流感的潜伏期一般为1～7天，出现早期症状与一般流感相似，主要有发热、流涕、咽痛、咳嗽等，体温可达39℃以上，伴有头痛、全身酸痛，有些病人可有恶心、腹痛、腹泻等全身症状。重症患者病情发展迅速，多在发病3～7天出现重症肺炎，体温大多持续在39℃以上，出现呼吸困难，可伴有咯血痰。经常快速发展为急性呼吸窘迫综合征、脓毒症、感染性休克，甚至多器官功能障碍，部分患者可出现胸腔积液等症状。

禽流感的预防措施主要包括养成良好的卫生习惯，饭前便后、接触禽类要用流水洗手；注意饮食卫生，不喝生水，进食禽肉、蛋类要彻底煮熟，加工、保存食物时要注意生熟分开；搞好厨房卫生，不生食禽肉和内脏，解剖活（死）家禽、家畜及其制品后要彻底洗手。

◆ 病毒性肝炎

病毒性肝炎是由多种肝炎病毒引起的弥漫性肝细胞炎性疾病。目前，已知的肝炎病毒有甲、乙、丙、丁、戊、庚等数种。其中，甲型肝炎是世界性分布疾病，呈流行性或散发性。病毒性肝炎多是经口传播，如甲型肝炎和戊型肝炎，亦可通过输血和血浆制品及母婴传播（母亲怀孕时通过胎盘传给胎儿）。此外，密切接触病人的唾液、鼻咽分泌物、血性分泌物、精液、阴道分泌物等，都可能被感染，如乙型肝炎、丙型肝炎等。感染了肝炎病毒后，发病的轻重程度可能不同，这与肝炎病毒的数量、毒力大小和病人的机体免疫力强弱有关。当机体抵抗力下降时，病毒极易在体内复制，使人发病。同样，发病后的症状有轻有重，轻者可能全无不适，重者可能发生暴发性、致死性肝功能衰竭。

接种肝炎疫苗是有效的预防措施，我国目前已研制出高效、安全的病毒性肝炎疫苗并已被广泛应用。尤其是甲肝、乙肝疫苗已列入国家计划免疫的接种程序，从少年儿童起就构筑自动免疫屏障，抵御肝炎病毒的侵袭。

◆ 艾滋病（Acquired Immune Deficiency Syndrome）

艾滋病，全称为“获得性免疫缺陷综合征”。它是由艾滋病病毒即人类免疫缺陷病毒（The Human Immunodeficiency Virus，HIV）引起的一种目前暂无预防疫苗，又无有效治愈办法且病死率极高的传染病。艾滋病病毒通过严重破坏人体免疫功能，造成人们的机体抵抗力极度低下，从而继发严重感染、肿瘤等，最终导致全身衰竭而亡。艾滋病病毒主要通过血液、精液、阴道分泌物、乳汁等体液传播。

已证实的传播途径有3种：

（1）性传播：通过异性或同性性行为传播。

（2）血液传播：通过共用不消毒的注射器和针头注射毒品、输入含有艾滋病病毒的血液或血液制品、使用未经消毒或消毒不严的各种医疗器械（如针头、针灸针、牙科器械、美容器械等）、共用剃须（刮脸）刀及牙刷等传播。

（3）母婴传播：通过胎盘、产道和哺乳传播。1/3感染了艾滋病病毒的妇女会通过妊娠、分娩和哺乳把艾滋病病毒传染给婴幼儿。大部分感染了艾滋病病毒的婴幼儿会在3岁以前死亡。

艾滋病病毒不会通过空气、饮食（水）传播；不会通过公共场所的一般日常接触传播，如握手、拥抱、共同进餐、共用工具或办公用具等；不会经电话机、餐饮具、卧具、马桶圈、游泳池或公共浴池等公共设施传播；不会通过纸币、硬币、票证，以及咳嗽和打喷嚏及蚊虫叮咬传播。

艾滋病毒进入人体后，需要经过一段时间才会产生艾滋病毒抗体，在此期间抗体检测呈阴性，这段时间即为“窗口期”。感染者体内的病毒数量会在这时达到一个峰值，感染者的血液、精液、阴道分泌液、乳汁、伤口渗出液中含有大量艾滋病病毒，具有很强的传染性。目前，国际公认的窗口期是6个月，但随着检验方式的进步，窗口期已经大大缩短为在4～8周。已感染艾滋病病毒的人平均经过7～10年的时间（潜伏期）才发展为艾滋病病人。在发展成艾滋病病人以前外表看上去很正常，可以没有任何症状地生活和工作多年，但能够将病毒传染给其他人。

至今还没有研制出可以有效预防艾滋病的疫苗，也没有能够治愈艾滋病的药物，已经研制出的一些药物也只能在某种程度上缓解艾滋病病人的症状和延长患者的生命。

预防艾滋病的防范措施包括：

- 洁身自爱、遵守性道德是预防经性途径传染艾滋病的根本措施；
- 依法无偿献血，杜绝贩卖血液，加强血液检测；
- 远离毒品可以最大限度地避免因吸毒感染艾滋病；
- 尽量避免不必要的输血和注射使用未经艾滋病病毒抗体检测的血液和血液制品；
- 不与他人共用牙刷、剃须（刮脸）刀；
- 不去消毒不严格的医疗机构（如卫生不合格的私人诊所）打针、拔牙、针灸、美容或手术；
- 避免在日常工作、生活中沾上感染者的血液；
- 正确使用质量合格的避孕套不仅可以避孕，还可以有效减少感染艾滋病、性病的危险。

❖ 国外就医与医疗保险

生活在国外难免会出现一些身体上的不适，及时就医是保障健康的重要措施。然而，国外的医疗体系和国内有很大不同，不同国家的医疗体系也各不相同。

◆ 医疗保险

绝大多数美国学校都强制要求学生购买医疗保险，学校也会选信誉良好的公司合作，为本校学生提供医疗保险，建议大家通过学校统一购买。但是，大多数学生和家长拿到医疗保险手册之后匆匆翻一下就置之不理了，这是不对的。不熟悉美国医疗保险的具体条款会为以后看病理赔埋下隐患，造成不必要的损失。

(1)了解保险所覆盖的医院。有的学校有自己的校内医院，学生在学校诊所接受的医疗服务一般可以从保险里报销，但一般不包括牙科。(2)了解保险覆盖的日期，如学校放假期间是否覆盖到。(3)了解医疗保险是否包括牙科和眼科。一般而言，学校是不要求学生购买牙科和眼科保险的，而且牙科保险一般也不包括牙齿矫正。(4)了解保险是否能跟着人走。如果出现转学等情况出现，需要提前了解保险能否退款或取消，或者转到新的学校。

◆ 就医和问诊

在国外看病就诊需要提前熟知各类复杂的就诊流程。一般而言，家庭医生是由所在的医疗保险公司提供的备选医生。家庭医生一般是全科医生，应付普通常见病，可以开药或者打针。但如果检查有异样或者有疑问，则会约专科医生做相应的检查及诊断。

如果遇到特殊问题或者严重问题，如突发性运动受伤、严重腹泻、严重呕吐和过敏等紧急情况，可以直接去应急诊所。一般急诊挂号费需要自理，像骨折等问题可以当时拍X光做初步判断，进行保护性处理，然后预约专科医生。然而，应急诊所毕竟不是医院的急诊室，设备没有医院完善，费用也会比医院急诊室便宜很多。其属于门诊性质，看完病即可以离开。

应急诊所处理不了的紧急情况，如突发性呼吸困难、昏厥，一定要送到医院急诊室。在急诊室，一般需要较长时间才能完成检查。医院急诊室里有医生、护士、麻醉师和完善的医疗设备，几乎可以处理所有问题，当然费用也不菲。同时，美国很多医院都有免费的语言翻译服务，包括中文，可以帮助病人和医生进行沟通。如果长期在美国学习和生活居住，最好熟悉相关医疗单词与表达。

◆ 常备非处方药

非处方药（Over The Counter Drug，OTC 药品），即无须凭借医师处方即可自行购买的药物。一些普通感冒、发烧、止痛等，可以服用 OTC 药品来缓解症状。常见 OTC 药品一般在大型超市都有销售。使用 OTC 药品应注意以下事项：务必阅读药品的使用说明书、警告和注意事项；尽量多了解所服用药物的成分，知道自己吃的是什么，查看包装说明里所列的成分（ingredient）。

如果有下列情形，请不要擅自服用 OTC 药品，而应该及时就诊或咨询医生：

- 症状很严重；
- 不知道自己得了什么病；
- 有慢性疾病或正在服用处方药。

❖ 就医常用英语表达

◆ 一般病情

觉得头痛、恶心和想吐。（Feel headache，nausea and vomiting.）

感到反常的疲倦。（Feel unusually tried.）

症状包括没有食欲、体重减轻、非常疲倦、发烧和发冷。(Symptoms include loss of appetite, weight loss, excessive fatigue, fever and chills.)

觉得昏昏欲睡,头晕目眩和想吐。(Feel drowsy, dizzy and nauseated.)

◆ 伤风感冒

咳嗽带有绿黄色的痰。(Has been coughing up rusty or greenish-yellow phlegm.)

发烧、筋骨酸痛且常常咳嗽。(Has a fever, aching muscles and hacking cough.)

嗓子疼而且鼻子不通气。(Has a sore throat and a stuffy nose.)

呼吸时,有气喘似的呼哧呼哧作响。(Breathing is harsh and wheezy.)

头痛、骨痛,关节也痛。(Has a headache, aching bones and joints.)

◆ 手脚毛病

膝盖不舒服已经有一段时间了。(Knee has been bothering for some time.)

筋骨和关节都痛。(Pains in the back and shoulders.)

脚踝好像肿了,用手按,就会有小坑痕。(Ankles look puffy and they pit when pressed.)

右脚底有个像肉疣般的硬块。(There is a wart-like lump on the sole of right foot.)

指头和关节旁边的关节,似乎有肿大。(The joints near fingernails and knuckles look swollen.)

◆ 肠胃疾病

饭后肚子觉得胀胀的,很不舒服。(Bloated, uncomfortable feeling after meal.)

有一阵阵的肚痛。(Bouts of abdominal pain.)

拉肚子。(Trouble with diarrhea.)

吞下食物时会痛。(It is difficult or painful to swallow.)

下腹部疼痛。(The pain is mainly in the lower right part of the abdomen.)

案例分享

小蔡同学去伦敦海德公园玩,吃完随身带的面包,突然发现牙齿松动缺角。因为是刚开学,小蔡不了解英国的医疗系统,只知道在入学时,学校要求每个留学生购买了海外留学生医疗保险,但她不知道看牙是否属于医疗保险的范畴。去哪看牙?该从哪儿着手?小蔡一无所知。无助之下,韩国室友告诉她,可以去英国国家医疗服务体系的就医点咨询。可让小蔡哭笑不得的是,几天后,她回到谢菲尔德市到学校附近的医疗服务体系就医点向那里的工作人员阐明自己的情况后,工作人员让她拨打电话"111"(英国非紧急医疗救助电话)再次进行咨询。"那时候我刚到英国,几乎听不懂工作人员问的问题,只能连猜带蒙地用英文回答是或否。"当时小蔡十分无奈。本以为这通电话可以安排她看诊,没想到聊到最后,工作人员又报出一串数字,让小蔡咨询离她较近的牙科就医点。

请思考,上述例子给留学生国外就医提供了哪些启示?

综合探究

假设你是一名国外大学国际学生服务中心的工作人员,在面对初来乍到的留学生,你会提供哪些日常生活起居的安全建议呢?请结合本章内容,为服务对象列一个留学生活起居安全清单,为他规划一段安全、独立、舒适的留学生活。

第六章　出行安全

出行安全,也越来越引起人们的高度重视。威胁出行安全的因素多种多样,不仅包括人为因素,还包括天气状况以及各类突发状况。对于留学生来说,身处相对陌生的环境,出行遭遇风险的概率明显增大。为了保证自身安全,了解出行安全的知识非常重要。

不同的出行方式会引发不同的安全问题。公共交通安全、自驾安全、旅行安全等都是重点领域。对于留学生来说,穿梭于不同国家而带来的出入境安全也不容忽视。掌握各类出行的安全知识与技能,能够帮助我们远离危险、智慧避险、紧急脱险。

本章将帮助留学生了解:

- 出入境安全;
- 公共交通安全;
- 驾车行驶安全;
- 旅行安全。

第一节 出入境安全

留学生出国前，除做好物资准备外，还需要了解留学目的国关于出入境管理的相关规定，并且严格遵守，不要抱有任何侥幸心理。

专家提醒

出入境管理是指国家行政机关根据国际法、国内法的有关规定，对出入本国国境的本国公民或外国人行使主权的行政行为。任何国家对出入境旅客均实行严格的检查手续。该手续包括边防检查、海关检查、安全检查和检疫四个基本步骤。

❖ 出境

出境是留学生涯的第一步，出境的流程与注意事项如下。

◆ 机票预订

一般情况，国际航班最好提前 1 ~ 3 个月预订，预订时间越早，价格可能越低。此外，多数航空公司会提供便宜的学生票，留学生可提前了解。

◆ 出发准备

出发前一定要仔细检查文件材料，并确认托运行李注意事项。文件的重要性不言而喻，不仅出入境需要，学校注册、办理银行卡、办理学生证等都会需要。

托运行李同样重要，一定要提前了解相关规定，明确行李重量（一般 30kg 以内）、尺寸、物品类型、数量等要求，以免产生额外费用或其他麻烦。

◆ 登机手续

国际航班各方面要求都很严格，最好提前 2 ~ 3 小时抵达机场。一方面，有充足时间与家人、亲友道别；另一方面，可以根据旅客流量合理安排登机时间。

到达机场后，要提前做好登机规划，注意航班起飞时间，航班起飞前30分钟停止办理登机手续。可以根据航班班次，找到相应的航班柜台办理手续，也可以在机场自动值机上办理值机手续。

◆ 安检

与亲友道别后，便可以前往安检通道。为了飞行安全，随身携带行李物品必须接受安全检查。检查方式包括搜身、过金属探测器门、用磁性探测器检查、红外线透视等。

安检时需要向安检员提供护照、身份证及机票的旅客联、登机牌等，审核通过会在登机牌上盖章，然后过安检门。随身带的物品（如腰带、钥匙、手机、电脑等）要从安检门旁的X光安检机过去，安检通过后便进入候机大厅。

◆ 登机

此时需要根据登机牌的指示找到相应登机口。一般情况，登机牌上会标明候机厅和登机口。只需要根据机场标牌，寻找到相应位置即可。在查找不到的情况下，可咨询机场工作人员或者商店店员。抵达后，查看登机口屏幕上的登机状态，等待广播通知。登机时，将登机牌交给工作人员核对，无误后即可登机。登机后按登机牌座位号寻找到自己的位置，把随身手提行李放置在座位上方的行李舱内，关闭电子设备，等待起飞。

探究与思考

查一查航空托运、海运、随身携带对行李种类、规格等方面的要求。

❖ 行李托运

在办理登机手续的值机人员核对相关信息时，便可以将行李放上托运带上称重、安检。如遇行李箱偏大、超重等问题，则会被收取一定额度的空运费，想避免收费可以更换行李箱或减轻行李重量。如果行李安检时遇到问题，需要开箱检查。携带违禁品需要解释说明，情节严重者，会受到相应处罚。一切无误后，值机人员会将机票的旅客联、登机牌、行李票、护照等退回给本人。乘坐国际航班行李箱损坏或丢失，根据《统一国际航空运输某些规则的公约》的规定，每公斤赔偿 30 美元，托运行李和非托运行李最高限额为 1000 个特别提款权（约合人民币 8781 元）。

案例分享

某留学生去美国带了两个行李箱，一个箱子装拖鞋、袜子、日用品等，另一个箱子装名牌包包和衣服以及电子产品。结果，行李丢了。据这位女生保守估计，两箱东西大概价值 10 万元人民币。后来去找机场处理这件事，打电话上诉，结果一个星期之后机场回电，称按规定一周内没找到行李，就自动算丢失，按每公斤 10 美元进行赔偿，完结了此事。

请思考，除了可以寻求机场协助处理行李丢失问题，是否也可以向航空公司或信用卡旅行保险服务求助？

贵重物品和易碎物品谨慎放托运箱，以防损坏和遗失。建议购买帆布材质行李箱，或许表面不太好看，但一个质量上乘的帆布行李箱能受力且经久耐用，非常实用。此外，在行李托运前，建议用打包带把行李绑起来，这样行李被摔下时有缓冲，还可以预防破裂。建议贴上易碎标识，让行李搬运工作人员多加注意。

探究与思考

查询关于出境行李托运的注意事项。

❖ 旅程健康

◆ 飞行中的健康维护

空中旅行是非常辛苦的，飞行途中要注意维护自己的健康。以下是一些注意事项及应对身体不适的方法。

登机前不要吃得过饱。如果在登机前吃得过饱,吃了多纤维、油腻及动物蛋白的食物,高空条件下可能使食物产生大量气体,加重心脏和血液循环负担,引起恶心、呕吐和晕机等症状。

国际航班飞行时间一般都比较漫长,持续十几甚至二十几个小时,这期间可能出现头痛、肩颈痛、腰疼、眼睛疲劳等问题。最好增加睡眠时间,尽量平稳心情,或者多与旁边人交谈,最好不要服用止痛片。

久坐如果出现不适,可以站起身来走动一会儿,或者在座位上做伸展动作,这样也可以减缓疼痛。

长途旅行最好不要戴隐形眼镜,遇到眼部疲劳,要有意识地眨眼,增加眼球的润滑程度,或者选用无刺激性的眼药水,配合做眼保健操。夜航时,应增加维生素的摄入量,如多喝些果汁,以提高夜间视力。

机舱内温度过低,也可能引起肩颈不舒服,可以调整座椅,活动肢体,或者盖好防风的毛毯。

因为压力导致耳朵不适的情形,可以尝试用吞口水、咀嚼口香糖的方式去"疏通"耳咽管,让鼓气的中耳"解放"。

防止发生晕机现象,可以事先服用晕机药,降低神经中枢的敏感度。其实,根据相关科学研究,晕机是可以靠自我训练来克服的,如增加搭机次数,在安全许可的情况下定时进行肢体拉伸。

患有生理疾病的人若要搭乘飞机,应事先请教医生,了解相关事宜和注意事项。一般情况下,只要多补充水分、适时做好伸展运动、注意排尿,就可以最大限度避免上述症状。

◆"经济舱综合征"

2019 年 12 月,上海浦东新区人民医院创伤急救中心连续接诊了 5 例从机场送来的危急患者,其中有 4 例都是因为长时间乘坐飞机,引发了急性肺动脉栓塞和脑梗。据说,他们都是因为患上了"经济舱综合征"。

55 岁的美国籍男子迈克乘坐了 14 个小时的飞机，从美国飞来上海，下飞机时，突发短暂性晕厥并当场摔倒，随后被紧急送到医院。另有一名年仅 24 岁的患者，则因突发脑梗，入院抢救。患者从机场被送过来时是昏迷的，一侧肢体偏瘫。2017 年来自澳大利亚悉尼的女子拉尼（Rani Vincent）乘飞机飞往温哥华旅行时，才下飞机就突感不适，晕倒在地。

医生提醒，乘飞机时间过长时，容易引发“经济舱综合征”，尤其是一些有糖尿病、脑梗、心血管病等病史的人。“经济舱综合征”的学名为肺栓塞，在经济舱的飞行中，持续飞行 12 小时以上发病率在千分之五左右。

在飞机上，乘客应该：

第一，多喝水，少喝酒和咖啡；

第二，飞机飞行平稳时，每 1 ~2 个小时站起来走几步；

第三，避免长时间保持一个姿势，如跷二郎腿。

其中有一点需要强调的是，一旦出现下肢的肿胀、疼痛，要注意严禁按摩。因为不正确的按摩手法会导致血栓到肺里，引起肺栓塞。

探究与思考

进一步了解“经济舱综合征”。

❖ 入境

飞机落地以后，一段新的征程便开始了。在全新的环境中，有语言障碍，也有生活方式的新挑战。具体而言，留学入境流程如下。

◆ 入境检查

下飞机后，旅客会被引导至入境检查室，根据入境签证的不同，排队等候检查。受检时，将护照、海关申报单（Customs Declaration）一并交给移民官查验，移民官可能还会要求查看 I－20 表格、学校录取通知书等。需要注意的是，持有护照及签证并不保证可以入境。签证只给持有人入境之权，准其入境与否，则在移民官身上。移民官会核对“黑名单”，即检查入境人过去在移民局是否有过不良记录。

入境检查一般有边防检查、海关检查、检疫等环节。

边防检查在大部分国家由移民局负责，主要是填写出入境登记卡片（有时在飞机上填写）、交验护照、检查签证等。

海关检查一般会询问有无须申报的物品，或要求填写旅客携带物品出入境物品卡，各国管理规定不一。若有物品申报，走红色通道，办理海关手续；如果没有，走绿色通道。

检疫需要交验黄皮书。有些国家有时免验，但有时对某些流行病检查特别严格。如发现未进行必要的疫苗接种则采取隔离、强制接种等措施。

◆ 接机

绝大多数学校都会提供第一次接机，当然联系认识的学长、学姐也可以。几乎每个学校都有中国学生学者联谊会（Chinese Students and Scholars Association）。

另外在计划行程时，不要忘记考虑时差。尽量安排在早上或者下午早些时候抵达留学目的国，接机事项一定要提前安排好。

◆ 住宿安排

如果是学校宿舍，直接办理相关手续入住即可。如果是租房，已经租好的直接入住即可，没有租的，可以先在宾馆落脚，再寻找租房信息。

◆ 报平安

进入目的国境内或者到达学校后，一定记得打电话向家人报平安，以免家人担心。

◆ 学校注册

安顿好后，带齐相关文件去学校注册。有的接机服务包括带学生去注册，建议使用这种方式，比较方便省事。

◆ 入境"小黑屋"

"小黑屋"是指接待室(Interviewing Room),入境各留学目的国,都有可能进入接待室进行二次检查。当被穿着制服的海关人员问询时,应保证可以清楚地回答,表明自己是来读书求学的。模棱两可的回答或不配合调查的态度都会引起海关人员的警觉。

案例分享

小W之前在加利福尼亚州的一所高校读书,回国度假时偶然发现邮件里有一封身份终止信,通知其因为GPA不达标而被开除。小W立即联系学校但是被告知已无法挽回,学校建议小W去其他学校读书,等成绩提高之后有机会再申请回去。小W马上申请了附近的学校并拿到了录取信和I-20表格,以为这样就能继续学业,于是跟往常一样买了机票回美继续读书。然而在入关时,还没说两句就被工作人员带去了"小黑屋"。进去后,工作人员问小W来美国干什么,小W说来读书。但是工作人员看小W之前的学习记录成绩不好,现在又转到了其他学校,便对她产生了怀疑,认为小W来美国目的不纯。小W解释了半天,最后工作人员与学校确认后才肯放行。

请思考,如何清晰地表达自己读书求学的入境理由才能更好地避免疑义?

一般而言,留学生被请入"小黑屋"与相关文件不符合要求有关。例如,留学生入境美国时,通常由于I-20表格而出现问题,如错拿过期的表格或者仅携带复印件。留学生入境时,一定要确认各类文件的真实性和有效期。如果文件有问题,务必与海关和边境保护局的工作人员沟通,提供学校国际学生办公室的电话,联系相关人员,协助核查自己的国际生身份,并尽快补足材料。

留学生也有因仪表问题被拒绝入境,如发色夸张等。行为表现也很重要,有时一些无意识的行为可能引起工作人员的误解。有的人甚至因为有了签证,以为入关只是走个过场,态度散漫,不严肃对待工作人员提出的问题,最后被遣返。海关与边境保护局执法有一定的弹性,留学生应保持沉着冷静，在立即遣返、限期离境和限期补充材料之间，力争通过友好的协商，为自己争取到最好的处理结果。

入境前，除准备好护照、签证、海关申报表等重要相关文件外，还要详细了解留学目的国的法律法规，文明守法，切勿在手机、电脑、光盘、移动硬盘等存储敏感话题、未成年人不良视频及表情包，以及触犯目的国法律法规的资料和文件。如果收到他人发送的上述信息，应及时删除，以免带来麻烦和损失。值得一提的是，此前有留学生因为微信聊天记录涉及“代考”“非法打工”等内容，被相关人员查到后遣返。所以，进海关前，一定要仔细检查手机电脑，认真检查自己的推特、Facebook、微博、微信、QQ、短信。办理入境手续时，移民官审查非常严格，除了验证护照、入学通知书和学费收据外，还会用英文询问一些问题，如入境目的、学习时间、就读学校、回国时间等，回答时一定要用英文回答。

2019 年，中国公民在部分国家入出境受阻的情况多次发生，“12308”热线共处理入出境受阻求助 3789 例。这与一些国家加强出入境审查，加大对进出人员所携带物品查验力度等不无关系，但也有少数国家是出于政治因素。

案例分享

2017 年 5 月，浙江的吴先生曾受托帮助美国洛杉矶的俞女士带去 16 瓶总计 1600 粒复方甘草片。药品在洛杉矶机场入关时被海关发现，吴先生被戴上手铐关进“小黑屋”十几个小时。他和同行的 12 岁女儿随后被遣返回中国，今后 5 年被禁止进入美国。而这仅因为携带止咳药——甘草片。俞女士说，自己的孩子因病长期服用复方甘草片，她多次托朋友带药来美国都没有问题，复方甘草片成分里包含阿片粉，属于国际上的管控药品。虽然这些药都有中国医生的处方，但是一次性大量带入违禁药品很容易被海关误认为是贩毒。

请思考，如果需要携带药品或化学品到国外，是否应事先核实入境海关能否允许通过？

如果入境美国旅客携带的药物内含有违禁成分，那么，海关可能将其遣返并判5年不得入境。很多携带违禁品的旅客都会辩解自己不知晓有关规定，或者不清楚帮亲友带的物品中究竟含有什么成分，但这种解释在法庭上并不具有说服力。建议赴外人员不要携带可能含有违禁品的物品，特别是化学成分不明的中成药。

根据美国海关和边境保护局网站上公布的信息，如果旅客需要携带含有可能致瘾或麻醉剂成分的药品，如某些止咳药、镇静剂、安眠药、抗抑郁药，必须向海关申报，同时须将药品保存在原包装内，出示医生处方或证明，并只可携带个人使用的合理剂量。

此外，任何含有动物成分的中药，如虎骨酒、熊胆粉、燕窝、牛黄解毒丸等都属于违禁品。旅客携带药物入关必须向海关申报，不要心存侥幸。

第二节　公共交通安全

统计数字显示，中国留学生在留学目的国伤残甚至死亡的最大元凶是交通事故，交通事故已经成为留学生面临的重大安全风险。国外的交通环境与交通规则和国内是不一样的，留学生在出国前要提前了解相关规定。另外，乘坐公共交通工具时也要提高安全意识，时刻注意安全。

专家提醒

相关数据显示，以交通为主的意外事故是当前威胁海外中国公民人身安全的最主要因素。海外中国公民因交通意外死亡人数接近全年死亡总数的1/3，其中大部分是因为不熟悉交通环境和交通规则，忽略交通安全，导致意外发生。当然，缺乏安全意识，在错误的时间乘坐不安全的公共交通工具，往往也会遭遇暴力侵害事件。

❖ 交通规则的异同

世界各国的交通环境与交通规则是有很大差异的。例如，在美国的交通法规中，行人和车辆一律靠右行走；而在英国、澳大利亚等一些国家，驾驶座在右边，靠左行驶。在出行前留学生必须了解清楚这些差异，不能想当然地照搬国内的规则。

◆ 左行还是右行

世界上大多数国家，包括中国在内，都是靠右行驶。但是，英联邦国家，交通规则却是靠左行驶的，这源于欧洲中世纪人们骑马步行的风俗习惯。目前，车辆靠左行驶的国家主要有英国、日本、印度、印度尼西亚、巴基斯坦、斯里兰卡、澳大利亚、新西兰、泰国、爱尔兰、马来西亚、新加坡、南非等70多个国家和地区。

靠左行驶的规矩完全不同于靠右行驶，所以在过马路时，一定要先看右，再看左。在英国一定要养成这个习惯。

◆ 如何安全过马路

各国的交通规定、信号灯的设置等都是有差异的，所以要了解清楚。在英国过马路时会遇到下面几种情况。

第一，斑马线在英国叫作"Zebra Crossing"，这种斑马线设置在没有红绿灯的路上，但是司机只要看到斑马线上有人通过或等待通过，是必须减速停车的，这种情况下行人可以比较放心地走过，但由于可能存在不守规矩的司机，所以还是确认旁边的车减速或停下后，再通过。

第二，在英国大多数的路口处，会有信号灯控制装置。要过马路时须按下按钮，然后等待对面或控制装置上显示绿灯或"绿色小人"，并发出"嘀嘀"的声音时，再通过。

第三，英国有些小街道的路口并无任何信号提示设备，在这种情况下，过马路时一定要精神集中，确定安全后再通过。

◆ 行人安全习惯

出行，一定要养成良好的安全习惯，只有这样，才能杜绝交通意外的发生。以下是几个注意事项。

第一，尽量不要在路上使用手机。在路上边走边看手机非常危险，除了不好好看路有被车撞的风险之外，手机还容易被抢。在英国有骑自行车抢手机的“飞车党”，如果在大街上戴着耳机听音乐或者拿着手机看，就很容易成为他们的目标。根据 BBC 报道，在伦敦大街上平均每日会丢失大约 314 部手机。

第二，在路上行走时不要听音乐，尤其是过马路的时候。不少人喜欢上班或者上学的途中听音乐，这是非常不好的习惯，具有很大的安全隐患。当沉醉在音乐的世界时，警惕性就会降低，尤其是戴那种隔音效果很好的耳机，听不到周围的声音，非常危险。

第三，听到警笛的时候一定要让路。在英国，在紧急情况下，警车和救护车可以无视交通法规的，无论前方是红灯还是逆行，其他车辆必须停车为其让路。在过马路时，遇到这种情况一定要留心，注意当时会不会有警车或救护车开过来，养成对警笛敏感的习惯，不要以为行车道是红灯，人行道是绿灯就掉以轻心，多观察，不抢路。

探究与思考

查一查留学目的国的交通环境与交通规则，比较一下与我国情况的异同。

❖ 搭乘出租车

在中国的很多城市，只要站在马路旁边一招手，就有出租车停下来，近年盛行的网约车也让出行更加便捷和高效。但在欧美国家，打车远不如国内便捷。在英国，如果需要打车，应提前打电话给出租车公司预约，到时间后就会有出租车来接你。大部分美国城市是不会伸手拦车的，往往都要电话或网络预订。即便在小出租满城跑的纽约，打一辆车也不是伸伸手那么简单。优步（Uber）、来福车（Lyft）等打车软件的普及，使国外城市打车难的问题有所缓解。

在英国打车给小费是非常普遍的事情。通常在到达目的地的时候，司机会迅速地用手指在计价器上掠过,10% 的小费就会理所当然地加在了所需的费用上。

英国的出租车司机以印度、巴基斯坦人居多,这与之前印巴是英国的殖民地有关。许多印巴裔司机热衷于大胡子的造型,形象上有点可怕,但大部分的人还是非常友好的。不过,防人之心不可无,还是要提高警惕。

英国也发生过 Uber 司机强奸女乘客的案件,罪犯被判处 12 年有期徒刑。司机名叫杜兰尼(Durrani),事发于 2016 年 7 月 23 日,他开车送一名 27 岁的女乘客回家。当时是晚上,乘客在后座睡着了,司机偷拍了几张照片。在乘客下车并且已经接近家门口的时候,该司机从后面抓住了她,把她拖回车里实施了强奸。

在国外搭乘出租车,一定要牢记下述安全守则:

- 不要深夜一个人出门打车,网约车要检查车型、牌照、照片是否一致;
- 如果一定要深夜乘车,记下车牌号和司机信息发给值得信任的朋友;
- 最好坐在司机斜对角的座位,不要坐副驾驶;
- 不要向司机透露过多的个人信息;
- 打起精神,注意观察司机的行驶路线,发现不对马上要求停车。

探究与思考

查一下留学目的国出租车的状况,列出搭乘出租车的注意事项。

❖ 公共汽车

在英国、澳大利亚、加拿大等国,搭乘公共交通工具可能是大部分留学生最常用的出行方式。乘公共汽车出行,尽量避免独自等公共汽车。公共汽车只有向司机招手示意,司机看到挥手后才会停下来,不然司机可能以为没人上车,而甩站而去。与国内不同的是,英国、澳大利亚、加拿大的公交车不会每个站都停,如果要下车,在目的地站点到达之前,按一下每个座位或者后门下车扶手杆上的响铃,不然司机是不会停车的。加拿大的公交站没有站名,只有路名,可以按照乘客需求停车。乘坐公交车要尽量往前坐或站立,靠近驾驶员的位置会比较安全,尤其夜晚乘车更应避免坐后排。

美国的公共汽车一般无人售票,一张车票 50 美分到 2.5 美元不等,也可以买月票和充值卡。在每个汽车停靠站,都贴有汽车路线和时间表。不过,与中国的公共汽车相比,美国的公共汽车坐的人较少,每趟车的间隔时间也较长。美国的长途汽车四通八达,而且价格便宜,往往比火车便宜一半。要去偏僻地区,如不想自己开车,可以乘坐长途汽车。美国的公交车不会找零,因此需要自备零钱。如果经常乘坐公交车的话,可以考虑购买月票,经济实惠。

在英国,每个城市都会有比较方便的公交车通往城市的各个地方,每个城市不同公共汽车的收费标准不同,而且行车路线也不同。如果是第一次去英国,坐公交汽车一定是让人头疼的事情,可以去公交汽车站多看看里面的指示牌,多向司机师傅询问。超级巴士(Megabus)、驿站长途车(Stagecoach)、国内特快(National Express)是英国的主要长途汽车公司。其中, Megabus 的价格最便宜。National Experess 的车辆服务较好, Stagecoach 处于中档位。长途汽车最重要的一个优点就是价格便宜,并且能够欣赏沿途英国城市和小镇的风景。

澳大利亚的公共汽车路线四通八达,十分方便,即使在幽静的住宅区,都有公共汽车的路线可以到达,一般从住所到最近的一个公共汽车站,走路都不会超过 10 分钟。而且公共汽车都是有时间表可以参照的,所有的公共汽车都会按照一个大概的时间到相应的站点,虽然有误差,但是一般只会晚到而不会早到。一般公交车都是用通用的交通卡,也有一些地方或者偏远城镇是直接买票的。长途汽车一般会比火车便宜一些,票价取决于目的地的远近。灰狗巴士(Greyhound)在澳大利亚大部分地方都有。汽车旅行,在澳洲也是一种比较舒适的出行方式,因为大部分的汽车都会有洗手间、电视,另外有一些新的汽车还会有 USB 充电口和免费的 Wi-Fi。

近年来,堪培拉以及澳大利亚其他地方也发生了多起留学生在车站等车,被当地人索要财物、抢劫、暴打的事件。澳大利亚实行一系列安全措施,其中包括,配备安全人员、警察、保安;安装报警按钮、良好的灯光系统以及安全摄像头等。

乘坐公共汽车,要注意以下事项:

- 钱包、手提包、包裹等尽可能放在自己可见、贴身的地方;
- 如果有人对你推搡或者挤压时,迅速检查自己钱包是否还在;
- 遇见酒鬼或者神志不清的人,尽量避开或及早下车换乘;
- 如果车厢内乘客稀少,选择座位尽可能离司机较近;
- 发现任何可疑行为,立刻通知司机。

探究与思考

查一下留学城市的公交车状况,了解一下学校及居住地附近的交通线路。

❖ 地铁

地铁极大地利用了空间,方便了人们的出行。但是每个国家的经济状况和交通建设政策的不同,各个国家、城市的地铁也出现了不同的情况。所以,留学生们要关注所在城市地铁的状况尤其是安全状况。

有些国家及地区的地铁卫生条件较差。例如,某些地区地铁车厢里的排气系统不完善,也没有制冷设备,夏天甚至还会出现人员晕厥的情况。

地铁线路是城市的脉搏。在大城市,乘坐地铁避免了堵车的发生,所以是比较快捷和便利的交通方式,但要记住要在安全的时间出行,尽量不要太早或太晚搭乘地铁。

各个城市地铁的运行环境、规章制度都是有所不同的，这一点留学生要注意，务必了解清楚。

伦敦一共有 11 条地铁线，可以根据颜色来区分。乘坐地铁时一定要注意列车的方向、目的地和停靠的站点，才能避免坐错车。在站内换乘地铁也一定要看好地铁通道里面的指示牌。伦敦的地铁收费是分时间的，工作日早上 6:30 到 9:30 以及下午 4 时到 7 时是高峰期（peak），其他时间是非高峰期（off-peak），高峰期收费会贵一些。

在巴黎乘坐地铁，要格外注意。巴黎地铁没有报站的广播，所以要聚精会神，注意站点，防止下错车。同时，由于巴黎扒手较多，还要环顾四周，提防扒手。有些地铁站卫生状况糟糕，也需要多加注意。

纽约的地铁是全世界古老的地铁系统之一，刚刚建成之时有过一段时间的辉煌，但是随着时间推移慢慢地没落了，纽约地铁不仅脏、乱、差，治安也是很大的问题。纽约地铁几乎成了纽约贫民窟的代名词。纽约地铁的犯罪率比较高，平均每天有六七件刑事案件。根据警方的数据，2015 年一年的地铁犯罪中，大约一半受害者是睡着了的乘客，所以 2016 年纽约市警察部门宣布，禁止乘客在地铁上睡觉打盹，警察还会巡视车厢，强行叫醒打盹的人。

不少城市的地铁龙蛇混杂，尤其到了晚上，成为许多流浪汉的落脚点，所以，晚上如果一个人出行，出于安全的考虑，尽量不要乘坐地铁。

世界上许多国家的地铁是没有乘客安检这个流程的，只要买票进站即可。在日本、英国、美国、法国、韩国等国家都发生过严重的地铁纵火、释放毒气、爆炸等案件。这些地铁恐怖袭击事件不仅造成了巨大的生命和财产损失，更重要的是产生了极其恶劣的社会影响。近年来，不少国家和城市也致力于改革地铁治安状况。英国政府花了约 4 万英镑购入安全扫描仪，每小时能扫 2000 名乘客，最远可探测到 30 英尺，通过热成像技术可以直观地看到藏在衣服下的枪支、刀具和爆炸装置等，这一措施有效地解决了工作节奏快、大城市安检效率慢的问题，大大减少了犯罪率。

总体而言,在国外搭乘地铁,要注意以下事项:

- 要在安全的时间乘坐地铁,避免夜间独自一人搭乘;
- 乘坐地铁时,请勿乘坐边缘和空车厢,中段车厢较为安全;
- 应避免选择车厢出入口旁的座位;
- 乘坐地铁时要在照明充足的地方等车;
- 如果碰到抢劫,不要试图去和歹徒搏斗或争论,满足要求,在安全的情况下立即报警。

❖ 火车

提起火车,大家可能首先想到的是国内的高铁。提醒大家注意的是,中国的高铁里程居世界第一位,占世界高铁总里程的2/3以上,因此,可以说任何一个国家的火车,都不会像中国的高铁这样迅速便捷。不过,在一些国家,乘坐火车确实是舒适享受旅途的好选择。

美国最主要的铁路运营公司是美国国铁(Amtrak)。由于美国的航空业发展得很好,地上的巴士跑得又快又便宜,所以火车数量在美国一直在萎缩。乘坐火车的人比较少,火车公司就减少班次,班次越少,坐的人就越少,形成了一个不良循环。而且火车的速度很慢,从洛杉矶到旧金山坐火车要9个小时,大巴不到7个小时,飞机1个小时。在美国坐火车绝对不是实惠的旅行方式,美国人长途旅行都很少坐火车。火车票比飞机票便宜不了多少,但是时间会长很多。美国幅员辽阔,城市之间距离遥远,大部分人不愿意花太多时间在旅途上面。另外,美国的铁路系统并没有民航系统覆盖那么广,配套设施那么发达。不过,美国所有的列车都有空调而且窗户很大,可以欣赏很多沿途的美景。如果时间充裕,想更多地了解美国,选择火车出行还是一种可取的方式。在美国,乘火车往往被视为奢侈之举,很多火车仿佛就是流动的高档西餐厅和豪华旅馆,是高收入人士消遣度假的选择。很多火车路线都已不再是以公共交通为目的,更多的是为旅游服务。

在英国出行，火车是非常方便舒适的选择。对于在英国的留学生来说，如果从一个城市到另一个城市，90% 都是坐火车，因为乘坐火车廉价而且快速安全。初到英国，一定要去学校的旅游办公室或者火车站办一张青年卡（Young Person Card），这样，无论去哪儿都会减少 40% 的火车费用。英国火车冬夏季时刻不一样，出行时要及时查询。在英国购买火车票的方式不同，可能使车票的价格相差甚远，一个最基本的原则就是提前购买火车票。

澳大利亚的火车，类似于国内的地铁，极为准时，99% 的情况不会迟到或者早到，误差在 1 分钟之内，而且速度很快，不存在堵车等问题。澳大利亚的火车在每个城市几乎都会到所有的商业区、大住宅区以及大学校区附近。澳大利亚的火车票，都是统一的，有单人、周票、月票以及学生票、TEN TRIP 等特殊票。一般的学生（包括大学生）都可以持学生证件买到半价票（有些语言学校不在此列）。澳大利亚有很多观光的火车路线，例如，澳洲的观光列车印太（Indian-Pacific）号，贯穿悉尼、阿德莱德和珀斯，连接了整个东西海岸。一路可以欣赏蓝山、各种平原绿地，还有野生动物。每个州也都有自己的观光路线，连接主要城市和周边的风景区。

乘坐火车出行时，要注意以下事项：

- 看管好自己的行李物品，不要跟生人随意搭话，以防被偷被骗；
- 当火车进入站台时，应退到安全线外，保持与列车的正常距离；
- 在火车上安放行李时要注意放稳放牢，防止掉落伤人；
- 不要将易燃易爆的物品带上车；
- 列车行进过程中，不要把手、头等身体任何部位伸出窗外；
- 睡觉时要将床外侧的安全皮带系牢，避免因颠簸和翻身而坠地，造成意外伤害；
- 钱和贵重物品应贴身携带，以防被盗。

探究与思考

查一下你留学目的国的火车运行状况，了解一下搭乘火车出行的利弊。

❖ 飞机

飞机是最快捷的交通工具。不过各个航空公司、各地机场的规定也都有些差异，出行前必须提前了解。

◆ 飞机出行安全隐患

飞机起飞前3分钟和降落前8分钟最危险。研究表明，有80%的飞机坠毁事故都是在这11分钟之内发生的，此时，你应保持清醒和警觉，一旦出现状况，随时听从航空人员的安排疏散。

随着飞机航班的日益紧凑，在迎接下一班乘客之前，通常没有时间打扫舱内卫生，而感冒和流感病毒可以停留好几天，所以飞机内部几乎成了细菌的滋生地。因此，建议携带抗菌纸巾。并且要留意座椅背上的口袋（乘客存放脏卫生纸的地方）、盘桌（经测验60%盘桌都带有"超级细菌"耐甲氧西林金黄色葡萄球菌）和地毯。

飞机遭遇湍流时，容易受伤。就算没有出现提示警告时，也最好系上安全带。乱流是引起非致命航班事故的首屈一指的原因。大多数受伤情况都是由于乘客没有系好安全带。当安全带警示灯亮着时，不要离开座位，坐下时，随时系好安全带。

如果发生坠毁，坐在距出口5排座位之内的人生存概率会大一些。数据显示，在发生紧急事故时，距离出口处5排座位之外的乘客逃生成功的概率大大降低。在登上飞机时，看清楚出口位置，万一发生事故，能见度较低时你也能找到出口。

飞机遭遇火灾时，最佳逃生时间只有90秒。乘坐飞机时，要弄清楚紧急出口的位置。航空局要求所有飞机能在90秒内疏散人员，因为90秒的时间火势就会蔓延整个飞机。建议不要穿化纤合成的衣服，这样的衣服易燃,会灼伤皮肤。

飞行员的疲劳驾驶。研究表明,在美国、挪威、瑞士,有43% ~54%的飞行员都承认曾经在飞行途中睡着过,其中有1/3的飞行员醒来时发现副驾驶员也在睡觉。

◆ 乘坐飞机的安全常识

选择直飞班机。统计数据指出,大部分空难都发生在起飞、下降、爬升或在跑道上滑行的时候,减少转机也就能避免碰到飞行意外。

选择更为安全的飞机机型。应该选择30个座位以上的飞机。飞机机体越大,受到国际安全检测标准也越多、越严,而在发生空难意外时,大型飞机上乘客的生存概率比较小飞机高。

熟记起飞前的安全指示。不同机型的逃生门位置有所不同,上了飞机之后,应该花时间认真聆听空服人员的安全指示,这样如果碰到紧急情况,才不会手足无措。

预防行李滑落砸伤。很多乘客为了节省等领行李的时间,喜欢把大件行李随身带上飞机,这是不符合飞行安全的行为。飞机遭遇乱流或在紧急事故发生时,座位上方的置物柜通常承受不住过重物件,许多乘客会被掉落下来的行李砸伤甚至死亡。

随时系紧安全带。在飞机翻覆或遭遇乱流时,系紧安全带能给乘客提供更多一层的保护,以免发生碰撞。

听从空服人员的指示。意外发生时,一定要听从空服人员的指示。毕竟空服人员受过专业训练,他们在飞机上的首要任务,便是为了维护安全。

防止烫伤。咖啡、热茶这些高温的饮料,都应该让受过专业训练的空服员为乘客拿取,乘客自己拿取这些高温液体,经常会发生烫伤意外。

不要在飞机上过量饮酒。由于机舱内的舱压与平地不同,过多酒精会使乘客在紧急时刻应变能力减缓,丧失逃生的宝贵机会。

随时保持警觉。意外发生时机上乘客应该保持冷静，在空服人员的指示下尽快离开飞机。

案例分享

据日本新华侨报网报道，2012 年 1 月 3 日凌晨，一场发生在日本千叶县成田市的车祸导致一名中国留学生重伤，另一名中国留学生当场死亡。

事故发生时间是 2012 年 1 月 3 日凌晨 2 时 35 分左右。当时年仅 25 岁的学生刘某和 29 岁的陈某正行至 51 号国道位于成田市饭田町的交叉路口，准备步行穿过国道，被突然出现的一辆小型家用轿车撞击。陈某头部直接受到重创，当场死亡；刘某被撞后摔到地面上，重伤不省人事。

机动车驾驶员以驾驶机动车过失致死罪被警方逮捕，警方发表的调查结果显示，事故发生的地点是一个单向双车道的十字交叉路口。驾驶员在接受警方讯问时表示："当时已经踩刹车了，但是还是晚了。"

请思考，这起交通事故发生的原因是什么？留学生在海外应如何保障自己的交通安全？

专家提醒

- 了解并认真遵守当地的交通规则。
- 养成良好的安全出行习惯。
- 尽量不要在夜间独自出行。
- 乘坐公共交通工具时保持警惕之心，避免暴力伤害。

探究与思考

坐飞机时如何最大限度地保障自己的安全？

第三节　驾车行驶安全

美国、英国等留学目的国，都是车轮上的国家，除了少数大都市以外，很多城市的公共交通都不发达，自驾车是最普遍的交通方式。而且，国外购车价格优惠，很多留学生选择国外购买自驾轿车。在国外，因交通规则不同，留学生在驾车过程中出现交通事故或违反交规的概率大于国内，情况严重的还会被取消学籍。因此，车辆驾驶安全，也是影响留学安全的重要因素。

专家提醒

根据欧美许多机构的统计分析，18～25岁的年轻人发生交通事故的比例最大。留学生正处于这个年龄段，加之国内外交通规则与交通环境的差异、驾驶习惯的差异、驾驶经验的缺乏等因素，留学生遭遇各类交通意外或违规被罚的情况时有发生。根据外交部领保中心的统计，以交通为主的意外事故已经成为当前威胁海外中国公民人身安全的最主要因素。在不熟悉道路交通状况和规则的情况下，一定要谨慎驾驶。

❖ 自行车

在各类交通工具中，自行车很受中国留学生欢迎，不仅出行便捷、经济实惠，而且骑行本身也是一项环保又健康的运动。因此，不少在欧美的留学生都非常青睐自行车。但盲目地将国内的骑行习惯带到欧美，可能造成诸多意外。

2017年11月23日，美国亚利桑那州一名中国留学生杨某，骑自行车回家的时候，经过一个十字路口，被迎面而来的大卡车直接撞飞，送进医院后因心脏衰竭抢救无效死亡。事发时的情况如图6－1所示，十字路口的两个方向都是绿灯。杨某骑车直行，卡车左拐。前方是畅通无阻的绿灯，直行的杨某自然放心大胆前行，而正在左转的卡车司机，眼看迎面而来的杨某，却完全来不及刹车。

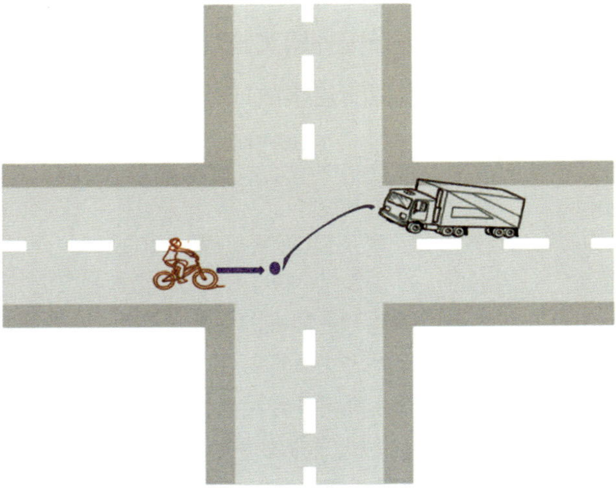

图 6－1　事故现场示意

在这种情况下，在我们的意识里，卡车应该会让自行车。直行车辆也应该有着优先权，事故责任方应该是要转弯没有让行的卡车。但是，当地的警察却说，在都是绿灯的情况下，骑着自行车的杨某应该“优先”让道给汽车通行，正是由于杨某当时没有减速才酿成大祸。

美国亚利桑那州交通法规定，在任何条件下，自行车都要“优先”让道给机动车。自行车不仅没有像行人一样有优先权，而且即使直行也没有优先权，也要让道给转弯的机动车。

因此，留学生一定要重视并认真阅读当地的法律法规，不可想当然。自行车是留学生的好帮手，但在骑行时，除了应认真了解当地的交通规则、道路法规，还要养成良好的安全习惯，注意一些具体的事项，以保障自己的人身安全。

注意保养自行车。定期检查自行车，排除安全隐患，确保其适于骑行。英国当地委员会或骑行组织会开设免费的基础保养课程。同学们还可以咨询大学、学院或学校是否开设此类课程。

在道路行驶中保持可视。特别要注意的是，在英国，夜间无照明骑行是违法行为。一定要在自行车上安装照明设备。穿亮色、反光的衣服也是明智的选择，既保障安全又做到守法。

骑行一定要佩戴头盔。英国法律规定，骑自行车上路必须佩戴安全头盔，有时路上还会有警察检查，如果被查到没戴头盔可能被罚款。英国不少道路都很窄，没有专门的自行车道，佩戴头盔是为了保障骑行安全。即使是在校园里，骑车不戴头盔也是非常危险的。

案例分享

2016 年 9 月 25 日下午，伊利诺伊州芝加哥北郊埃文斯顿（Evanston）市的西北大学（Northwestern University）校园内发生一起车祸，18 岁的大一新生邱某在学校主路上骑车时，与一辆水泥车相撞，被送往医院后抢救无效身亡。埃文斯顿警局发言人指出，邱同学当时在马路上骑行，事发时并未佩戴头盔。

请思考，大型卡车在转弯时会有驾驶盲点，在自行车、机动车混合的路段，如何保持安全骑行？

事故发生时，头盔就是我们的护身符，可能给予我们“第二次生命”。澳大利亚是世界第一个要求骑单车必须戴安全头盔的国家。在新南威尔士州骑单车不戴头盔的罚款，2019 年已经涨到 344 澳元。戴自行车头盔时，应确保头盔与头部紧密贴合，并且稳固。头盔沿应恰好位于眉毛上方，不会前后晃动。扣紧帽绳，同时确保下巴与帽绳之间能放入两根手指。

专家提醒

- 骑车必须佩戴头盔；
- 如马路边上有自行车专用道，要在专用道上骑行，不能在马路中央或者人行道上骑行；
- 如人行道上有不许骑车的字样，就意味着禁止在人行道上骑车；
- 见到路口有“STOP”标志时一定要停车，确认安全后再骑车通过；
- 晚上骑车时，车子应安装手电筒和闪光灯，便于被其他车辆发现。

探究与思考

查找留学目的国交通规则中关于骑行的规定。

❖ 自驾车的安全与风险

很多留学生到国外后会选择购买自驾车，作为出行工具。买车时要办理好所有正规手续，一定要买正规的汽车保险。如果为了省钱或贪图便宜通过不法手段买了假保险，被发现后会被告上法庭，处罚非常严厉。

开车要遵守交规。开车上路前，要了解当地的交通规则。无论在哪个国家，酒驾和醉驾的处罚力度都是最大的，严重的可能被监禁并且列入这个国家的黑名单，以后办理该国的签证都会有问题。

礼让问题。在国外，交通法规规定得非常细致，不礼让行人、斑马线不停车、路口夹塞等不文明的开车方式可能面临罚单。

考取当地驾照。美国绝大部分州是承认中国驾照的，因此可以直接买车或租车自驾。但也有一些州，如阿肯色州、康涅狄格州、夏威夷州、肯塔基州、威斯康星州等需要租车人持有国际驾照才能够租车自驾。还有些州，如马萨诸塞州、新罕布什尔州、新泽西州、得克萨斯州、佛蒙特州等是不允许持中国驾照租车自驾。各地对于驾照的规定可能不尽相同，留学生若是以自驾出行为主要的交通方式，还是考一个当地的驾照比较方便。

◆ 注意力集中

几乎所有的碰撞事故都是由于一个或者多个司机注意力不够集中引起的，所以开车时一定要集中注意力。心神不宁、疲倦或者精神不济时应避免驾车。开车时需要经常观看后视镜和侧视镜，注意路面情况，保持清醒。如果遇危险情况，立即鸣笛示警。开车时要集中精力，不要走神，避免开车时打电话、发短信、打闹等不良行为。如果在车上打打闹闹，很容易分散司机的注意力。

◆ 系好安全带

无论何时何地，上车之后，都应先系安全带。在前排不系安全带是违法的（公共汽车除外），警察会对未系安全带的司机罚款。即使坐在后座也应尽量系上安全带。一旦有撞车事故发生，安全带的保护作用是至关重要的，会很大程度地提高生存概率。

◆ 注意限速

超速驾驶会减少发生情况时的反应时间，同时一旦发生碰撞容易造成更严重的损伤。路上要注意限速要求，保持在限速以内驾驶，太快或太慢都会增大事故危险。应该跟随车流的速度驾驶，保持匀速，不要忽快忽慢。高速公路上下坡道（ramp）的限速（通常是黄色标志）一定要遵守。前面有坡，减速；前面有弯，减速；前方视线不明，减速。减少急刹车，交通事故很多都是被追尾，虽然被追尾责任绝大部分在后车，但受伤的是自己。

◆ 仔细观察，做好预判

观察能避免绝大部分事故。大致的观察范围是前后左右四五辆车和前方半公里之内。前车刹车灯亮了，自己的车马上也要做好刹车准备，如果前面很远的地方有一大片刹车灯，应及早刹车。如果前面有车打方向灯换道，自己应做好准备，换道或者刹车。同时要时刻查看后视镜中的情况，清楚周围车况。在任何紧急避让的时候，不要猛踩刹车同时乱打方向盘，否则，车可能360度打转，大型车会飞。遇到紧急情况，应松油门，轻踩刹车，努力控制方向。

◆ 警惕盲区

换道以前要往后（后座车窗的位置）看，注意自己和他人的盲区，确定侧视镜盲点没有车再换。变道时除了观察相邻道，还要观察隔一条车道的车道，避免有并排车辆在另一车道进行变道，而导致同时换道相撞。周围车的车速比较接近时，换道时应慢慢切入，确认旁边的车让道后再换道。换道后应保持车速,避免踩刹车。

◆ 路口转向反复检查

汽车转向的时候容易与对面或者侧面的车发生碰撞,所以一定要注意观察。路口右转时,首先应看左边有没有车,然后确保右边没有行人和自行车,才能右转。如果要在前方路口绿灯没有亮起的时候右转,也要像看到前方路口有停止标志(stop sign)那样,停下来看清左右没有来车再右转。左转时应确保左右与对面没有驶来的车,或者车足够远。对于不能确认100%安全的情况下,无论后方来车如何鸣喇叭,也不要一脚踩下油门。切记千万不能拿几秒钟前的结论作为当前判断的依据,在踩下油门前,一定要重复所有的安全检查。

◆ 路况恶劣注意减速开灯

若遇恶劣天气或路况复杂,如下雨、下雾、下雪、沙石路面时,应减速行驶。如限速是60km/h,在下雨或有雾的情况下,应按照限速50km/h驾驶。在大雨、大雾等情况下,应及时打开大灯和双闪灯,大灯增强自己的视野,也可以引起其他车辆的注意。要看清前方车的尾灯,与前车保持安全距离。也可以打开双闪,停靠在路上,等情况改善之后再走。平时所有看不到阳光直射的情况都应该开大灯(head light),前方有车时不应该开高灯(high beam)。

◆ 雪天驾驶注意防滑

雪天应该尽量避免驾车,如需驾车,应注意不要用磨平的轮胎,建议换上雪胎出行。雪天驾驶的基本原则:平稳驾驶,不突然加速和刹车,不突然转向,不过度加速和刹车。打滑时松开油门,轻踩油门保持控制。

专家提醒

- 合法驾驶,勿无照行车;
- 不要酒后驾车,不开赌气车;
- 副驾责任重大,小心别人犯错;

- 注意特殊车辆，远离大卡车；
- 随车物品齐全，长途时准备足够的饮水；
- 车辆定期维护，养成开关车门及倒车的好习惯；
- 避免侧滑和脱离侧滑；
- 遇到动物勿猛刹车或猛然转向。

❖ 交通事故的正确处理

发生交通事故后，要迅速停车，谨慎处理。以下是基本处理方法。

在安全的前提下，关闭引擎，打开应急灯，检查自己和乘车人的身体是否受伤。如果有人受伤，应立刻报警要求救护车到现场。及时报告和医疗救治是对生命的负责，也是对自己负责。在等待期间，除将伤者移送到安全地带外，不要妄动伤者身体，以免加重伤害。如果对方伤重死亡，不可移动车祸现场，应静待公路警察前来处理。

如果无人员伤亡，只是撞坏了车，建议先快速用手机拍 2 ~ 3 张照片证实现场的情况，再把车子停到安全的路边。然后，与对方交换保险卡、驾照等信息，记下对方的电话号码，给对方的车牌照、车损各拍一张照片。如果当时路边有证人看到事情发生的经过，则还需要记录证人的姓名和电话号码，以便找他作证。完成以上程序后，便可以联系保险经纪代理人，请他帮助你处理后续的理赔事情。下车谈判、交换资料时也需注意人身安全，留意来往车辆，避免在盛怒或惊慌下造成更大伤害。

◆ 切记检查确认受伤与否

车祸后，人通常处于惊魂未定的状态，有些伤可能没有立刻显现出来，包括头部、颈部的伤，可能后来才会察觉。因此，不要跟警察说没事。如果说没事，警察可能就会在报告上写下没有受伤。曾经有留学生出了车祸，手臂上有块淤青，他当时觉得没事，但一个月后，他发现自己的手臂动不了。虽然他赶紧去找律师，但律师不愿意接案，因为时隔月余，无法证明他的手臂不能动是车祸所致，保险公司也十有八九不会理赔。

◆ **分清责任，不随便说抱歉**

如果事故是对方的责任或者事故责任不清，不要说“我错了”或“抱歉”（Sorry）。另外，如果受伤了，一定要报警。一则有警察记录比较权威，二则警察会查看并交换双方保险卡驾照等相关信息。

◆ **全面记录对方信息**

对方信息的记录一定要尽可能地全。记录的内容有：证人的姓名、电话、住址、车牌号；司机的姓名、住址、电话、手机、驾照号、出生日期；车辆的车牌、颜色、生产厂家、型号、注册号、车辆识别码（Vehicle Identification Number，VIN）；保险公司名称、保险号、电话；警察的姓名、编号、电话、所属分局；出事的时间、地点、天气、路面情况、事故发生草图、事故情况（交通灯等状况）、事故现场照片；是否有涉及的第三方车辆或者行人。

◆ **及时取车**

如果车辆需要拖走，应找一个拖车公司，并问好地址和收费标准。拖车公司收费标准一般是首付加日存储金的形式，所以，尽可能早日提车，避免不必要的损失。有留学生的车撞了别人的车，自己的车完全报废。之后因忙于处理事故而一个星期没有去取车，结果存车费就一大笔，报废的车辆只卖了200美元，而且由于事故全责，保费还要上涨。

◆ **及时通知保险公司**

如果是小的简单事故，事发后，应及时通知相关保险公司，客观正确地阐明过程，保留一切与之相关的证据。如需索赔，则要经常打电话询问处理的进度。比较多的赔偿款是可以讨价还价的。

◆ **保护信息**

如果不是简单的事故，除了律师外不要跟任何人讲车祸发生的细节。事故后，可能接到一些电话，包括对方的汽车保险公司或自己的保险公司打来的电话,无论如何都不要跟他们谈论车祸,因为可能在不知不觉中落入陷阱。除非律师在场,不要私下跟司机或保险公司签任何协议。

❖ 应对警察拦车

在国外,尤其是像美国这样可以合法拥有枪支的国家,碰到警察拦车时,一定要听从吩咐,安静坐好,不要下车,双手应始终放在警察可以看到的地方。以下是应对警察拦车时的注意事项。

◆ 车后有警灯闪烁时及时停车

如果开车时发现警察在自己车后面尾随并用警灯或者警笛提醒,那么需要在安全的前提下立刻减速并停靠在路边的安全区域内。在美国,一般情况是靠在右侧停车,在一些高速上则是在左侧停车道停车。警车尾随时,一般会首先打开闪烁的警灯,若你仍未停车,才会打开警笛。所以开车时请注意观察,如果警车长时间尾随同时警告你,请务必及时停车。及时停车可能给警察一些好感,不停车则可能被加上一条拒捕的罪名。

◆ 避免被误会为袭警

车停稳后,首先应熄灭引擎,打开双闪灯,以免发生不必要的碰撞。之后,将双手放在方向盘或者警察容易看见的地方,表示你手里没有任何威胁的物品。不要解开安全带,否则又是一项违规。坐在座位上不要离开,冷静地等待警察。千万不要下车去找警察沟通,这样很容易被误认为袭警。如果是在晚上被拦停,停靠前应将车内的照明灯打开,好让警察看清楚你的动作。

警察靠近之后,按警察的指令行事,不要做他指令之外的事情。当警察示意摇下车窗时,请摇下车窗,全部摇下来,最好不要半遮半掩,以免发生不必要的误解。耐心回答警察提问。如果需要伸手到工具盒或上衣口袋取东西(如车辆注册卡或驾照),一定要提前告诉警察,否则容易被误认为掏枪。

记住:一定不要乱动翻包,用手乱比画,或者直接下车,这样很有可能导致警察直接向你开枪。由于警察追停时行为不当而被警察用枪指头或暂时拘留的情况在留学生身上都是发生过的。

◆ 勿与警察争论

如果警察确实需要开罚单，不用争论说情。任何申辩的话，都可以留到法庭上去说。如需到法庭申辩，请不要当场对警察或任何人认错，陈述事实即可。

还有重要的一点，在警察询问搜查结束后，要先问警察是否可以离开，得到警察同意后再离开。如果警察要逮捕你，有权利询问为什么，警察也必须告知明确的理由。留学生应合理、合法、合规维护自身权益。

❖ 法庭上维护自身权益

◆ 须出庭时必须出庭

小到超速、闯红灯、停止标志没停车，大到交通事故，如果有必要，都可以出庭为自己辩解。如果是重大的交通事故，罚单上会写明必须出庭的。这种情况一定要出庭，也可以申请改时间出庭，但是不能缺席，必须出庭时不出庭后果是非常严重的。

◆ 有理有据为自己辩护

可以请律师为自己申辩，也可以自己为自己辩护，还可以请朋友做翻译。出席法庭，一定要穿正装，表情严肃诚恳，不带手机，肃静。对自己进行辩护时，要有理有据。一般的小错误，如果是初犯，都有可能受到法官的怜悯而减轻或免除惩罚。

◆ 追尾均为后车全责是误区

一般情况，追尾都是后车的全责。有一名留学生在开车时，发现旁边的车辆正在换到自己的车道并准备加到自己车辆的前方，由于两车距离太近，旁边的车辆在换道过程中致使车尾剐蹭了这名同学的车前灯。事故的后续处理并不认为是后车全责，因为前车没有安全换道，即使后车发现危险时没有鸣笛提示，前车也应承担责任。如果你遇到类似追尾的情况，应当向法庭说明原委，维护自身权益，仅承担自己应负的责任。

探究与思考

查找相关规定，了解留学当地因交通事故出庭时的注意事项。

案例分享

来自中国的21岁留学生唐某，2018年9月15日凌晨结束与朋友的聚会后，在开车回家的路上因车辆失控发生车祸，车辆裂成两半，唐某也因头部挫伤当场死亡。据了解，唐某就读于宾夕法尼亚州州立大学（Pennsylvania State University）计算机科学（computer science）专业，9月14日晚参加朋友的聚会时喝了点小酒，之后坚持自己开车回家，9月15日凌晨4时22分发生车祸。

请思考，如果去参加朋友聚会，知道当晚会饮酒，你会选择自己驾车前往还是打车或搭车前往？

酒驾和飙车是交通事故中最主要的两大原因。年轻人喜欢飙车，一些中国留学生更是如此。值得注意的是，从统计数据来看，几个年轻人在一起开车更容易出现交通事故。因为年轻人都有炫耀心理，为了证明自己的技术，他们常常会不顾一切地飙车。

留学生酒驾也是一个重大顽疾。每到毕业季，各国大学周边恶性交通事故的发生率很高。因为参加毕业晚会、同学聚会，很多学生会酗酒甚至服用让精神兴奋的药物，然后疯狂飙车。美国国家公路交通安全管理局（National Highway Traffic Safety Administration）公布的一组数据，可以让我们警醒：在美国平均每40分钟，就有1人死于酒驾；1/3的交通事故人员伤亡，是由酒驾造成的。

从驾驶技术的角度看，年轻人并不比中年人差，但是他们有个致命缺点，就是边开车边用智能手机打电话甚至发信息，而70%以上的交通事故都与此有关。同时，年轻人往往缺乏对规则的敬畏意识。

专家提醒

- 关注交通法规与规则的差异,认真遵守当地规定;
- 养成良好的骑行与驾车安全习惯;
- 遇交通事故不要惊慌,谨慎处理;
- 该出庭时须出庭,有理有据为自己辩护;
- 听从警察指令,正确应对警察拦车。

探究与思考

如果在国外遇到警察拦车,该如何应对?

第四节 旅行安全

读万卷书,行万里路。留学生经过一段时间的紧张学习后,可以充分利用假期时间,深度旅行,丰富阅历。结伴或者独自走出书斋,走进异国他乡的角角落落,去体会别样的风土人情,饱览秀美风光。

专家提醒

去异国他乡旅游时一定要做好心理和物质两方面的准备,做到游而有方,留好后路,轻装上路,心里有数。出游要做好万全的准备,制作完备的行程计划,避免前往高风险地区,避免挑战危险性高的项目。无论是城市游还是野外游,都要牢固树立起安全防范意识,时刻留心潜在的风险。平日要加强自我保护能力的训练,以便危急时刻能够及时脱身。

❖ 旅行,不能说走就走

◆ 出行前做好万全准备

出行之前一定做好详细规划,合理选择出行目的地,合理安排时间,不要出门太久或者去危险的、人迹罕至的地方。提前安排、询问好医疗保险、汽车保险等事宜。出行前要购买必要的人身意外和医疗保险，提高抗风险能力。要让家人或至少一位朋友知道你的旅行计划和路线，因为各国的实际情况差别很大，失踪在不知名的地方是很难被人发现的。与家人讨论如遇特殊状况时的处理，准备一张清单给家人，列出万一遇到紧急状况时所需处理的事务，或者事先指定可靠人员，以便危急时能处理自己的事务。离家的这段时间，可以请朋友、邻居代为处理信件及报纸，或者在信箱内留下信息，通知邮差暂停投递。

◆ 谨慎选择旅伴

旅途有伴，可以提高旅游的趣味，同时大大减少疲劳度。留学生群体曾经发生过多人一起出游，由于新手司机经验不足，酿成惨剧。所以初到异国他乡的新生或者刚上路的新手司机，最好能够与经验丰富、熟悉该国道路的学长同行，以减少风险。同时，要考虑选择志趣性格相似的旅伴，避免旅途中因为与旅伴意见不合而影响情绪。

◆ 有备无患，准备各种药品

长途旅游中可能因为疲劳、水土不服等生病，有些国家的医疗系统有时候效率偏低，急诊等待时间长达几个小时。同时，由于实行医药分类制度，药品很难买到，而且医药费较高。所以，出游时除了带上医疗保险卡，还应该针对自己的情况带上常用药品，如黄连素、感冒药、消炎药、创可贴等，有备无患。另外，留学生旅行时可以在身上携带有关自己健康疾病状况的资料。

◆ 携带身份证明

旅途中很多场合，需要证明自己的身份，而且有些国家和地区对非法移民检查很严格。所以出行时应带好驾照、护照等身份证明。随身带的简单行李要有自己的姓名、地址以及紧急联系人的联系方式。为防止证件、机票等丢失，可以事先复印备份。如果自驾游，务必持有合法的驾驶证件，注意当地道路状况，遵守交通规则，谨慎驾驶。

探究与思考

出行前需要做哪些准备？

❖ 关注安全提醒

在安排出行计划时，要避免前往高危、高风险地区，要特别留意极端天气和自然灾害对海外旅行的影响。防范海外安全风险需要及时了解权威的旅行提示，中国领事服务网设有“安全提醒”栏目（http://cs.mfa.gov.cn/gyls/lsgz/lsyj/）（见图 6－2），留学生出行前应查看相关信息。

图 6－2　中国领事服务网“安全提醒”栏目

2000 年 12 月 8 日，我国外交部官网发布第一条海外安全提醒。此后，这种提醒机制逐渐完善。目前，中国领事服务网的“安全提醒”分为“注意安全”“谨慎前往”“暂勿前往”3 个级别，同时标有提醒有效期（见图 6－3）。

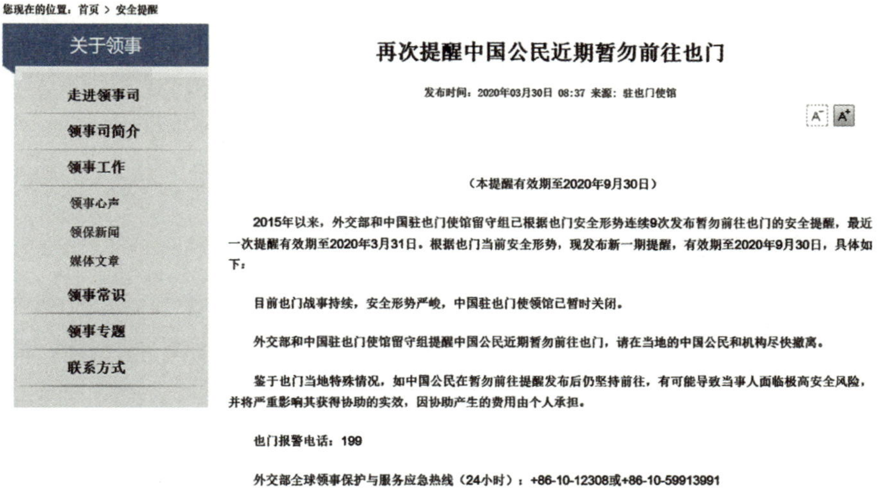

您现在的位置：首页 > 安全提醒

关于领事

走进领事司

领事司简介

领事工作

领事心声

领保新闻

媒体文章

领事常识

领事专题

联系方式

再次提醒中国公民近期暂勿前往也门

发布时间：2020年03月30日 08:37 来源：驻也门使馆

（本提醒有效期至2020年9月30日）

2015年以来，外交部和中国驻也门使馆留守组已根据也门安全形势连续9次发布暂勿前往也门的安全提醒，最近一次提醒有效期至2020年3月31日。根据也门当前安全形势，现发布新一期提醒，有效期至2020年9月30日，具体如下：

目前也门战事持续，安全形势严峻，中国驻也门使领馆已暂时关闭。

外交部和中国驻也门使馆留守组提醒中国公民近期暂勿前往也门，请在当地的中国公民和机构尽快撤离。

鉴于也门当地特殊情况，如中国公民在暂勿前往提醒发布后仍坚持前往，有可能导致当事人面临极高安全风险，并将严重影响其获得协助的实效，因协助产生的费用由个人承担。

也门报警电话：199

外交部全球领事保护与服务应急热线（24小时）：+86-10-12308或+86-10-59913991

图 6－3 “暂勿前往”级别提醒

这 3 个级别是按风险程度分类的，如果旅行计划地区属于“暂勿前往”的地区，那么必须要取消或者更改旅行计划，其属于最高级别的提醒。“暂勿前往”提醒中注明，“如中国公民在暂勿前往提醒发布后仍坚持前往，有可能导致当事人面临极高安全风险，并将严重影响其获得协助的实效”。这是一种真实情况的告知，在高风险地区，出现事故的概率更高，救助也更加困难。

出游前后，请一定随时留意中国领事服务网、“领事直通车”微信平台发布的谨慎或暂勿前往的国家和地区的提醒，合理安排行程。出于安全的考虑，如果不是有紧急事情需要办理，出现在安全提醒中的国家和地区大家都不要前往，毕竟，预防是最好的保护。即便是最低程度的“注意安全”地区，发生风险的概率也远高于其他地区。

旅行时，要选择有资质、有实力的旅行社，这不仅是平安出游的重要保障，而且可以有效避免因旅行社安排不当或欺诈行为造成权益受损或引发纠纷。

探究与思考

登录中国领事服务网,查看近期都有哪些安全提醒。

❖ 城市游安全提示

◆ 保管好随身物品

繁华都市也是犯罪行为高发的地区,因此需要格外小心。在外观光游览时,个人的钱款和贵重物品要随身带好,不要放在车内。出游时,避免携带大量现金财物,避免显财露富。取钱时不要选择灯光昏暗的自动柜员机,也不要使用太远或人迹罕至地区的自动柜员机。不要一个人到安全状况很差的街区。

◆ 入乡随俗莫显眼

不识路的观光客,很容易成为罪犯攻击的目标,因此出游时应该尽力做到入乡随俗,着装上尽量不要做怪异的打扮或是炫耀名牌,购物时勿显露大笔现金,以免引起他人注意。尽量避免在大街上看地图,出门前先研究好路线。游客中心、饭店人员和警察都是可以咨询的对象。遇有急难需要帮助时,可以免费拨打各地的报警电话请求协助。

◆ 注意观察,远离危险地带

大多数国家人口密度都比中国小,很多地方路上见不到大量行人,要避免在不熟悉的暗巷或是街道上行走,并注意观察周围环境。例如,要观察当地的建筑物和车辆,废弃的建筑物、空旷的停车场或公园可能有危险,不能掉以轻心。

◆ 入住酒店

在入住饭店或旅馆时,应先熟悉旅馆或饭店的平面图,了解防火器材及紧急出口的位置。入住酒店亦应随身携带好个人财物和证件,出门时,不要将其遗落在房间内。晚上自由活动时要结伴而行,不要太晚回酒店。

出去要带好紧急联系通讯录,以防不测。如果夜间晚归一定要走旅馆或饭店的主要出入口。不要在公众场所展示自己的房间钥匙或者说出自己的房间号码。在旅馆或饭店内要确定来访者的身份后再开门让其入内。如果在周围发现可疑的人或可疑的事,一定要告知管理人员。

◆ 理性维权

旅行时,难免会发生各种纠纷,如购物纠纷、住宿纠纷、与旅行社的纠纷等。发生纠纷时,要合法、理性维权,避免采取过激行为。在境外出现权益受损的情况时,要依据有关合同条款,通过协商的方式解决纠纷,避免因过度维权而违反当地法律,损害自身权益。

专家提醒

- 当众不看地图。
- 不要独自进冷僻小巷、黑暗的地铁走道和楼梯间。
- 牢记好汉不吃眼前亏的道理。留得青山在,不怕没柴烧,宁可破财,甚至受辱,也得保住性命。
- 拒绝黑车。宁可搭人挤人的公共交通,或搭乘合法的出租车,千万别一开始就误上“黑车”。

探究与思考

查一下拟出行城市的旅游状况,想一想城市游应该注意哪些问题。

❖ 野外游安全提示

◆ 装备齐全,有备无患

野外旅游出发前,应该带好必需的装备,如防晒霜、驱蚊水、手电筒、防雨防寒的装备等。要选择合适的鞋子、服装。注意收听、收看天气预报,为可能的自然灾害做好准备。例如,下雨路滑,爬山时应该带上拐杖和绳子。要结队慢慢前进,不要冒失走险路、滑路,防止失足。

◆ 提高安全防范意识

一定要树立起安全防范意识，参加乘坐直升机、热气球、登山、潜水等有一定危险的活动前，应对个人身体状况、当地地形地貌、天气等情况做出正确评估。在参加水上活动或乘坐游船时，请按规定穿着救生衣，并遵照工作人员的指导。在游船上拍照，不要紧靠甲板围栏，以免发生危险。乘坐缆车或者其他观光运载工具时，应服从景区工作人员安排。遇雷雨时不要攀登高峰，不要用手扶铁链，也不宜在树下避雨或接打移动电话，以防雷击。

◆ 防止动物袭击

有不少的国家公园有很多野生动物，游玩时应该注意保护自己，防止动物袭击。美国黄石公园曾发生灰熊袭击游客致死的案件，碰到灰熊，要避免被攻击，最好就是立定不动。到深山老林或杂草丛生的地方游玩，要注意穿好鞋，扎好裤口、袖口、领口和衣边，以防毒虫、毒蛇叮咬。进山最好带上拐杖，边走边打，既可起到打草惊蛇的作用，又可预防野兽的侵袭。不要在帐篷内摆放食品，以免招来野兽袭击。

◆ 合理安排路径

不要走过于偏僻的小路，还要注意防止迷路。经过的岔路口，最好留下不易消失的明显标志，以便识别，顺利返回住地。一般应在天黑之前到达预定宿营地。如果安排露宿，一定要选择较安全避风的地方或者指定的露营区域。

◆ 防火

在野外山林中游玩，要严格遵守山林防火规定。入山林不要带火种，不要吸烟。需进行野炊时，要找安全空旷的地方，野餐后彻底熄灭火源。遇到意外火灾发生时，除设法呼救外，要积极扑火，如火势凶猛一时难以扑灭，人员要向上风头方向疏散，以免引火烧身。

◆ 防止溺水

溺水是野外活动安全的杀手之一。不要离开救生员的视线。不熟悉水性的人,切勿独自下水。不要在非游泳区游泳,游泳时不要超越安全警戒线,不要尝试在不清楚水域状况的湖泊或海边游泳戏水。游泳前不要喝酒,酒精会影响大脑的判断能力,从而增加发生意外的概率。

案例分享

2017 年暑期,一名来自四川的 22 岁留学生,在瑞士阿尔河的水坝附近险些丧生。有一天,他路过阿尔河时,看到一对中年夫妇穿着救生衣在河上漂流,觉得很有趣。第二天他骑车路过的时候,决定穿上救生衣去河里游泳。河水不深,刚刚没过脖子,游了一会儿他想上岸的时候,因为青苔,脚下一滑又滑进了水里。水的冲力将他一次次卷入水中,最后幸亏一位午休时间来河边小憩的瑞士年轻人救了他。但另一位来自清华大学的中国留学生就没有这么幸运了,他把年轻的生命永远地留在了瑞士的天然水域中。

请思考,在大自然中肆意畅游看起来很美好,但在什么情况下才可以安全地体验这种美好?

户外游玩,一定要注意涉水安全。中国古语曰:“远怕水,近怕鬼”。水性不好却下水游泳,是没有安全意识并对自己不负责任的。欧洲许多河流和湖泊看似风平浪静,其实却危机四伏,不但水流速度较快,而且水底也不平整。想游泳,首先水性要好,此外,还要观察水温、水质、水流,任何一项不符合标准都不能轻易下水。

探究与思考

野外旅游可能碰到哪些问题?应如何解决?

❖ 尊重当地风俗习惯与禁忌

留学生在选择旅行目的地时,了解当地的风俗习惯与禁忌也是必做的功课。宗教禁忌、民族禁忌在各国都是存在的，不了解这些，轻则闹笑话，重则将引起纠纷甚至威胁人身安全。

旅游时，去一些宗教寺庙参观，要注意衣着、手势等相关礼仪。赶上当地的节日时，也要注意当地的节日礼节。另外，要注意自己的言行。一些我们习以为常的举止，可能引起当地人的不快与反感。

在伊朗不要对人竖大拇指。在大多数国家的文化风俗里，对人竖大拇指表示称赞等，但在伊朗和阿富汗却表示一种侮辱，所以在伊朗和阿富汗旅游时不要对人竖大拇指。

在新加坡不要嚼口香糖。早在1992年，新加坡就实施了口香糖的禁令，在新加坡商店里是买不到口香糖的，不要试图带口香糖入境，如果在街上发现吐口香糖，可能面临罚款甚至监禁。

在泰国不可说对王室不尊敬的话。泰国是君主立宪制国家，王室备受尊重。诽谤、侮辱、冒犯国王和王室可能带来严重后果。在印有国王头像的纸币和硬币上乱涂抹也会造成很严重的后果。

在斯里兰卡，不要有佛像文身。斯里兰卡大部分人信仰佛教，人们非常虔诚。拥有佛像文身，是对当地的宗教和文化的不尊重。如果有佛像文身并试图进入斯里兰卡，最好完全把文身遮盖住。

探究与思考

上网查一查旅行目的地的风俗习惯与禁忌。

❖ 返程也须强化安全意识

充实而忙碌的旅行即将结束，人们自然而然会有一种放松感。据统计，很多交通事故都是发生在即将到达目的地之际，特别是经历了长途旅行后。连日的舟车劳顿，返程时都比较疲劳，此时更要注意安全。

如果是驾车返程，更要小心谨慎。此时，由于出游的兴奋劲已过，车内人员多已疲惫而不能活跃气氛，可能有人已经在睡觉，极易导致疲劳驾驶。驾驶员一定要在返程前,保障充足的睡眠,好好休息,养精蓄锐。车上其他成员最好轮流与驾驶员交流,特别是副驾驶应注意与驾驶员保持交流,避免其疲劳驾驶。

总之,闲暇时间出去旅行,领略不一样的风情,自然很有意义。但在享受旅游的同时,一定要将自己的人身安全放在首位。中国公民无论身处哪个国家,遭遇紧急情况时,均可第一时间拨打外交部全球领事保护与服务应急呼叫中心电话"12308",向祖国寻求领事保护与协助。

探究与思考

旅游返程时的安全风险及应对措施。

专家提醒

- 安全出游,计划先行。充足的准备是安全的保障。
- 合理安排出行计划,谨慎前往高危、高风险地区。
- 提高安全防范意识和自我保护能力,时刻留心潜在的风险。
- 谨言慎行,文明出游,尊重当地风俗与法律法规。

综合探究

完成一份出行安全备忘录。备忘录中至少应包括以下内容:

1. 出入境的安全注意事项;
2. 乘坐公共交通工具出行的安全注意事项;
3. 自驾出行的安全注意事项;
4. 旅行出游的安全注意事项。

第七章　国家安全与尊严

当今世界正在发生深刻复杂的变化，随着经济和科技的发展，国家之间交往日益频繁，相互依存日益紧密。我国坚持走和平发展道路，坚持在和平共处五项原则的基础上同所有国家开展友好合作，坚持与邻为善、以邻为伴。

根据教育部数据，2019 年我国出国留学人员总数达到 70.35 万人，①全球化浪潮下，出国留学人数仍在持续增长。随着我国综合国力和国际地位的提高，越来越多的中国人活跃在世界各个国家和地区。如何向全世界展示真实的中国、维护祖国的荣誉和尊严，讲好中国故事，是千千万万留学生肩负的责任。

本章将帮助留学生：

- 了解国际舞台的中国；
- 体会留学意义；
- 坚定不移地维护国家利益；
- 增强保护国家秘密的意识。

---

① 参见潘虹旭：《教育部：2019 年度我国出国留学人数达 70.35 万人》，载央视新闻网 2020 年 12 月 15 日，https://baijiahao.baidu.com/s?id=1686125389511071478&wfr=spider&for=pc。

第一节　国际舞台上的中国

中国对内寻求和谐,对外寻求和平,中国将始终不渝地把自身的发展与人类共同进步联系在一起。中国与各国共同致力于建设一个持久和平、共同繁荣的和谐世界。

专家提醒

中国和平崛起的发展道路不是军事扩张、掠夺资源、争霸或称霸,而是主要依靠自己的力量改革创新,积极参与国际经济技术合作与竞争,与经济全球化相联系,独立自主地建设中国特色社会主义,促进国际社会互利共赢和共同发展。

❖ 中国的崛起

◆ 经济实力增强

改革开放以来,我国经济和社会发展取得了举世瞩目的成就,主要经济社会指标占世界的比重持续提高,居世界的位次不断前移,国际地位和国际影响力显著提高。1978 年,中国经济总量仅占世界经济份额的 1.8%。如今,中国已发展成全球第二大经济体、第一大贸易国、第一大外汇储备国、220 多种工业产品产量全球第一位、120 多个国家和地区最大贸易伙伴。中国对世界经济增长平均贡献率为 30% 左右,居全球第一位。1978 年,中国人均国民总收入不足 200 美元。如今,该收入已增至约 7880 美元。按世界银行的划分标准,中国已经由低收入国家跃升至中上等收入国家(见表 7－1)。其间,共计 7 亿多人口脱贫,中国对全球减贫贡献率逾 70%。

表 7－1 1978 年与 2020 年世界主要国家国内生产总值

单位:亿美元

国家	1978 年	国家	2020 年
美国	23,516	美国	209,366
日本	10,136	中国	147,227
德国	7405	日本	50,179
法国	5067	德国	38,061
英国	3359	英国	27,077
意大利	3151	印度	26,229
加拿大	2186	法国	26,030
巴西	2008	意大利	18,864
西班牙	1606	加拿大	16,434
荷兰	1559	韩国	16,305
中国	1495	俄罗斯	14,834

资料来源:刘西南:《2020 年世界各国 GDP 排名:美国同比下降 3.5%,中国 GDP 总量排名全球第二》,载华经情报网 2021 年 9 月 2 日,http://www.huaon.com/channel/rank/744787.html。

◆ 国际地位提升

我国经济持续快速增长,是世界经济增长的主要动力,主要总量指标跃居世界前列。一些第三世界发展中国家视中国为发展伙伴,它们认为,中国是非常好的生意伙伴,中国崛起,将来的合作将更加广泛,中国的商人非常重视诚信,中国的市场也非常庞大。

如今,中国坚定地扛起支持经济全球化的大旗,从倡议并推进“一带一路”到建立亚洲基础设施投资银行、金砖新开发银行,从举办亚太经济合作组织(Asia-Pacific Economic Cooperation,APEC)会议启动亚太自贸区进程到推动人民币正式“入篮”,中国以坚定的信心和雄厚的实力,不断为完善全球经济治理提出方案、贡献智慧、落实行动。G20 杭州峰会的累累成果更是中国为全球经济治理提供公共产品的一次集中呈现。中国是世界体系与国际秩序的积极参与者和建设者。

探究与思考

在国外生活时，在哪些方面可以感受到祖国的强大？

❖ 中国国家形象

2019年10月18日，由当代中国与世界研究院主办的针对海外受访者《中国国家形象全球调查报告2018》发布会在北京举行。本次调查的主要发现有：

1. 中国整体形象保持稳定，内政外交均受好评。2018年，海外受访者对中国的整体印象为6.2分（10分制），延续了近年来小幅稳定上升的趋势。海外发展中国家对中国的印象仍然好于发达国家，且2018年提升0.2分，呈现逐年上升的趋势。

2. 历史悠久、充满魅力的东方大国和全球发展的贡献者仍是海外民众心中中国最突出的国家形象。海外发展中国家受访者选择此选项的比例超过发达国家，达到62%。

3. 海外受访者普遍看好中国经济未来发展。65%的海外受访者认为中国的国际地位和全球影响力将会持续增强。

4. “一带一路”倡议的海外认知度不断提升。海外受访者对“一带一路”的整体认知度达到20%，对“一带一路”认知度排在前五位的国家为：印度（50%）、日本（43%）、意大利（40%）、俄罗斯（30%）、韩国（30%）。

案例分享

“中国威胁论”出现于1990年左右，曾一度在美、日和东南亚地区甚嚣尘上，对我国的对外交往和现代化建设造成了不利影响。主要表现集中在以下几个方面：

（1）“中国经济威胁论”，认为中国经济发展速度是世界上最快的，照这样发展下去中国经济将威胁世界经济；

（2）“中国军事威胁论”，认为中国以后的军事实力必然增强，会走上军事扩张之路；

(3)“中国文明与意识形态威胁论”，认为中国的社会主义思想将威胁西方；

(4)其他威胁论。

请思考，如果遇到别国留学生提出中国威胁论，可以通过哪些事实事例来回应？

探究与思考

你还听说过有哪些外国人对中国人的刻板印象？应当如何面对这些刻板印象？

❖ 中国外交

◆ 外交政策

随着中国综合国力不断壮大，西方媒体的“中国威胁论”甚嚣尘上。习近平总书记一再强调，“国强必霸”不是历史定律，中国人不接受“国强必霸”的逻辑。中国永不称霸、永不扩张、永不谋求势力范围，中国人民追求的是和平崛起、和谐共赢，走和平发展道路的决心意志不动摇。中国外交政策见图 7－1。

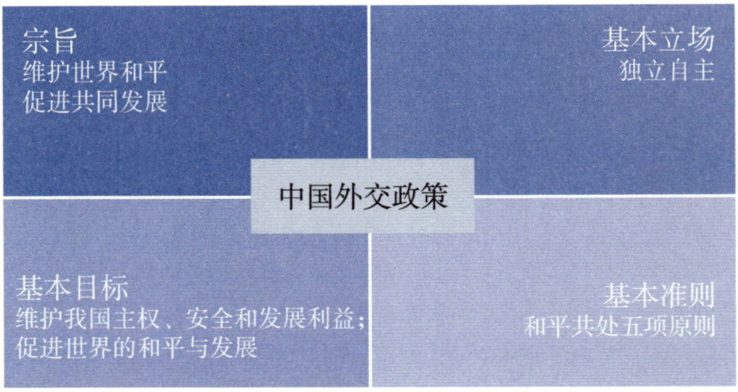

图 7－1 中国外交政策图解

专家提醒

“一带一路”(the Belt and Road，B&R)是“丝绸之路经济带”和“21世纪海上丝绸之路”的简称。它将充分依靠中国与有关国家既有的双边多边机制，借助既有的、行之有效的区域合作平台。“一带一路”旨在借用古代丝绸之路的历史符号，高举和平发展的旗帜，积极发展与沿线国家的经济合作伙伴关系，共同打造政治互信、经济融合、文化包容的利益共同体、命运共同体和责任共同体。

“一带一路”倡议是合作发展的理念倡议，秉持的是共商、共建、共享原则。共建“一带一路”，以亚洲国家为重点方向，以陆上和海上经济合作走廊为依托，以人文交流为纽带，建设中国同沿线各国经贸和文化交流的大通道。“一带一路”倡议是知古鉴今、面向未来的合作倡议，相融相近、相辅相成，洋溢着创新进取的时代精神，为沿线各国共谋发展、共同繁荣提供了新的重大契机，得到了国际社会特别是沿线各国的积极响应。“一带一路”倡议继承了古丝绸之路开放包容、兼收并蓄的精神，同时被赋予了新的时代特质，其意义深远。

习近平主席在亚洲文明对话大会开幕式上的主旨演讲，阐述了中国在国际社会未来发展的自我定位。强调文明因多样而交流，因交流而互鉴，因互鉴而发展。我们要加强世界上不同国家、不同民族、不同文化的交流互鉴，夯实共建亚洲命运共同体、人类命运共同体的人文基础。指出亲仁善邻、协和万邦是中华文明一贯的处世之道，惠民利民、安民富民是中华文明鲜明的价值导向，革故鼎新、与时俱进是中华文明永恒的精神气质，道法自然、天人合一是中华文明内在的生存理念。

志同道合是伙伴，求同存异也是伙伴。中国倡导的伙伴关系具有平等性、和平性和包容性的鲜明时代特征。要打造更加紧密的全球伙伴关系网络，扩大同各国利益交汇点，不断推进国际关系民主化。目前，中国已经同180个国家建立外交关系，同110余个国家和国际组织建立了不同形式的伙伴关系。我们愿意同各国开展友好合作，交朋友，联结遍布全球的“朋友圈”，与各国人民结伴而行、共创美好未来。

探究与思考

在世界发展的过程中，中国还做了哪些贡献？

◆ 构建人类命运共同体

构建人类命运共同体重要战略思想，是习近平总书记着眼人类发展和世界前途提出的中国理念、中国方案，受到了国际社会的高度评价和热烈响应，已被多次写入联合国文件，产生日益广泛而深远的国际影响，成为中国引领时代潮流和人类文明进步方向的鲜明旗帜。

2017 年 1 月 18 日，国家主席习近平在瑞士日内瓦万国宫出席“共商共筑人类命运共同体”高级别会议，并发表题为“共同构建人类命运共同体”的主旨演讲，指出人类正处在大发展大变革大调整时期。世界多极化、经济全球化深入发展，社会信息化、文化多样化持续推进，新一轮科技革命和产业革命正在孕育成长，各国相互联系、相互依存，全球命运与共、休戚相关，和平力量的上升远远超过战争因素的增长，和平、发展、合作、共赢的时代潮流更加强劲。同时，人类也正处在一个挑战层出不穷、风险日益增多的时代。世界经济增长乏力，金融危机阴云不散，发展鸿沟日益突出，兵戎相见时有发生，冷战思维和强权政治阴魂不散，恐怖主义、难民危机、重大传染性疾病、气候变化等非传统安全威胁持续蔓延。

“和羹之美，在于合异。”人类文明多样性是世界的基本特征，也是人类进步的源泉。世界上有 200 多个国家和地区、2500 多个民族，以及多种宗教。不同历史和国情，不同民族和习俗，孕育了不同文明，使世界更加丰富多彩。文明没有高下、优劣之分，只有特色、地域之别。文明差异不应该成为世界冲突的根源，而应该成为人类文明进步的动力。

每种文明都有其独特魅力和深厚底蕴，都是人类的精神瑰宝。不同文明要取长补短、共同进步，让文明交流互鉴成为推动人类社会进步的动力、维护世界和平的纽带。

中国积极采取应对行动，为全球生态文明建设贡献力量。据测算，

2018 年中国单位 GDP 碳排放量比 2005 年下降了 45.8%，提前完成目标，基本扭转了温室气体排放快速增长的局面。

习近平总书记强调："今日之中国，不仅是中国之中国，而且是亚洲之中国、世界之中国。未来之中国，必将以更加开放的姿态拥抱世界、以更有活力的文明成就贡献世界。"

案例分享

蚂蚁森林是支付宝客户端为首期"碳账户"设计的一个公益项目。用户通过步行、地铁出行、在线缴纳水电煤气费、网上缴交通罚单、网络挂号、网络购票等低碳行为，积累"绿色能量"，"绿色能量"可以用来在支付宝里养一棵虚拟的树。这棵树长大后，公益组织、环保企业等蚂蚁生态伙伴们，可以"买走"用户的"树"，并在现实某个地域种下一棵实体的树。截至 2018 年 5 月底，蚂蚁森林的参与者已经多达 3.5 亿人，种植和维护真树 5552 万棵，种植面积超过 76 万亩，预计控沙超过百万亩。

请思考，如何通过实际事例为中国发声，去展现中国积极构建"人类命运共同体"的国际形象？

探究与思考

在全球新冠病毒防控中，中国展现了什么样的国家形象？综观国际社会，其他国家对中国的态度有什么样的变化？

第二节　归国与报国

2020 年 12 月，教育部在新闻发布会上公布，2016 年至 2019 年我国出国留学人数为 251.8 万人，回国 201.3 万人，学成回国占比约 79.9%。"智士者，国之器。"留学生回国潮流彰显了中国机遇的魅力，也反映了中国引才政策的"磁场"。习近平总书记提出的"择天下英才而用之"的理念，不断改革创新、完善政策、加强服务，为形成留学归国潮注入了强劲动力。

❖ 早期留学生

2020年是庚子年，同为庚子年的120年前，在中国“庚子赔款”后，美国以教育投资形式返还部分赔款，用于在中国创办清华学堂，并自1909年起每年资助中国学生赴美留学。这些庚款留美学生包括民国时期清华大学校长梅贻琦、大名鼎鼎的胡适，还有后来的语言学家赵元任、气象学家竺可桢。从1933年起，“清华公费留美招考委员会”受教育部委托，先后送200名优秀学生留学美国，其中包括陈省身、钱学森、杨振宁等人。海外留学的蔡元培被称为中国近代教育之父，陶行知被誉为世界平民教育家等，留学生群体对中国近代大学体制的建立产生了深远影响。

庚款留学生对中国现代化的奠基起了非常大的作用。总体上讲，这批人受过非常深厚的传统教育的熏陶，站在中西文化交汇点的高处。他们的国学底子非常雄厚，真正了解中国文化，因此非常了解要从西方学习什么。知己知彼才能更好地取其精华、去其糟粕，他们留学西方从来不是出于无知的盲目崇洋，他们形成的民族精神也经得起时代和抗日战争的考验。当代回归的留学生，不断在了解自己文化的基础上突破创新，成为建设祖国的重要力量。

在外交界，留学生也在国际的舞台上竭力维护中国的利益。1919年巴黎和会，坚持不能签字的顾维钧。毕业于哥伦比亚大学，主修国际法和外交。在会议上他慷慨陈词，驳斥日本的无理要求，赢得全场佩服。他高超的外交能力和英语表达能力都得益于他的留学经历。

案例分享

周恩来出生于清朝末年，早年在家中私塾接受启蒙教育。在其亲生母亲万氏与养母陈氏都不幸因病早逝后，其随伯父离开江苏故居，北上东北地区的铁岭、沈阳等地求学。1918 年周恩来旅日留学受挫，于 1919 年来到南开大学学习，组织成立觉悟社，主编《天津学生联合会报》。“五四运动”爆发，周恩来积极投身其中，成为运动领导核心。1920 年，周恩来等人领导天津各校学生数千人赴直隶省公署请愿，被当局拘捕后被校方开除。为此，南开校父严范孙捐款设置“范孙奖学金”，资助周恩来等人出国深造。1920 年 11 月，周恩来乘船赴法国勤工俭学，分别在法国、英国、德国柏林大学考察学习。周恩来在巴黎结识同样勤工俭学的邓小平，并与赵世炎介绍他加入旅法共产主义小组，成为终生好友及革命伙伴。在旅欧的岁月中，年轻的周恩来就表现出卓越的政治领导天赋和强烈的政治倾向。1921 年 3 月，他和同学一同建立旅法共产主义小组。虽然巴黎共产主义小组无代表参加当年 7 月的中共一大，但仍被认为是发起成立中国共产党的 8 个共产主义小组之一。顺应孙中山推行“联俄容共”的政策，1923 年 6 月，周恩来作为共产党员在巴黎以个人身份加入中国国民党，后于 1924 年回国。与参加革命后闪光的经历不同，青年周恩来赴日本留学的时期还在摸索自己未来要走的路。在他的日记里真实地记载了当年即将年满 20 岁时的生活与迷茫。日记记录了周恩来在日本求学期间的每日生活。整体自律的作息、立下的考学志向、大量时间的阅读、关心政治的观点、心系亲友的情感、日常生活的记录、频繁的亲友交流、书信往来及内省。与现在的留学生同学们一样，周恩来年轻时在坚定地探索自己的前路。周总理总是以早起读书为开头，激励自己不断进取。

请思考，周恩来总理当时留学遇到哪些困难？是如何克服这些困难的？是什么让他坚持下来的？

从民国开始，留学生就是外交官队伍的主体，承担国家重任。要达到费孝通教授所倡导的各美其美、美人之美、美美与共、世界大通的和谐世界，留学生和中国人民一道还要承担起世界历史责任。留学生作为了解中国文化、具有国际视野、独立观察思考的知识分子，既可以帮助外国人了解中国，也可以帮助中国的民众积极开放地走向世界，拥有从容心态和世界眼光。

探究与思考

如何用英文传达“人类命运共同体”的概念？有哪些国外的文艺作品或歌曲表达了这种理念？

❖ 留学现状

◆ 留学生回国趋势

改革开放40多年，中国留学生逐渐从精英化走向大众化，每年留学生数量仍在不断增长。教育部发布的数据显示，2019年我国出国留学人员总数达到70.35万人，各类留学回国人员为58.03万人。2018年我国出国留学人员总数为66.21万人，各类留学回国人员总数为51.94万人。与2018年相比，2019年出国留学人数增加4.14万人，留学回国人数增加6.09万人。根据2009年的教育部数据，162万出国留学人员中，最后仅有49万归国。而从1978年到2019年年底，各类出国留学人员累计达656万人。其中，423万人在完成学业后选择回国发展，占已完成学业群体的86.28%。截至2019年年底，我国留学回国人员总数达449.76万人，其中仅2019年有58.03万人回国，回流率高达82.5%（见图7-2）。

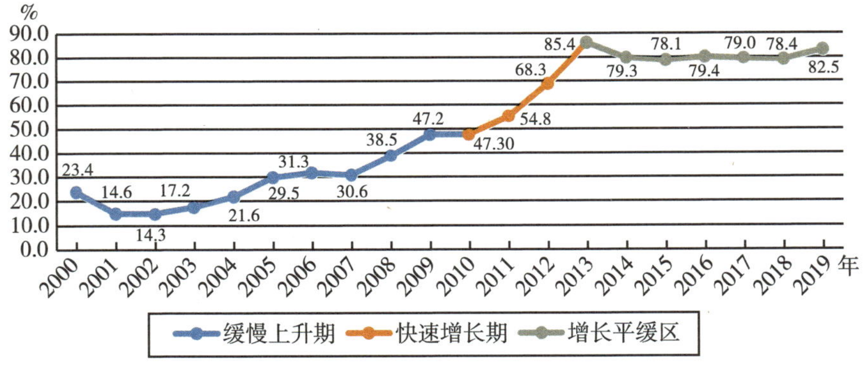

图7-2 2000～2019年中国留学生回流率

资料来源：曹建：《2019年度出国留学人员情况统计》，载教育部官网2020年12月14日，http://www.moe.gov.cn/jyb_xwfb/gzdt_gzdt/s5987/202012/t20201214_505447.html。

中国留学目的国从单一走向多样化。从改革开放初期以美、日等科技发达国家为主,到如今留学生已遍布全世界 100 多个国家。中国已与 41 个国家和地区签署了学位学历互认协定,中国教育的国际影响力、吸引力不断提升。留学工作也为国家培养了大批优秀人才。据目前,中国 70% 以上的高水平大学校长、80% 以上的两院院士、90% 以上的长江学者、98% 的青年千人计划入选者,都有海外留学经历。

◆ 留学生回国原因

在留学生中流传着这样一种说法,只有出了国之后,你才知道你有多么爱国。留学生无论留在海外还是回国,都为祖国贡献着自己的力量,如海外侨胞回国投资兴建的侨资企业,目前仍占我国外资企业总数的 70% 。仅在上海,回国留学生就创办了 3800 多家企业,投资总额近人民币 5 亿元。无论是改革开放初期支持国家经济建设,还是在地震瘟疫这些灾害面前,海外留学生热爱祖国和人民的情义与力量从未断绝。

“海归潮”与我国国际人才工作政策密切相关。近几年,国内加大海外人才引进,国家及各级政府不断优化吸引海外人才回国工作及后续人才服务的各项政策,如落户、创业扶持、科技投资、住房补贴等。同时,国家不断加大科技投资,根据科尔尼咨询分析,2017 年中国在科研上的支出居世界第二位,处于世界领先的位置。这些政策、科研投资等都为留学生归国发展提供了便利。

对新一代的年轻人来说,全球化意味着未来大部分的机会都是跨文化的,是由在多个经济体之间自由衔接带来的。一般来说,同学们高中毕业时对中国的传统文化已经具备比较扎实的功底,再加上留学到西方教育体系中,增强了东、西方思想的结合。

某机构 2019 年留学调查报告显示,中国市场环境的创新、创业热潮对人才需求迫切。有留学经验且已工作的被访者中,73% 的群体认为自己可以快速适应国内的工作环境。留学经验带给他们的是更强的环境适应能力、语言能力、独立自主能力、逻辑思考和学习能力、包容和社交能力、自律和抗压能力等,以及对先进技术和全球文化的把握与交融,这些能力也使他们海归回国后能迅速适应融入。在众多经验中,留学经验可以使留学生具有开拓的视野、独立自主的能力和突出的专业能力。

◆ 留学生竞争力

《2018 年海外留学生归国趋势报告》显示,30 岁以下的青年人以绝对优势成为海归的主力军,到 2018 年,30 岁的青年人在海归人群中占比将近 9 成。其中“95 后”和“00 后”已经逐渐显露头角,未来将成为留学市场中的中坚力量。2015 年至今,拥有硕士学位的海归一直是海归主要群体,占比始终高于 70%。海归人才呈现高学历化,专业方向则集中在金融、文教传媒等方向,目前人工智能方向的需求增长迅猛。2018 年,有海外教育背景的 AI 核心工程师人才呈现爆发式增长,同比增长达 47.83%。2019 年的数据显示,“具有国际视野”取代“语言沟通能力强”成为海归留学生发展的主要趋势。[①]

探究与思考

网上搜索你心仪的学校和专业,看看这些专业学生毕业后的去向。思考自己未来职业发展的机会在哪里?

❖ 留学生回国政策

2011 年,中华人民共和国人力资源和社会保障部发布了《关于加强留学人员回国服务体系建设的意见》,指出留学人员是我国人才资源的重要组成部分,是现代化建设的特需人才资源。要做好留学人员回国服务工作,解决留学人员回国工作、生活的后顾之忧,营造良好环境,吸引更多

---

① 参见《2020 海外留学趋势报告》,载益普索网 2020 年 9 月 17 日,https://www.ipsos.com/zh-cn/yipusuoipsos-2020haiwailiuxuequshibaogao。

留学人才回国参与现代化建设。

坚持“支持留学、鼓励回国、来去自由”的方针，按照“拓宽留学渠道、吸引人才回国、支持创新创业、鼓励为国服务”的要求，以方便广大留学人员为基础，以服务高层次留学人才为重点，以推动留学人员回国服务政策的全面落实为着力点，为留学人员回国工作、为国服务和回国创业提供高效便捷的公共服务，鼓励和支持更多优秀留学人才为祖国的现代化建设贡献力量。我国正在积极创新有关服务政策，着力在入出境、居留、户籍管理、社会保险、计划生育、配偶就业、子女上学等生活待遇，以及职业资格、项目申请、经费资助、收入分配、税收、表彰奖励、知识产权保护、创办企业、投融资等工作条件方面创新完善有关优惠政策，不断完善“回国工作、回国创业、为国服务”三位一体的留学人员回国服务工作政策体系。

第三节 维护国家利益

随着我国经济社会高速发展，国际地位和国际影响力不断提升，一些境外反华势力恐惧中国的发展，利用“台独”“港独”“藏独”分子等分裂势力千方百计地干扰和破坏我国国家安全，企图破坏中国国家的统一。我们不仅要反对那些借“人权”名义侵犯国家主权、分裂国家领土、破坏国家安全、损害国家利益的行为，更要积极维护国格与人格，维护国家的独立、主权、地位、荣誉和形象，保护国家的安全和利益。

爱国统一战线是中国共产党团结海内外全体中华儿女实现中华民族伟大复兴的重要法宝。习近平总书记在庆祝中国共产党成立 100 周年大会上强调指出：“新的征程上，我们必须坚持大团结大联合，坚持一致性和多样性统一，加强思想政治引领，广泛凝聚共识，广聚天下英才，努力寻求最大公约数、画出最大同心圆，形成海内外全体中华儿女心往一处想、劲儿往一处使的生动局面，汇聚起实现民族复兴的磅礴力量！”

专家提醒

维护国格与人格，是留学生在海外不得不面对的问题。虽然大多数人是友好的，但不排除留学期间可能遇到一些别有用心之人。面对“刁难”，留学生要冷静应对，维护国家利益与个人尊严。留学生要注意加强国家安全知识的学习，胸怀祖国，放眼天下，不卑不亢，彰显大国风度与气质。

❖ 国格和人格

国格是一个国家所包含的独立、主权和尊严等综合品质的集合，是无数国民人格的整体集结和价值凝聚，代表了一个国家在国际社会中的地位和作用，是一个国家自立于国际社会和世界民族之林的根本标识和整体形象，是衡量一个国家、一个民族政治、经济、文化、国民生活水平、道德进步趋势等的客观标准。

人格是指个体在对人、对事、对己等方面的社会适应中，行为上的内部倾向性和心理特征。表现为能力、气质、性格、需要、动机、兴趣、理想、价值观和体质等方面的整合，是具有动力一致性和连续性的自我，是个体在社会化过程中形成的独特的身心组织。

国家与个人，国格与人格，犹如根与枝、源与流。没有了国格，个人就成了无根之木、无源之水。古语云：“皮之不存，毛将焉附？”说的也是这个道理。邓小平说：“每个中国人要有自己的民族自尊心和自豪感，以热爱祖国、贡献力量建设社会主义祖国为最大光荣，以损害社会主义祖国利益、尊严和荣誉为最大耻辱。”

留学生要做新时代的合格青年，要以实现中华民族伟大复兴为己任，增强做中国人的志气、骨气、底气。留学生需要涵养积极进取、开放包容、理性平和的国民心态。留学生应该正确把握中国与世界的发展大势，正确认识中国与世界的关系，既不妄自尊大也不妄自菲薄，做到自尊自信、不卑不亢。对每一个中国人来说，爱国是本分，也是职责，是心之所系、情之所归。留学生群体需要知行合一,自觉把爱国之情转化为实际行动,理性表达爱国情感,反对极端行为。

❖ 维护国家尊严与形象

留学生要不断增强对伟大祖国、中华民族、中华文化、中国共产党、中国特色社会主义的认同,坚决维护国家主权、安全、发展利益,旗帜鲜明反对分裂国家图谋、破坏民族团结的言行,成为维护国家统一、民族团结、社会稳定的坚定力量。

◆ 维护国旗与国歌

国家倡导公民和组织在适宜的场合使用国旗及其图案,表达爱国情感。国歌、国旗、国徽是国家的象征,留学生应该维护它们的庄严,这也是所有公民应尽的义务。根据相关法律,不得倒挂或者以其他有损国旗尊严的方式升挂、使用国旗;不得随意丢弃国旗;大型群众性活动结束后,活动主办方应当妥善处置活动现场使用的各类国旗。公民和组织在网络中使用国旗图案,应当遵守相关网络管理规定,不得损害国旗尊严。在公共场合故意以焚烧、毁损、涂划、玷污、践踏等方式侮辱国旗、国徽的,依法追究刑事责任;情节较轻的,由公安机关处以 15 日以下拘留。

我国国歌法规定,中华人民共和国国歌是中华人民共和国的象征和标志。一切公民和组织都应当尊重国歌,维护国歌的尊严。同时规定,国家倡导公民和组织在适宜的场合奏唱国歌,表达爱国情感。现实生活中一些人下载国歌作为手机铃声,这些行为是不恰当的,尊重国歌、了解国歌、会唱国歌是对每一个公民基本的要求。按照国歌法的规定,不能在不适宜的场合演奏、使用、播放国歌,要保证国歌的尊严,维护国歌的尊严。

案例分享

2021 年 3 月 4 日，全国政协十三届四次会议在北京开幕。开幕会上，全国政协委员、中国残疾人艺术团团长邰丽华用手语“演唱”国歌。这一幕感动无数网友，刷屏网络，“无声的力量震撼人心”“肃然起敬，愿国民都可以唱响我们的国歌”……

这首令人耳目一新的“手语版”国歌(《〈中华人民共和国国歌〉国家通用手语方案》)于 2021 年 3 月 1 日正式实施。这是首次以聋人手语使用者为主体研制的国家通用手语规范化最新成果，切实解决了聋人手语使用者规范、统一、严肃地表达国歌的愿望。

请思考，还有哪些象征国家尊严的符号是神圣不可侵犯的，为什么？

◆ 打破“沉默的螺旋”

部分西方媒体罔顾事实，混淆是非，常常以“人权”为幌子对中国进行指责。中方反对把人权问题政治化，采取双重标准。2020 年 7 月，外交部官网发布《关于涉华人权问题的各种谬论及事实真相》，用事实驳斥涉华人权问题的种种谬论。

案例分享

2021 年 6 月 15 日，在 NBA 季后赛现场，阿里巴巴集团董事会执行副主席、布鲁克林篮网队经理蔡崇信接受了美国媒体 CNBC 财经节目《财经论谈》(Squawk Box)的专访。访谈中，主持人问完成立亚裔美国人基金会的目的后，话锋随即转向所谓“如何看待中国侵犯人权问题”。

蔡崇信当即反问称，“你首先必须明确所谓‘侵犯人权’具体指的是什么。”他说，自己亲眼所见，绝大多数的中国人认为他们的生活一年比一年好，他们对这样的生活感到满意。“1999 年我加入阿里巴巴时，中国人均 GDP 只有 800 美元，如今已经超过了 1 万美元；如果你现在和中国父母交谈，问他们‘你的孩子是否比你过得更好？’，那答案绝对是‘是的’。”

蔡崇信的回答有理有据有节。他的第一个反问非常关键，即记者你所说的“人权”到底是什么。这个反问不单单是在话术上避免踩坑，更重要的是，它代表一个隐藏的底层核心逻辑，即美国有没有资格来给其他国家的人民定义人权？

请思考，留学生如何有理有据有节地为中国发声？如何鼓励外国人从不同的角度理解中国的历史和当前的生活？

传播学上有个“沉默的螺旋”理论。即如果看到自己赞同的观点有多数人认可，就会越发大胆地传播；而发觉某一观点只有少数人支持，可能出于防止被孤立而保持沉默。几经反复，就会形成一方声音越来越大，而另一方声音越来越弱的螺旋式过程。多数时候，成见在这个“螺旋”中都居于强势地位，人多势众。留学生要提升对虚假新闻的“免疫力”，打破西方成见支撑的“沉默的螺旋”。对事实怀着永远的敬畏，对真相保持谦卑的姿态，在根深蒂固的成见面前，在失衡的“螺旋”面前，留学生要勇于捍卫事实，敢于发声。

❖ 留学生维护国家安全与利益

国家安全涉及国家社会生活的方方面面，是国家、民族生存与发展的首要保障。科学技术是没有国界的，但知识分子不能没有自己的祖国。所以，把国家安全放在高于一切的地位，是国家的需要，更是个人安全的需要。留学生在对外交往中，既要热情友好，又要内外有别、不卑不亢；既要珍惜个人友谊，又要牢记国家利益，不失国格、人格。

人们对一个国家的印象，通常在接触与观察其国民中形成。中国国家形象的塑造不仅关涉政府事务，而且与每一位中国公民相关。留学生群体作为国家形象树立与宣传的使者，亦是国外友人了解中国的重要渠道之一。在中国日益走向世界舞台中心的今天，海外留学生应自觉肩负“国家形象使者”的责任，在与国外民众交往中，讲好中国故事，让世界看到一个富有活力、蓬勃发展和日新月异的中国。

◆ 塑造理想人格，提高个人素质

国格不能完全取代和涵括所有个体人格的内容，理想人格的塑造，还依赖于留学生个人的努力。留学生身在海外，一言一行不仅是个人行为，还代表着一种国家与民族形象，因此，每位留学生都应该努力提高个人素养。多学习一些知识，多掌握一些技能，不仅是安身立命的谋生手段，而且在不断地学习中，我们的人格也在不断地完善。人格如金，纯度越高，品味越高。每个时代都有自己的理想人格，就留学生而言，必须要有胸怀祖国、放眼天下的境界。唯其如此，才能成为栋梁之材。

◆ 身体力行，履行公民义务

捍卫国家的尊严，是建立在高度的民族自豪感和民族自尊心的基础上的。留学生还必须懂得，维护国格是中华人民共和国宪法规定每个公民应尽的义务。我国《宪法》第58条明确指出："中华人民共和国公民有维护祖国的安全、荣誉和利益的义务，不得有危害祖国的安全、荣誉和利益的行为。"留学生要勤奋学习，掌握更多的科学知识，摒弃种种崇洋媚外的"媚气"，锤炼为国争光的骨气，为祖国的繁荣昌盛贡献自己的聪明才智。

专家提醒

- 国家尊严不容侵犯，留学生要注意维护国家利益。
- 人格尊严是金钱买不到的。
- 没有国格就没有人格，个人与祖国是一体的。
- 拒绝以丧失尊严为代价的所谓"政治庇护"。
- 注意个人言语行为，学习交流交往过程中不卑不亢，坚持民族气节，自尊自强。

❖ 远离所谓的"政治庇护"

庇护权或政治庇护，是一种古老的司法概念。此概念认为，因政治或宗教信仰不同而被迫害的人可受到其他主权势力的庇护。此权源于西方的长期传统，埃及、希腊和希伯来人更早承认此权。雨果的《巴黎圣母院》中，故事的主要脉络就是庇护权。加西莫多救吉卜赛女郎艾丝美拉达在逃进圣母院时大喊："庇护！庇护！"

现在，政治庇护是指一国允许因政治原因受到其所属国通缉或追诉而请求政治避难的外国人入境、居留并对其予以保护，拒绝其所属国政府的引渡要求的行为。这本是一种对人权的保护，然而，现已经成为西方反华势力干涉中国内政、制造混乱的工具。

一些丧失尊严的中国人，为了获得一张绿卡，不惜出卖自己、出卖祖国，编造所谓被中国政府"迫害"的谎言，从而获得了政治避难的身份。这些虚假的故事多以"宗教""政治""人权"方面的所谓"迫害"为主，如宣称自己是邪教"法轮功"的信徒，或宣称自己是"反政府"的"民主"人士。美国政府为了遏制中国的发展，不断妖魔化中国，并大量扶持各种反华势力，给了虚假的"被迫害"申请人"可乘之机"。

我国一些不法组织，利用"政治庇护"在境外大力进行反华的宣传与活动。一些人仅仅是因为钱，或者是对国外身份的向往，就做出如此恶劣的行为，丧失了最基本的明辨是非的能力，真是令人不齿。"政治庇护"不是获得绿卡的捷径，而是抹黑国家形象的行径，使人丧失基本的人格与尊严。

探究与思考

留学时遇到不法的反华组织和活动时，该如何应对？

第四节　被策反与泄密

多年来，中国经济、科技、军事等领域的发展势头迅猛，令一些西方国家感到紧张。出于种种目的，部分西方国家千方百计地获取我国各方面的情报，中国已成为各国间谍渗透最多的国家之一。提及间谍，经常会让人联想到电影中身经百战的专业特工，然而现实世界中的间谍很有可能是一个蹒跚老者，或者是一个懵懂少年。美国每年都会额外拨出几十亿美元用作"奖学金"来策反华人留学生，而一些披着"学术研究"名义的窃密，往往会因留学生缺乏国家安全意识而得逞，从而给国家安全带来重大威胁。

专家提醒

在海外留学，不仅要保护好个人自身安全，更要树立国家安全的意识，警惕境外情报人员通过各类伪装刺探我国机密、窃取国家重要领域的资料。留学生要加强国家安全知识的学习，牢固树立爱国主义观念，增强国家安全防范意识，保守秘密，正确应对策反，不可做出危害国家安全和利益的事情，要以合法合理的途径反对损害国家安全利益的行为。

❖ 谨防被策反

据国家安全机关统计，被境外间谍机关策反的案例并不罕见，不少普通群众也成为境外间谍情报机关渗透、策反的目标。其中，有条件接触国家秘密的公职人员、退伍军人、军工企业工作人员、国防科研单位人员、留学生等群体，都是境外间谍组织关注的重点对象。普通的军事发烧友、军事基地周边居民甚至普通网民，都有可能在不知不觉中被策反利用，成为境外间谍情报机关搜集各类情报的工具。

“美国之音”报道说，美国主要情报机构准备扩大在全球的存在和覆盖影响，以消除所谓的“情报鸿沟”。美国中央情报局局长哈斯佩尔称，掌握美国当前和潜在对手的信息是情报机构面临的“最困难的问题之一”。作为对策，美国中情局将增加驻海外人员的数量，希望招募更多讲外语的人，包括中文、阿拉伯语、波斯语、土耳其语、法语和西班牙语。美国在技术情报方面基本已做到极致，接下来是要加强人力情报的力度，可能会策反更多中国人、俄罗斯人为其服务。在美的中国留学生以及中国某些部门的相关人员都有可能成为美方“猎物”，必须加强防范。

案例分享

2013年12月4日上午,海军东海舰队某仓库营区大门外,一辆白色小轿车停下来,一名男子摇下车窗向营区拍照。哨兵随即奔出并喝止,男子马上启动轿车加速离开。哨兵立即拉响警铃。几分钟后,小轿车被拦截带回搜查。搜查时,营区大门的照片已经被删除,但该名男子的手机里储存的全都是军港、码头、军事设施的照片。经讯问,该男子姓陈,2008年5月到某国留学,留学期间学习成绩优异,毕业后进入该国一家企业,2012年辞职创业。他曾受外国朋友邀请参加当地一个关于中国风险的研讨会,会议期间结识了一位名叫"寄田"的境外人员。他最终被"寄田"策反,多次回到家乡拍摄我国军事设施和区域的照片提供给对方,其中两项被认定为机密级军事秘密。

在审讯初期,陈某一直强调自己所拍的都是些零散的照片,而且他去的这些地方谁都可以看到,并不涉及机密。但这些带有定位坐标信息的军事图片一旦被敌对国汇总整理,就会形成一份详细的情报图。陈某提供的情报有的涉及我国东南沿海作战部队军事设施的具体地理位置坐标信息,有的还涉及我国赴钓鱼岛巡航的政府公务船在国内停靠码头的具体地理位置坐标信息。如果这些信息被对方掌握,将会对我国国家安全造成严重威胁。陈某因间谍罪被依法判处有期徒刑7年。

陈某是一名在境外读书、工作的普通人,他之所以被外国间谍机构选中成为策反的对象,是因为他的家乡正是重要军事目标的所在地。

请思考,除军事设施位置之外,还有哪些信息涉及国家安全?留学生应如何遵守《中华人民共和国国家安全法》,履行维护国家安全的义务?

❖ 谨防境外情报机关陷阱

境外间谍情报机关渗透策反渠道主要有境外策反、公开招募、钓鱼执法等。在渗透策反手段上,间谍人员通常以感情、金钱等为诱饵,投其所好,拉人下水。意志薄弱者一旦上钩,就会越陷越深,难以自拔,最终堕落为罪犯。常见的策反手法有以下几种。

◆ 金钱收买

这种传统的手段至今仍然发挥着重要作用。比如,广东某海事学校的徐某因为家庭困难，在网上发布了“寻求学费资助 2000 元”的信息，随即被境外间谍情报机关盯住，开始了金钱秘密交易。广东某市海关工作人员，也是因为国家安全意识淡薄，贪图蝇头小利，开始了与境外间谍的情报交易，最终泥足深陷。

◆ 美色诱惑

这是境外间谍情报机关的惯用手法，其目标主要针对我驻外机构人员以及我出访团组。有的间谍情报机关还会主动诱惑出访团成员前往复杂场所嫖娼赌博，积累证据甚至通过现场抓把柄等方式突击策反。

◆ 威逼胁迫

境外间谍情报机关利用赴外留学、从商人员对新环境的陌生感以及心理孤独、不愿意“惹事”等心理特点，综合运用社会、经济、文化等管理手段，或合作经商，或设置障碍，或栽赃陷害等，达到策反的目的。

◆ 感情拉拢

这是境外间谍情报机关的基本手法。特别是针对在境外的我国留学生，境外间谍情报机关往往从生活、学习关心开始，施以小恩小惠，有时甚至会主动制造“事端”，再“出手”解决“事端”，从而达到增进感情的目的。

◆ 从亲近的人入手

境外间谍情报机关或其运用人员往往从你身边最亲近、最熟悉的人入手进行策反。如作为某涉密科研单位工作人员的黄某，在自身参加间谍组织、出卖国家科研秘密后，又盯上了其妻子和姐夫，并利用同事关系，向单位同事打探单位科研秘密，窃取保密资料。

◆ 网络勾连策反

境外间谍情报机关充分利用网络技术，以美女、记者、市场调查公司等名义，伪造地理信息，通过微信、QQ、微博等社交软件，与军事目标区周边群众、涉密单位人员攀拉关系，在互不见面的情况下，以极低经济报酬收集我国军事目标调动的真实情况以及我国内部资料。

◆ **利用“民族认同”渗透策反**

某些国家的间谍情报机关往往将与其国主体民族相一致的我国少数民族公民作为重点发展对象，以“民族认同”为切入点开展拉拢策反。

> **探究与思考**
>
> 身为普通留学生，为避免被策反，日常生活中应该注意哪些事项？

❖ 谨防“钓鱼执法”

中美两国有很多摩擦，美国一些新闻媒体为了赚取政府的基金支持，也常常会炮制一些新闻，鼓吹中国留学生很多都是间谍。留学生有时会被别有用心的媒体“钓鱼执法”。一些美国媒体会召集部分中国留学生，参与当地电视或者电台采访活动，主题很简单，只是说说自己在美国的生活还有自己国家的事情，但是稍微不注意，就会成为在美国的“间谍”，千万不要上当。

在 Twitter 上有美国媒体人用中英文发如下帖（见图 7－3）：

图 7－3　社交媒体上的情报人员招募

让留学生主动接受美国媒体的采访，是典型的“钓鱼执法”。多数留学生误认为是锻炼口语的机会，开始的采访内容多为“请学生谈谈留学过程和校园生活”，但随后的提问就是“陷阱”了，会诱导学生回答一些“敏感问题”，涉及中国政府的问题以及学生来美国的学习情况等。

这样做的目的，就是想找出一些中国留学生，让他们亲口说出来，自己来美国留学是一种“偷窃的间谍行为”。一旦上当，就会麻烦不断；如果留学生的回答并不是对方期望的那样，就会被安插其他的罪名，这就是“钓鱼执法”，留学生有可能被遣返或者被捕。此事影响非同小可，不能掉以轻心。

探究与思考

查找留学生被“钓鱼执法”的案件，想一想如何避免此类事件。

❖ 防止被“间谍”

中国间谍一直是西方媒体或人士热衷炒作的话题，从军事间谍到工业间谍，如今，中国的广大海外留学生也被扣上了“间谍”的帽子。

案例分享

22 岁的李某来自中国武汉，她以优异的成绩被法国贡比涅工程大学与中国的交换项目选中，开始在法国学习。2005 年 2 月，李某通过法国著名的法雷奥汽车零配件公司的面试，开始在该公司实习。4 月 27 日，李某正常到公司上班。等候在那里的警察以执行“滥用信任”和“入侵电脑资讯系统”的调查令为由，将其收监。此后，法国各大媒体纷纷以耸人听闻的标题，大肆渲染李某拘捕的消息，“中国女留学生工业间谍案”轰动一时。

中国驻法国使馆自始至终关注该案进展，使馆领事部和教育部随时跟进，与法方沟通，与国内保持联系，同时从各方面给予中国留学生必要的帮助。使馆还对法国媒体的不实报道和不负责任的臆想和攻击给予了必要的回应。这桩轰动一时、沸沸扬扬的案子最终不了了之，李某也得到了她应该得到的文凭。

李某“工业间谍”案是在“中国威胁论”的大背景下发生的，此事给中国广大留学人员提供了教训。李某不熟悉公司章程，不注意两种文化的差异，未能尽快融入当地文化和及时了解与遵守当地法律，应为此事负一定责任。

抛开政治和意识形态因素，在海外求学的广大学子一定要熟悉当地环境，适应跨文化差异，以免造成类似的不必要误会。在法国出版的中文《欧洲时报》引用有关方面的信息后指出，李某很可能是因无知和幼稚而犯下了一个“愚蠢的错误”。

请思考，留学生应当如何了解并遵守当地法律，避免陷入类似李某的困境，在学习、工作和生活中运用法律武器维护自身权益？

将中国留学生与“间谍”扯上关系，在包括英国在内的欧洲国家也并不罕见。2010 年秋季，荷兰国家安全情报局警告荷兰所有大学防范中国“学生间谍”；2007 年，德国《明镜》周刊刊登名为“黄色间谍”的文章，中国留学生成为主角。

2018 年 8 月 11 日，中新网报道，美国前总统特朗普被指在私人宴会上发表了“这国留学生都是间谍”的言论，引发了许多美国华人的不满。特朗普在私人高尔夫俱乐部举行的晚宴中不点名地表示：“几乎所有来自这个国家的学生都是间谍。”虽然特朗普没有明确提到是哪个国家，但与会者认为明显是指中国。在这样的背景之下，留学生一定要注意，不要落入“间谍”的陷阱。在美国，言论不是绝对自由的，对于普通的中国留学生来说，做好自己的功课，培养自己的技能才是主旨。不要胡言乱语，否则可能遭受灭顶之灾。

如果在境外遭遇危险，不要放弃，请记住，在你身后有一个强大的祖国。如果在境外受胁迫或诱骗，参加了间谍组织，从事了危害中华人民共和国国家安全的活动，只要能及时向我国驻外使领馆如实说明情况，或者回国后直接或通过所在单位及时向国家安全机关、公安机关如实说明情况，并有悔改表现，是不会有严重后果的。总之，无论在国内还是境外，国家安全意识这根弦，时刻都不能放松，千万不要为了个人的私利，做出损害国家安全利益的事情。

探究与思考

了解我国与留学目的国关于“间谍罪”的规定，做到知法、守法。

❖ 防止泄密

案例分享

卢某是国内某高校在校学生。卢某家境贫寒，在大学期间曾多次在校园论坛上发布求职信息。2013 年 5 月，卢某接到一封自称某主编的境外电子邮件。该主编自称主办一份学术刊物，需要卢某协助查找某方面的资料，并许诺给予重酬。随后，卢某以从事学术研究为名，在其导师和图书馆馆长的帮助下，借阅了大量内部刊物，并将有关内容拍成照片发给该主编。卢某为此共获取活动经费 16,000 元，主要用于购买手机、电脑，学习驾驶以及支付学习期间的生活费等。2013 年 8 月，卢某被国家安全机关抓获，始知自己的行为威胁到国家安全，后悔不已。

有媒体报道称：“2007 年 8 月，国内某顶尖工科高校和日本互换留学生，中方的一位留学生到日本后发现，他被分配的学术研究题目竟然是北京各季节风向变化和空气环流情况。这位学生考虑到，如果未来中日一旦发生战争，对方可以利用这些数据发动生化袭击，后果非常可怕，因此他拒绝了这项研究。”

某外国语学院大学生吕某，学习非常刻苦，经常与外教玛丽交流学习情况，外教玛丽也对她非常重视和关照。在玛丽的引导下，吕某将父亲的科研资料拿来翻译并交外教玛丽进行修改评判，后来父亲知道此事后非常生气，严厉批评了女儿。在父亲的引导下，吕某向国家安全机关反映了此事，经调查，外教玛丽是某国情报人员，以外教的身份收集和窃取我国科研情报。

某大学的几个研究生，在导师的指导下，经过几年的认真研究获得了一些学术研究成果。这时有人想尽快得到国际上的认可，有人想拉关系出国，私自将研究相关资料和成果邮递到境外某机构，结果材料寄出去却没有任何回应。一年之后，他们的研究成果竟变成了境外某机构的研究成果发表出来。

请思考，作为一名留学生如何识别身边别有用心的人员？如何避免自己的学术成果被不法分子利用？

留学海外，如果缺乏国家安全意识，不经意中，往往可能造成重大泄密。以下是一些留日学生的学位论文题目:《中国金融衍生商品市场的再建》《中国人牙齿异常的统计研究》《中药方的有效成分研究》《山东某处金矿的地质和地球化学构造特点》《湖南中部锡矿山超大型锑矿床成因的地质学、地球化学研究》《中国医疗制度改革研究》《中国粮食政策的影响评价———基于 CGE 模式的分析》《战略提携、M&A 战略以及其效果———以中国企业为例》。这些题目初看似乎并无大碍,但实际上却涉及我国高度敏感领域,涵盖中国社会、文化、经济、能源、气候等各个方面。有的留学生为了获取更好的成绩,甚至利用国内特定"关系"获取一手数据。无论是在数据的搜集还是在证据的数量上,中国留学生对自己国家的研究可信度都远远高于日本学生乃至日本学者的研究,客观上为日本人研究中国提供了确凿的数据资料,长此以往将对中国各个领域的信息安全形成潜在危害。而这种现象是比较普遍的,值得国人警醒。

如果保密意识淡薄,缺乏经验,则会被他人利用,在无意识的情况下造成泄密,带来严重的后果,使国家安全受到威胁。全球化给人们带来新的国家安全观,时代发展也赋予国家安全概念以新的内涵。因此,留学生到国外去学习,一定要对那些不怀好意的所谓"学者"保持高度警惕,应确保研究内容不涉及自己国家的高度敏感领域,遇到上述情况应第一时间向留学所在地驻华大使馆说明。要时刻树立国家安全意识,在追求学术自由的同时,要有国家安全的原则底线,维护国家安全和利益。

探究与思考

分析危害国家安全的泄密案例,思考如何增强保护国家秘密的意识。

❖ 树立维护国家安全的意识

我国《反间谍法》第 28 条规定,在境外受胁迫或者受诱骗参加敌对组织、间谍组织,从事危害中华人民共和国国家安全的活动,及时向中华人民共和国驻外机构如实说明情况，或者入境后直接或者通过所在单位及时向国家安全机关、公安机关如实说明情况，并有悔改表现的，可以不予追究。

2015 年 7 月 1 日，我国《国家安全法》正式公布，明确提出了维护政治安全、国土安全、军事安全、经济安全、文化安全、社会安全、科技安全、网络与信息安全、资源安全、生态安全、核安全、太空深海和极地安全等领域的国家安全任务。

国家安全是事关国家利益的大事，关系一个国家的发展和民族的生存，也关系每一位公民的切身利益。在全球化进程的影响下，不同文化之间相互交流、相互对比、相互吸收，各国开展了深层次的学习交流，留学生受多元化文化背景和多元化价值观影响较大，社会经验不足，有时候自己的行为已经威胁到国家安全却丝毫没有察觉。身在海外的留学生，必须牢固树立起维护国家安全的意识，坚定不移地维护国家利益。

◆ 牢固树立国家安全意识，增强安全防范意识

传统的国家安全是以军事安全为核心，随着时代的发展，国家安全已不只是传统的政治与国防安全，还包括经济安全、科技安全、信息安全、文化安全等非传统安全方面的内容。这些敏感领域的信息，留学生也要记住不要向他人透露。同时，留学生要加强自身防范意识，遇到海关盘查时，对一些超出正常核查项目范围的提问，应婉拒。如遇问及我国内部情况和与所在国及他国的一些敏感事项时，应按我国的对外宣传口径回答，不可主观臆断，信口表态。发现对方有意深谈或故意刺探、套问情况，了解我方意图或动态时，也应设法避开或婉言拒答。当对方人员递交有关我国情况的调查提纲时，应以“不了解情况，无法填写”等理由拒收。当遇到一些外国人采用公开或暗示方式索要我国内部资料和科技成果时，要以适当理由婉言谢绝。

◆ 提高警惕，增强保密意识

为防止对方窃取、窃听、窃照，不要在托运的行李箱中携带涉密资料和重要证件；在国外外出时，要将自己的贵重物品及有关的文字材料随身携带；保存在计算机内的试验资料及实验数据的信息要设置密码，重要数据必须要从计算机硬盘上删除，防止他人窃取；不要在房间里和环境复杂的公开场合交谈秘密和内部事项；不在私人通信、电话、传真中涉及秘密；不在公众场所对不熟悉的人谈内部问题，即使有过接触亦应内外有别，掌握分寸，防止失言而被涉嫌调查。

◆ 筑牢思想防线，识破策反阴谋

留学生面对境外人员尤其是陌生人异常热情的感情拉拢和物质诱惑，应当提高警惕，表面热情的背后往往有所企图，隐藏着阴险的政治意图和阴谋，千万不可因贪图一些蝇头小利而深陷其中。要做到言语谨慎，不卑不亢，生活检点。要遵守当地的法律、法规，尊重当地的风俗习惯，不做违禁、违例、违法的事情，防止授人以柄，被他国的情报机关乘机敲诈。

总之，留学生必须要树立国家安全意识，主动维护国家安全，要有保密意识、责任意识、法律意识、防范意识。维护国家安全，人人有责，严守秘密，共筑国家安全防线。

探究与思考

根据本节内容，查找相关资料与案例，列出境外情报机构常用的策反手段，想一想如何识破阴谋。

案例分享

涉案人沃某于20世纪80年代公派德国留学，其间被策反加入间谍组织。根据间谍情报机关指使，沃某发展了其远房亲戚、中国某科技集团公司高级工程师郭某。郭某利用工作之便，收集、窃取并向间谍情报机关提供了大量我国研发军事武器和装备的情报，数量多、涉密深、危害大。为让沃某能够理解专业导弹知识，郭某还专门对其进行导弹知识“科普”。沃某将详细记录的“科普”笔记转交至间谍机构以获取丰厚报酬。2008 年，沃某、郭某分别以间谍罪及向境外非法提供国家秘密罪被判处死刑。

国防军工领域一直是境外间谍情报机关对我国实施策反、窃密活动的重点。个别专家敌情观念薄弱、保密意识不强，有的涉密单位保密责任、制度落实不到位，给反窃密反策反工作带来极大隐患。从近年来破获的有关案件看，涉国防军工领域的策反、窃密案件呈现多发高发态势。相关专业的留学人员更是成为策反的重点对象，此案例中沃某即在留学期间被策反。因此，策反不是空穴来风，留学生务必要留心。

请思考，国防军工领域相关专业的留学人员应该如何增强保密意识和能力？一旦出现可疑的策反者，应该如何应对？

专家提醒

- 识别可疑人员，谨慎交友。警惕境外情报机构的套路。
- 媒体采访陷阱多，警惕“钓鱼执法”。
- 谨言慎行，知法守法，警惕被“间谍”。
- 警惕学术研究的陷阱，严防不经意间泄密。
- 遭受胁迫或诱骗不要惊慌，及时向我国驻外使领馆求助。

综合探究

任务：收集相关案例，完成一份留学生国家安全意识分析报告。

报告至少应包括以下内容：

1. 收集发生在留学生身上的泄密及被策反案例，阐述案件发生的过程；
2. 详细分析案件发生的原因，归纳境外情报机构常用的窃密手段与方法；
3. 形成一份留学生国家安全意识备忘录，列举留学生可能遇到的泄密风险及应对措施。

第八章　突发公共危机

安全风险有常态安全风险和非常态安全风险之分。之前章节讨论了常态安全问题，即在学习、生活、社交等日常社会环境下遭遇的安全风险，如交通安全、食品安全、信息安全等。本章重点探讨非常态安全风险，如全球疫情、火灾地震、枪击爆炸、游行集会等。

突发公共事件具有突发性、复杂性、持续性、破坏性的特点，可能造成重大人员伤亡、财产损失、生态环境破坏和严重社会危害，危及公共安全。

本章将帮助留学生认知：

- 突发公共事件的特点；
- 突发公共事件的应对策略。

第一节 突发公共事件

1992年的洛杉矶大暴动，2001年美国的“9·11”恐怖袭击，2008年四川汶川的地震，2011年挪威的于特岛爆炸枪击事件，2011年日本的福岛核电站事故，2015年以来也门的持续冲突，2019年澳大利亚的森林大火等事件表明，危机和灾难随时可能发生在身边。

专家提醒

“突发公共事件”，是指突然发生，造成重大人员伤亡、财产损失、生态环境破坏和严重社会危害，危及公共安全的紧急事件。它的发生危及全体社会公众的整体生活和共同利益，给全体社会公众带来巨大的灾难。

❖ 突发公共事件

2006年1月国务院颁布的《国家突发公共事件总体应急预案》规定，根据突发公共事件的发生过程、性质和机理，突发公共事件主要分为以下4类：

自然灾害，主要包括水旱灾害、气象灾害、地震灾害、地质灾害、海洋灾害、生物灾害和森林草原火灾等。

事故灾难，主要包括工矿商贸等企业的各类安全事故、交通运输事故、公共设施和设备事故、环境污染和生态破坏事件等。

公共卫生事件，主要包括传染病疫情，群体性不明原因疾病，食品安全和职业危害，动物疫情以及其他严重影响公众健康和生命安全的事件。

社会安全事件，主要包括恐怖袭击事件、经济安全事件和涉外突发事件等。

突发公共事件分为自然性突发事件和社会性突发事件。自然灾害的突发事件日益严重与频繁。专家预测，气候变暖加速，全球正在经历危险的气候变化，将持续发生洪涝、干旱、高温热浪、森林火灾、低温雨雪冰冻、农林病虫害等灾害事件。

专家提醒

以下是联合国发布的世界灾害风险等级排名前十的危险国家和地区。①

1. 瓦努阿图；
2. 安提瓜和巴布达；
3. 汤加；
4. 所罗门群岛；
5. 圭亚那；
6. 巴布亚新几内亚；
7. 文莱；
8. 危地马拉；
9. 柬埔寨；
10. 孟加拉国。

随着科技和经济的不断发展，社会性风险也日益凸显。潜在的社会风险一般不容易被人们感知和识别，而显性的社会风险往往表征为突发公共事件。突发事件的发生越来越常态化，起因复杂，往往破坏社会秩序，对社会稳定造成重大冲击，引起各种社会冲突动荡，甚至导致恐怖袭击事件或局部区域战争。

探究与思考

调查了解国际组织或其他国家对突发公共事件的界定及分类。

① 参见《〈2019年全球自然灾害评估报告〉发布：我国综合防灾减灾能力排名上升》，载央广网2020年5月9日，https://baijiahao.baidu.com/s?id=1666189583025850126&wfr=spider&for=pc。

❖ 突发事件特点

随着突发公共事件呈现常态化趋势，以及国际政治经济和科技的发展，突发公共事件呈现一些新的特点。

1. 诱因多样，背景复杂。突发事件的原因具有未知性和多样性，越是敏感地区、敏感时段越容易发生，越是矛盾聚集的地方越容易出现，越是防范疏漏的环节越容易产生。突发事件发生与持续的背景也越来越复杂。

2. 无预警，突然性强。公共危机事件的突发性主要是指其具有极大的偶然性和随机性，难以预估其产生的社会影响和震撼程度。人们往往无法在危机爆发前获取其全面的信息，无法明确公共危机事件能否发生，什么时间、地点发生，以何种形式发生，以及发生的程度等。不同于战争敌对双方矛盾有一个明显的累积过程，绝大部分突发事件没有预警时间。事件一旦发生，直接危及社会正常秩序，可能导致局部地区甚至整个国家处于混乱状态。

3. 发展迅猛，连锁反应。事件一旦发生常以指数级增长，事态快速发展，单一突发事件极可能发展为复合事件，局部突发事件也可能导致全局性突发事件。

4. 伤亡严重，社会心理冲击大。突发事件的伤亡较大，其后果与影响日益扩大，必须科学合理应对。

❖ 突发公共事件的类型及影响

突发公共事件根据社会危害严重程度、可控性和影响范围等因素，一般可分为Ⅰ级（特别重大）、Ⅱ级（重大）、Ⅲ级（较大）和Ⅳ级（一般）四级。对突发事件进行分级，目的是落实应急管理的责任和提高应急处置的效能。Ⅰ级（特别重大）突发事件由国务院负责组织处置，如汶川地震、南方19省雨雪冰冻灾害；Ⅱ级（重大）突发事件由省级政府负责组织处置；Ⅲ级（较大）突发事件由市级政府负责组织处置；Ⅳ级（一般）突发事件由县级政府负责组织处置。此外，还制定了专门的分级标准，其中一条共性的、最重要的标准是人员伤亡，死亡30人以上为特别重大，10～30人为重大，3～10人为较大，1～3人为一般。从影响范围的角度，可以将突发公共事件分为地方性、区域性或国家性、世界性或国际性突发事件。

地方性突发事件在有限范围发生，影响范围小。一般只需当地政府应急处理机构应对，无须外来协助。但当地政府有责任义务及时向上级报告，以备突发公共事件影响扩大延伸和恶化时提供援助。

区域性或国家性突发公共事件。例如，挑战者号发射失败、切尔诺贝利核泄漏、库尔斯克海难、哥伦比亚解体等事件，需要中央政府出面调度资源救援处理，也需各省或各地政府积极协调配合，积极调动民间资源援助。

世界性或国际性突发公共事件。例如，埃博拉病毒传播入侵科威特、“9·11”事件等。

专家提醒

国际健康紧急事件（Public Health Emergency of International Concern），即涉及全球范围的公共卫生危机。《国际卫生条例》（2005年）把国际关注的突发公共卫生事件定义为，“通过疾病的国际传播构成对其他国家的公共卫生风险，以及需要协调一致采取措施全球应对的紧急事件”。该类事件具有如下特点：

1. 情况严重、突然、不寻常或意外；
2. 公共卫生影响超出了受影响国家的边界，存在重大国际传播风险；
3. 可能需要立即采取国际行动，有限制国际旅行或贸易的重大风险。

截至2022年年底，出现过7次国际健康紧急事件：

1. 2009年甲型H1N1流感；
2. 2013年12月开始的西非埃博拉病毒疫情；
3. 2014年小儿麻痹疫情；
4. 2015年4月开始的寨卡病毒疫情；
5. 2018～2019年刚果基伍埃博拉出血热疫情；

6. 2020 年新型冠状病毒(COVID－19)感染;

7. 2022 年猴痘疫情。

世界卫生组织的判定会促使更多资金和资源用于抗击疫情,同时也意味着相关国家地区的经济和出行受到限制。

在整个人类文明进程中,突发公共事件从未停止。人类通过共同努力最大限度降低突发事件发生的频率和次数,减轻其危害程度及对人类造成的负面影响。无数次突发事件使人类反思人与自然的关系,变得更加成熟,行为更加理性。突发事件的出现有客观原因,偶然性之后有必然性和规律性。突发事件一旦爆发,总会持续一个过程,表现为潜伏期、爆发期、高潮期、缓解期、消退期。持续性表现为蔓延性和传导性,一个突发事件经常导致另一个突发事件的发生。克服系统的不确定性,使之达到所需要状态的活动过程,是人类改造自然、利用自然的重要内容和社会进步的重要标志。例如,流行病学研究使用模型评估不同公共卫生手段对 SARS 的控制情况,从而找出降低接触感染率,阻止疫情蔓延的最佳疫情防控策略。

探究与思考

观看由真实事件改编的灾难片(如韩国的《流感》),总结一些突发公共事件的特点和规律。

第二节 突发公共事件应对策略

面对海外恐怖主义、示威暴力等突发公共事件,留学生要增强安全意识,学习安全防范知识技能,保护自身安全。

专家提醒

留学生应当树立自我责任感，在海外学习知识的同时，学会自我管理。为了自身和周围人的安全，主动了解当地安全信息和风险危机事件，认真规划生活和学业，避免危机。一旦形成自我保护的意识，就会更积极地随时收集有关危机事件的信息，在出国留学之前、面对危机事件时或危机结束后的恢复期采取有效的行动，更好地保护自己。

❖ 预警防范

◆ 关注预警信息

一些国家和地区安全状况非常恶劣，应该尽量远离这些地区，提前了解地区风险信息是预先确保目的地安全状态和安全措施的可靠方法。在制订旅行计划或出国留学计划之前，有必要充分了解目的地的安全状况。在充分了解风险之后，尽量避免前往危险区域。如果所在区域危险不断上升，也应当尽快离开。

预警信息的发布、调整和解除会通过广播、电视、报刊、通信、信息网络、警报器、宣传车或组织人员逐户通知等方式进行。留学生可以借助这些渠道了解安全信息。特别是在外交部的海外安全网页，通常会提示公共安全状况恶化、自然灾害或社会动荡的危险，也会对不得不留在该地区的国人提供具体的安全措施建议。

如突发的激进示威活动、全国性罢工、武装抢劫案等安全局势急剧恶化的情况，或者发生连续爆炸案、自然灾害、传染病或恐怖主义事件等公共危机，或是针对外国人的抢劫案等暴力犯罪和严重犯罪的数量增加等信息都可以在领事安全提示网页找到更新的消息。该提示网页还有一些危险趋势的提示，如国际恐怖组织的情况、国际刑事案件的进展、传染病的扩散等。例如，国际健康紧急事件发生时，很多国家的疾病防控中心会对疫情地区发出 3 级预警（避免非必要旅行）。当国际旅行受限时，更需要预先准确了解目的地国家地区的防疫要求，及时关注当地针对疫情的法律法规和管控措施，配合健康申报、登记、检测和隔离。

美国各地自然灾害发生时，民众通常会通过紧急预警系统接收关于天气或其他紧急事件的信息。由联邦紧急事务管理署（Federal Emergency Management Agency，FEMA）管理的综合公共警报和警告系统（Integrated Public Alert and Warning System，IPAWS）是美国的国家警报和预警设施，它为美国几个公共警报系统，如紧急警报系统（Emergency Alert System，EAS），无线紧急警报（Wireless Emergency Alerts，WEA）等机构提供统一的平台，使公众无须订阅，即可在手机、电视、广播等各种媒体上，快速及时地收到总统通告、极端天气警报和"安珀"警报。

EAS 警报信息最常见的是极端天气警报。这类信息紧急程度可分为以下 4 级。

建议（Advisory）。危险天气正在发生、即将发生或有可能发生，针对不太严重的情况发出建议和忠告。虽然不会造成严重不便，但居民若忽视，也有可能导致生命或财产损失。

关注（Watch）。危险天气发生的可能性显著增加，但发生的时间和位置不确定，居民需要做好防灾准备。

警告（Warning）。危险天气正在发生或即将发生，已被观测到，会对生命财产构成威胁，应尽快采取躲避措施。

紧急（Emergency）。通常不会对生命财产构成严重威胁，但可能威胁到公共安全和重要设施服务，如停电。对应天气情况发出的紧急警报，则是可危及生命的最高级别警报，如龙卷风和洪水，需要立刻避险。

紧急预警还分别对雷暴天气、洪水、龙卷风、雪暴、极端温度、风寒天气、野火或山火等自然灾害列出具体的级别。

◆ 提前了解救援渠道

"12308"热线是我国外交部专为中国公民提供领事保护与服务而开

通,24 小时全年无休。服务内容包括：

- 领事保护应急咨询与指导,通知驻外使领馆相关求助情况；
- 介绍一般性海外安全事件的处置流程,提供相关建议；
- 承担重大突发海外安全事件应急处置“热线”功能；
- 为中国公民提供领事保护与协助常识及领事证件等一般性咨询服务等。

案例分享

2021 年 7 月中旬德国多地受极端天气影响出现不同程度的洪灾,造成严重的人员伤亡和财产损失。中国驻德国大使馆提醒在德中国公民,注意收看天气预报,做好应对突发灾害的防护准备。同时,注意防范由此引发的疫情加重等次生灾害。并且提示,如遇突发状况务必第一时间寻求救援并积极开展自救,保证自己的人身和财产安全不受损失,紧急情况可联系中国驻德国使领馆寻求协助。

2021 年阿富汗安全形势进一步恶化。外交部和中国驻阿富汗使馆多次提醒中国公民暂勿前往阿富汗,同时,在阿富汗的中国公民应尽快撤离。提醒中国公民如坚持留在阿富汗,将面临极高的安全风险。而且提供了阿富汗报警电话、外交部全球领事保护与服务应急热线(24 小时),以及中国驻阿富汗大使馆领事保护与协助电话。

一些突发海外安全事件在事前往往有爆发的征兆。请思考,面对海外领使馆的安全提醒应如何提前做好风险防范?

◆ 准备应急物资

为了在灾难发生时安全撤离,满足基本生活需要,需要提前准备好应急物资,携带必要基本防灾用品。如果处在一个自然灾害比较频繁的地方(如经常地震的日本和美国加利福尼亚州),留学生需要预先准备防灾用品,最好集中归置,便于携带。面对灾难,在惊慌的同时短时间内收集疏散物品极为困难,需要提前完成物资准备,以备不时之需。

专家提醒

红十字会推荐的避难物品：

- 水。每人每天1加仑（户外撤离3天，在家等待2周）。一旦发生灾难，自来水很可能停供，而救援供给的水和食物等基本用品很有可能在一周或更长时间才能充分运到。在这种情况下，最重要的是确保可以安全地喝水。小型的净水器可以将井水、河水和湖水净化并过滤成适合饮用的水。
- 食物。可以长时间存放的食物（户外撤离3天，在家等待2周）。
- 防灾毯。发生灾难后有可能不得不在街头或空地上露营。防潮御寒的睡袋可以使人早点从疲倦中恢复。防灾毯具有很高的保温效果，虽然很薄但不透气，可以防止你在户外露宿时因失温而耗尽体力，也可以在炎热天气起到隔热作用。
- 手电筒（太阳能电池或手动充电）。
- 电池收音机（或可以手动充电）。
- 应急电池。灾难发生后的一个主要问题是确保电源安全。
- 药物（最少7天）个人医疗需要。
- 牙刷、卫生用品、隐形眼镜等。
- 手机和充电器。
- 万能刀。
- 口哨。
- 紧急联络名单。
- 现金。
- 避难地图。
- 重要文件的原件或副本。

灾难发生后，需要保管好自身财物。在疏散避难的环境里，无法预知周围有什么样的情况和人员，因此要特别注意贴身存放保护贵重物品，收好钱包、护照、手机。当需要寻求领事馆帮助时，随身携带护照非常重要。

尽可能将重要文件（如身份证件、护照等）放在一起。除此之外，还有一些文件，如保险证明（包括紧急情况下的联系信息）、处方和病历、出生证明、护照、驾驶执照、身份证、银行账户甚至遗嘱等重要的文件证明也需要妥善收存。还有一种方法，可以在云存储中管理这些重要文档。如果外出时遇到灾难,也有可能无法带出重要文档,那么可以通过云存储等保存。

◆ 保持通信畅通

手机定位功能和相关软件安全提示功能可以显示留学生所处的当前位置以及邻近国家、地区和旅行目的地的海外安全信息。有些软件可以实时发布海外安全信息,推送消息。即使在出国留学前收集了足够的信息,仍然可能遇到当地安全状况的突发情况。

根据以往案例来看,留学生出现失联的情况,绝大多数为暂时失联,最终找到当事人并证实平安。失联常见原因包括:手机关机、没电、欠费或丢失;假期外出旅游未告知家人;前往偏远地区失去通信信号;故意或无意与家人失去联系;心理压力或心理疾病;等等。建议留学生加强自我保护意识,牢记当地报警、急救及使领馆联系电话,遇紧急情况报警求助;平时与家人保持持续畅通联系,让家人放心。建议留学生家长事先留存学生就读学校、院系及专业名称,国外详细住址,手机号码,老师、同学或室友、房东的联系方式等必要信息,以便发生紧急情况时联系,并寻求当地校方、中国驻当地使领馆提供帮助。

案例分享

2011 年新西兰南部基督城发生的地震中,一位被埋在废墟下的幸存者通过手机发送的电子邮件,向外界传出从地下拍摄的地震摧毁的建筑物残骸,帮助他最终获救。电子邮件或社交媒体,尤其是群组的通信可以使多人同时看到求救讯息,与移动电话语音呼叫相比更加有效。手机的 GPS 功能也是受困时通知位置的有效方法。

如果出国留学时间很短,要考虑原有手机与海外信号兼容并可以照常使用。现在手机的海外通话费用也非常便宜,随身携带手机会有很多用处。

请思考,如何在海外通过通信设备获取更多安全信息,方便在遇到紧急情况时有效求援?

◆ 领事保护

我国外交部发言人曾经强调,“外交工作承担着为怀揣梦想走出国门的每位同胞遮风挡雨的责任”。党中央和国务院领导外交部及各驻外使馆,致力于领事保护与服务,通过加强理念机制、能力投入和国际合作,编织一张覆盖全球的“安全网”,使我国同胞无论在世界哪个角落,都能及时得到祖国的领事保护与服务。留学生应该学习了解《中国领事保护和协助指南》。作为中国公民,如果合法权益在所在国受到侵害,或遭遇不测需要救助,可以就近联系中国驻外使领馆,反映相关情况和有关要求。使领馆将在工作职责范围内向你提供领事保护和协助。权利和义务不可分离,对海外中国公民来说,每位公民都有寻求和获得领事保护的权利,但也应承担相应的义务和法律责任。

专家提醒

中国公民在海外遭遇重大事故、自然灾害等人身安全受到威胁的紧急情况,可以拨打“12308”热线,接通后按“0”再按“9”优先转人工服务,也可登录微信进入“领事直通车”公众号或打开“外交部12308”小程序,按提示进入人工客服对话或选择一键呼叫“12308”热线。

当留学生或家人所在国家发生恐怖袭击、严重自然灾害、政治动乱等紧急情况时,如何才能及时获得领事保护?

- 立即与就近的中国驻该国使领馆取得联系,以获得最新相关信息并进行注册登记,提供家人详细个人信息和联系方式等,以便使领馆协助查找。使领馆将在必要及可能时协助中国公民(含死伤人员)撤离危险区域(不一定是回国)。
- 保存好自己的重要证件和文件,包括护照、出入境记录、保险和银行记录等,并放在安全可靠的地方。
- 检查护照、签证是否有效,如需更新护照请即到使领馆办理。
- 将存放家中或随身携带的重要证件和资料双备份,以防万一。同时,要保证自己驾驶的汽车安全及行驶正常,并储备必要的食品和药品。
- 不要消极等待。如尚有安全方式离开,应立即行动。

❖ 应对不同危机的方法

◆ 校园枪击事件

根据媒体报道，2019 年美国全国各地的高中或大学校园里，至少发生了 11 起校园枪击（school shooting）事件。此外，校方和执法机构还处理了数十起实质性的攻击威胁。这些枪击事件多数发生在体育馆、教室内、停车场及走廊，凶手随机挑选受害者，需要训练有素的警察和武装执法人员来处理这类事件。

案例分享

2009 年 4 月 30 日，美国北卡罗来纳大学夏洛特分校的一节人类学课堂中，一名枪手开枪射击，致使两名学生丧生，另外 4 人受伤。其中，一名被杀的学生赖利·豪威尔当时对枪手发起攻击并对其施以抱摔，阻止了这场屠杀。

5 月 7 日，在美国科罗拉多州海兰兹牧场某学校的英语课上，突然发生袭击导致一名学生丧生，八人受伤。

8 月 30 日，在美国亚拉巴马州莫比尔，枪击发生在一场高中足球比赛中，导致九名 15 ~ 18 岁的人受伤。警察在枪击事件中逮捕并控告了一名 17 岁的学生，后来由于发现另一把不同的手枪有开火的迹象，他们找到了第二名袭击者。

10 月 24 日，美国加利福尼亚州圣罗莎警方说，一名 17 岁的枪手在里奇韦高中外两次开枪射击了一名同学，然后平静地走进教室，他的老师没有意识到任何异常。

这类校园枪击恶性事件只是出现在持枪合法的少数国家地区，并不常见，世界上还是友善的人多。请思考，如果不幸经历这样的恶性事件，你是否知道如何在第一时间自我保护？

随着学校、剧院、教堂和工作场所的大规模枪击事件，专家提出了相应的建议。其原则可以概括为“奔跑、躲藏、战斗”。准备得越充分，生存的机会就越大。具体可分为以下几种：

观察周围寻找出口。当听到枪声时，第一个反应应该是逃脱，应提前熟悉最近的逃离路线。无论到任何地方，都应先留意出口的位置。最好远离持枪行凶者；如果在较高的楼层，最好选择楼梯，而不要使用电梯；低层可以从窗口逃脱。

不建议拉下火警。这可能让人们感到困惑，误以为这是一次火警演习，使人们离开房间进入走廊，并成为持枪者的目标，也可能导致快速响应报警的执法人员陷入危险。这种情况下最好的方式是根据情况呼喊"枪"或"枪手"，警示周围的人。

躲避在就近安全区域。如果无法逃脱，则需要隐藏，飞快地进入教室或房间、壁橱等任何有门可锁的地方，尽量关闭通道并设置路障，用家具、书桌、文件柜或任何其他可用材料加固门。靠近电梯的房间是很好的选择，因为大楼的核心位置很可能需要坚固的水泥墙，而一般的办公室墙壁通常是薄的墙板。如果没有其他选择，还可以藏在办公桌下，尽量让自己远离枪手视线。

可根据情况，保持纹丝不动，让枪手误以为自己已经死亡或中枪。2012 年桑迪・胡克（Sandy Hook）枪击事件中，一名教师被枪击在腿上后仍然保持一动不动，后来在枪手离开后逃脱。如果身边有手机，隐藏起来后拨打报警电话，向调度员提供姓名、位置（尽可能具体）、射击者的数量（如果已知）、射击者的身份或描述，以及有关任何人受伤和受伤的信息。然后将电话调成静音，或停止讲话但保持打开状态，以便调度员可以听到。社交媒体的使用可能泄露位置或帮助攻击者知道警察在哪里。关掉灯和电脑显示器。如果枪手在附近，请勿与房间内的其他人交谈。

不得已时智勇战斗。所有专家都强调，与攻击者对抗是不得已的手段。万不得已的情况下，可以投掷或使用手边的任何东西作为对付枪手的武器，如剪刀、书挡、椅子、锤子、壶铃、沉重的门挡等。如果自己处于隐藏状态，可审时度势，在安全情况下趁机帮助其他人员。例如，帮助受伤的人止血。当警察到达时，他们可能无法立即确定犯罪嫌疑人是谁，应举起双手并张开手指，以表明自身没有携带枪支，等待警察协助离开建筑。

◆ 恐怖袭击

遭遇炸弹爆炸，应迅速背朝爆炸冲击波传来的方向卧倒，如在室内可就近躲避在结实的桌椅下。爆炸瞬间屏住呼吸、张口，避免爆炸产生的强大冲击波击穿耳膜。寻找、观察安全出口，挑选人流少的安全出口，迅速有序撤离现场。及时报警。

遭遇匪徒枪击扫射，应快速降低身体姿势，利用墙体、立柱、桌椅等掩蔽物迅速向安全出口撤离。来不及撤离就迅速趴下、蹲下或隐蔽于掩蔽物后，迅速报警，等待救援。

遭遇有毒气体袭击，尽可能利用环境设施和随身携带的手帕、毛巾、衣物等遮掩口鼻，避免或减少毒气侵害。尽可能戴上手套，穿上雨衣、雨鞋等，或用床单、衣物遮住裸露的皮肤。尽快寻找安全出口，迅速有序地撤离污染源或污染区域，尽量逆风撤离。及时报警，请求救助，并进行必要的自救互助，采取催吐、洗胃等方法，加快毒物的排出。

遭遇生物恐怖袭击，应迅速利用手帕、毛巾等捂住口鼻，最好能及时戴上防毒面罩，避免或减少病原体的侵袭和吸入。尽快寻找安全出口，迅速撤离污染源或污染区域。及时报警，请求救助。

◆ 火灾

熟记所在国火警电话，遭遇火灾时应迅速报警求救。

在烟火中逃生要尽量放低身体，最好是沿着墙角匍匐前进，并用湿毛巾等捂住口鼻。必须经过火场逃离时，应披上浸湿的衣服或毛毯、棉被等，迅速脱离火场。在三楼以下楼房逃生时，可以把绳子或床单、窗帘拴紧在门窗和阳台的构件上，顺势滑下，或者利用结实的竹竿、室外牢固的排水管等逃生。若逃生路线被封锁，应立即返回未着火的室内，用布条塞紧门缝，并向门上泼水降温。同时向窗外抛扔沙发垫、枕头等软物或其他小物件发出求救信号，夜间可通过手电发出求救信号。

公共聚集场所发生火灾，应听从指挥，就近向安全出口方向分流疏散撤离,千万不要惊慌拥挤造成踩踏伤亡。在人群中前行时,要和人群保持一致,不要超过他人,也不要逆行。若被推倒在地,首先应保持俯卧姿势,两手抱紧后脑,两肘支撑地面,胸部不要贴地,以免被踏伤,条件允许时迅速起身逃离。

高层建筑发生火灾,应用湿棉被等物作掩护快速向楼下有序撤离。应选择烟气不浓,大火未烧及的楼梯、应急疏散通道逃离火场。必要时结绳自救,或者巧用地形,利用建筑物上附设排水管、毗邻阳台、临近的楼梯等逃生。在无路可逃的情况下,到室外阳台、楼顶平台等待救援。不能乘电梯逃生。

地铁发生火灾,应利用手机、车厢内紧急按钮报警,并利用车厢内干粉灭火器进行扑救。无法进行自救时,应听从指挥,有序地安全逃生。不要大喊大叫、惊慌失措,也不要从行驶中的列车车窗跳出。

◆ 洪水

提早撤离,紧急时登高躲避,危机时就近攀爬树木、高墙、屋顶(不要爬到泥坯房屋顶),不要惊慌失措,不要游泳逃生,不要接近或攀爬电线杆、高压线铁塔。

携带可长期保存的食品、足够的饮用水和其他生活必需品。

用可漂浮物自救。如被洪水卷走,尽可能抓住固定或漂浮物品。

移动电话可以寻求救援。如情况允许,应将移动电话充足电并使用塑料袋密封包裹,以保证电话的正常使用。

身着醒目的衣服便于搜救人员识别、寻找。选择衣服时,要注意衣服颜色与附近房屋屋顶颜色、植物颜色相区别。

◆ 地震

地震发生时如果在室内,迅速关掉电源、气源。蹲跪,寻找掩护并抓牢,利用写字台、桌子或者长凳下的空间,或者身子紧贴内部承重墙作为掩护,双手抓牢固定物体。如果附近没有写字台或桌子,用双臂护住头部、脸部，蹲伏在房间的角落。远离玻璃制品、建筑物外墙、门窗以及其他可能坠落、倒塌的物体（灯具和大衣柜等）。在晃动停止并确认户外安全后，方可离开房间。不要站在窗户边或阳台上。不要跳楼或破窗而出。切勿使用电梯逃生。

如果位于室外，远离建筑区、大树、大型广告牌、立交桥、街灯和电线电缆，之后待在原地不动。如果在开动的汽车上，在确保安全的情况下，尽快靠边停车，留在车内。不要把车停在建筑物下、大树旁、立交桥或者电线电缆下。不要试图穿越已经损坏的桥梁。地震停止后小心前进，注意道路和桥梁的损坏情况。

如果被困在废墟下，要坚定意志，就地取材加固周围的支撑。不要向周围移动，避免扬起灰尘。用手帕或布遮住口部。敲击管道或墙壁以便救援人员发现。优先选择其他方式发出声响，避免呼喊，因为呼喊会吸入大量有害灰尘并消耗体能。在封闭室内不使用明火。

◆ 台风（飓风）

台风（飓风）到达前，要随时了解台风（飓风）移动情况及政府公告，确保门窗牢固，熟悉安全逃离的路径和当地的避难所，准备不易变质的食品及罐装水、自救药品和一定现金，保证家用交通工具可正常使用，并加足燃料，随时听从政府公告撤至安全区域。

台风（飓风）来临时，应紧闭门窗，关闭室内电源，尽量避免使用电话、手机。远离门窗和房屋的外围墙壁，躲到走廊、空间小的内屋、壁橱中，或者地下室或半地下室。尽量避免不必要的外出。

如在室外，请不要在大树下、临时建筑物内、铁塔或广告牌下避风避雨。不要在山顶和高地停留，要避开孤立高耸的物体。如在水上，应立即上岸。如在汽车上，立即离开汽车，到安全场所内躲避。如在公共场所，要服从指挥，有秩序地向指定地点疏散。

未收到台风（飓风）离开的报告前，即使出现短暂的平息仍须保持警戒。台风(飓风)过后,应注意检查煤气、水、电路的安全性,不使用未被确认为安全的自来水,不要在室内使用蜡烛等有火焰的燃具。室外行走遇路障、被洪水淹没的道路或不坚固的桥梁,应绕行,并注意静止的水域很可能因为电缆或电线损坏而具有导电性。

◆ 暴乱和区域战争

案例分享

随着对外开放水平的不断提升,我国"走出去"的人数逐年递增,海外中国公民和机构数量、规模大幅快速增长,各类涉及海外中国公民和机构的安全事件频发,重大突发事件呈全球多点同时爆发的态势。2015 年 3 月下旬以来,影响力较大的海外突发事件有两起,一是也门内战升级,安全局势骤然恶化,武装冲突已导致 380 多人死亡,2100 人受伤,对大批外国公民的生命安全构成了严重威胁;二是南非德班、约翰内斯堡等地爆发大规模排外暴力事件,造成 6 人死亡,数千名外国人流离失所,财产损失严重。在也门事件中,中国军舰除了接返我国公民之外,还帮助来自巴基斯坦、埃塞俄比亚、新加坡、意大利、德国、波兰、爱尔兰、英国、加拿大、也门 10 个国家的 225 名外国公民撤离也门。

也门撤离行动并不突然,早在 2015 年 1 月 19 日,外交部就通过网站、微信等途径启动宣传服务机制和预警机制,及时发布也门局势信息,公布驻也门使馆电话,提醒在也门的中国公民加强安全防范,减少外出,并与使馆保持联系,同时建议近期拟赴也门的中国公民谨慎考虑出行计划。随着局势进一步恶化,外交部随后又相继在 2 月 7 日、2 月 16 日两次发布建议谨慎出行的安全提醒;3 月 24 日,外交部升级赴也门安全提醒级别,建议中国公民暂勿前往也门。

党中央和国务院指示外交部、国防部将自愿撤离也门的中国公民撤离,中国驻也门使领馆与相关使馆紧急沟通协调,与在也门的中国公民紧密联系,事无巨细、有条不紊地展开撤离工作,为身处危难险境中的中国公民铺就了安全的回家之路。同时,驻吉布提、沙特等使领馆积极配合,帮助撤离、迎接撤来的中国公民。

请思考,在海外遇到战乱等突发危机要如何通过外交部领使馆了解安全信息和撤离方法?

当突发事件发生时,应减少外出,保护自身安全,同时及时与家人、朋友联系，告知情况，避免亲朋好友担心。一定要与当地的中国使领馆保持通信畅通，实时关注中国领事服务网和“领事直通车”微信公众号发布的相关信息，了解局势的变化情况。

此外，出国前请主动登录中国领事服务网“出国及海外中国公民自愿登记”系统，填写个人或团组的基本信息及联系方式，中国驻当地使领馆必要时可以通过电子邮件推送当地安全状况提醒。当中国公民所在国家（地区）发生地震、洪涝、飓风、火灾等自然灾害，或出现政局动荡、社会骚乱等突发事件时，外交部领事司和驻外使领馆可通过公民录入的联系方式与公民取得联系，必要时提供领事保护与协助。

如果需从所在国撤离，须听从中国驻当地使领馆人员的指挥，统一行动。以也门撤离行动为例，围困中的华侨接到了使馆工作人员的通知，知道了祖国要接他们回国的消息，立即告知家人迅速做好撤离的准备。撤离当日，各个家庭提前到达集合地点，一起登上了祖国派来的军舰驶离也门。至此，历经了战火硝烟的海外侨胞回到了祖国的怀抱。

探究与思考

详细阅读《中国领事保护和协助指南》（http://cs.mfa.gov.cn/lsbhzn/201504/P020210530507417410702.pdf），了解紧急事件发生时如何向领事馆求助。

❖ 心理恢复与善后处置

◆ 海外保险

国外住院或手术，救护车和医疗费用较高，在突发事件的安全规划中，保险也是一个不可忽略的环节。留学生需要事先检查保险赔付的内容，了解补偿的原因和免除补偿的原因。同时，有必要请家人核对一下内容，仔细考虑有关自然灾害赔偿的特殊协议。如果保险计划中有自然灾害赔偿的特殊协议，才能够在发生自然灾害（地震或海啸）时获得个人伤害赔偿。通常学校也会向学生介绍说明学校提供的学生保险计划。

专家提醒

国外医疗费用普遍较高，建议您根据自身条件及目的地国情况，购买人身安全和医疗等方面的必要险种，如计划从事高风险旅游项目，建议您认真评估风险，并购买专项保险，以防万一。①

◆ 心理恢复

突发性灾难具有不可预知性、不可抗拒性及造成毁灭性后果等特点，对社会公众的心理行为产生巨大心理冲击。面临突发人为灾难，个体和群体会产生强烈的心理应激反应，并导致一系列的心理健康问题。2001年美国“9·11”恐怖袭击事件和2011年日本福岛核泄漏事件，都不同程度地增加了全社会对灾后心理应激反应的关注。1986年切尔诺贝利核电事故25年后的研究发现，心理疾患是突发人为灾难引起的最为普遍的公共健康问题，包括抑郁、焦虑、创伤后应激障碍（Post-trawnatic stress disorder，PTSD）、医学无法解释的躯体症状以及污名化的社会问题。大量的流调发现，灾难后创伤后应激障碍的发病率可高达33.3%，抑郁症的发病率可高达25%，受灾者和救援者还可能出现焦虑、睡眠障碍、物质滥用（如烟酒）等心理及行为问题。相比灾难造成的直接损害，幸存者的心理问题表现更复杂而且存在持续性。

突发性人为灾难还容易诱发谣言传播，加剧群际冲突。谣言是在模糊、危险或具有潜在威胁的情境中普遍流传的未经证实的说法，以帮助人们理解和管理感知到的风险。谣言的传播强度取决于情境的不确定性、环境的威胁和焦虑等。突发灾难特别是公共安全事故或恐怖袭击等形成的高风险情境会引发谣言的高发潮。在真实信息真空的情况下，谣言替代性表达公众灾难后的震惊和愤怒等负面情绪，从而获得控制感。在环

---

① 参见《中国领事保护和协助指南》，载中央人民政府网2012年11月16日，http://www.gov.cn/bumenfuwu/2012-11/16/content_2598156_5.htm。

境具有威胁或危险性时，人们失去了自己的判断能力，在强烈寻求安全感的情绪推动下，人们一般没有欲望或动力去验证和调查信息的真实性。同时，危险和骚乱的情境也会使人们变得更加敏感，更愿意传播谣言。

在突如其来的灾难面前，成年人都难免有焦虑和恐慌情绪，更不用说留学生，大家都不免会受到负面情绪的困扰。突发性灾难后，需要最大限度地通过干预手段减少灾难给身心健康带来的负面影响。灾后早期阶段，亟须缓解焦虑、绝望、困惑等情绪。可以通过向亲友倾诉来缓解压力，或求助于专业心理热线，也可以通过参加心理教育、团体活动等方式，融入安全的文化氛围。通过恢复日常常规的活动，重建生活中的秩序感和控制感，稳定情绪、促进积极情绪，从而提高心理健康。

在困难迷惘的时候，要学会照顾好自己：

1. 时刻保持对自己身心健康的觉察，如果身体不舒服和心理上的恐慌出现，尽快就医或寻找学校专业心理咨询师求助。

2. 尽可能维持正常的生活作息，要有适当的休息，尽量保持生活的稳定性。突发灾难会令人手忙脚乱、自乱阵脚，因此，让生活作息维持规律，是处理危机的必要条件。

3. 给自己列一个令自己感到愉悦的“To-do”清单，并执行它。例如，允许自己哭一哭，写下想法或感受，玩一些不费脑子的小游戏，运动，深呼吸，抱抱可以慰藉你的宠物或玩具，泡泡热水澡或冲澡，制订近期的工作和学习计划，等等。

平复负面情绪：

1. 认识到面对突发灾难，我们表现出一定的焦虑和心里害怕是正常的反应。

2. 减少因信息过载带来的心理负担。每天尽量控制自己接收有关信息的时间和来源，在睡前不宜过分关注相关信息。不道听途说，关注必要的信息，减少杂音。

3. 相信并坚持科学的应对措施，相信我们一定会渡过危机，重新拥有美好的生活。

4. 进行适量的运动,有助于减少精神上的紧张。

5. 正向思维。减少关注贩卖焦虑的媒体报道。留意事实和数据,寻找自身的资源和身边的社会支持资源,肯定自己解决问题的能力。

留学生的日常生活可能离这些突发灾难很遥远,但也需要为自己的学业和生活做好规划,主动了解防范风险的知识和资源,这样遇到问题才能以积极的态度快速做出应对,更好地保护自己。

综合探究

观看《灾难求生大作战》(又名《浩劫求生》)。这是前美国海豹突击队员凯德·科特立主持制作的一部灾难自救教学纪录片。每集模拟一个灾难场景,指导如何利用求生知识和技巧顺利逃生。

参考文献

一、著作

1.《新时代爱国主义教育实施纲要》,人民出版社 2019 年版。

2. 中信银行股份有限公司:《2019 出国留学蓝皮书:基于留学中介评价指数》,中信出版集团 2019 年版。

3. 张维为:《中国触动》,上海人民出版社 2012 年版。

4. [美]露丝·本尼迪克、[英]卡尔·波普:《文化模式:历史决定伦的贫困》,何锡章等译,中国社会出版社 1999 年版。

5. 中华人民共和国外交部领事司编:《中国领事保护和协助指南》,世界知识出版社 2018 年版。

6. 叶克飞:《先醒来的人:近代中国第一批留学生》,浙江大学出版社 2017 年版。

7. 曹峻、杨慧、杨丽娟:《全球化与中国国家安全》,社会科学文献出版社 2008 年版。

8. 叶龙、李森主编:《安全行为学》,清华大学出版社、北京交通大学出版社 2005 年版。

9. 吴超编著:《安全科学方法学》,中国劳动社会保障出版社 2011 年版。

10. 王逸舟主编:《全球化时代的国际安全》,上海人民出版社 1999

年版。

11. 王凯全等编著:《安全管理学》,化学工业出版社2011年版。

12. 戴铭康主编:《留学美国:我们的故事》,华东师范大学出版社2013年版。

13. 李秉康、翁燕文:《不只是留学:致天底下所有的父母和孩子》,浙江大学出版社2012年版。

14. 丁晓山编著:《中学生出国留学早知道》,电子工业出版社2013年版。

15. 陈申:《留学生活警示》,北京语言大学出版社2005年版。

16. 陈申:《海外学习指南》,北京语言文化大学出版社2007年版。

17. [美]托马斯·索威尔:《美国种族简史》,沈宗美译,中信出版社2017年版。

18. IB Continuum, The International Baccalaureate Organization, *Academic Honesty in the IB Educational Context*, August 2014, page 1 – 25, published online, http://www.ibo.org.

19. Berdan, Stacie A., Goodman, Allan E. & Taylor, Sir C., *A Student Guide to Study Abroad*, Institute of International Education, 2013.

20. Linebaugh Peter, *The London Hanged: Crime and Civil Society in the Eighteenth Century*, Cambridge University Press, 2006.

二、期刊论文

1.《中小学德育工作指南》,载《师资建设》2017年第5期。

2. 李光贞等:《留学安全问题与中国留学安全战略的构建》,载《中国高教研究》2012年第8期。

3. 赵昌、张秋生:《论多元文化政策下澳大利亚民族认同建构的困境兼论华人的文化融入问题》,载《世界民族》2017年第4期。

4. 佐斌等:《刻板印象内容模型:理论假设及研究》,载《心理科学进展》2006 年第 1 期。

5. 王晓德:《试论世界文化多样性的本质及其发展趋势》,载《当代世界与社会主义》2004 年第 4 期。

6. 喻问琼:《日本防灾安全教育的经验和我国学校的安全教育》,载《教育探索》2011 年第 7 期。

7. 张仁骏:《美国校园安全管理现状考察及启示》,载《中共济南市委党校学报》2006 年第 4 期。

8. 孙华:《美国大学校园危机管理模式》,载《高等工程教育研究》2007 年第 3 期。

9. 宋文望、蔡子成、秦晓阑:《在海外求学的日子》,载《师道》2004 年第 7 期。

10. 晋继勇:《全球公共卫生问题安全化——以世界卫生组织规范变迁为例》,载《国际论坛》2008 年第 2 期。

11. 肖小平:《跨文化消费者种族歧视主义初探》,载《中国青年政治学院学报》2011 年第 3 期。

12. 张帆:《大陆法系与英美法系的差异》,载《求实》2011 年第 S2 期。

13. 陈丽、高恩胜:《大陆法系和英美法系警察盘查制度的比较》,载《中外企业家》2009 年第 4 期。

14. 张雷生:《关于韩国高校中国留学研究生的跨文化适应研究(英文)》,载《商务英语教学与研究》2015 年第 0 期。

15. 丁文清、周苗、宋菲:《中国学龄儿童青少年心理健康状况 Meta 分析》,载《宁夏医科大学学报》2017 年第 39(07)期。

16. 宋可:《中国海外留学生安全保护问题研究》,载《齐齐哈尔大学学报(哲学社会科学版)》2017 年第 3 期。

17. 石丽娟:《浅析网络社交媒体中网络暴力的传播心理及其监管》,载《科技传播》2018 年第 10 期。

18. 葛晓娟:《境外宗教势力对我国留学生渗透的危害与应对措施》,

载《中国公共安全(学术版)》2017 年第 2 期。

19. 高桐杰:《新时期国格问题探究》,载《社会科学家》2005 年第 4 期。

20. 高桐杰:《关于国格基本理论问题的研究》,载《河北学刊》2003 年第 2 期。

21. 王泽应:《邓小平的国格尊严论及其理论贡献》,载《毛泽东研究》2015 年第 3 期。

22. 梁景德:《全球化背景下的国格教育》,载《山西高等学校社会科学学报》2005 年第 1 期。

23. 李光贞、苗丹国:《中国留学生课题安全:国家安全的新课题——以在日中国留学生的硕博论文为例》,载《世界教育信息》2010 年第 4 期。

24. 龚明星等:《留美学子安全手册(一)》,载《神州学人》2011 年第 10 期。

25. 刘弘睿:《留美学子安全手册(二)》,载《神州学人》2011 年第 11 期。

26. 邵臣人等:《留美学子安全手册(三)》,载《神州学人》2012 年第 1 期。

27. 万雅婷、王丽楠:《留美学子安全手册(四)》,载《神州学人》2012 年第 2 期。

28. 沈丹菁、胡庆伟:《留美学子安全手册(五)》,载《神州学人》2012 年第 3 期。

29. 卢琳:《留美学子安全手册(六)》,载《神州学人》2012 年第 4 期。

30. Stewart, Black J. & Mendenhall Mark, *The U-Curve Adjustment Hypothesis Revisited*: *A Review and Theoretical Framework*. Journal of International Business Studies, Vol. 22, p. 225 – 247(1991).

31. LinCanchu, *Culture Shock and Social Support*: *An Investigation of a Chinese Student Organization on a US Campus*, Journal of Intercultural

Communication Research, Vol 35, p. 117 – 137(2006).

32. McCarth Claudine, *Follow 10 – step Proactive Approach to Improve Study-abroad Safety for Your Students*, Student Affairs Today, Vol. 18, p. 1 – 5(2016).

33. Mikal, Jude P., *When Social Support Fits into Your Luggage: Online Support Seeking and Its Effects on the Traditional Study Abroad Experience*, The Interdisciplinary Journal of Study Abroad, Vol. 21 p. 17 – 40(2011).

34. Kim Young Yun, *Ideology, Identity, and Intercultural Communication: An Analysis of Differing Academic Conceptions of Cultural Identity*, Journal of Intercultural Communication Research, Vol. 36, p. 237 – 253(2007).

35. Lian Zi & Wallace Barbara C., *Prevalence of Past-year, Mental Disorders and Its Correlates Among Chinese International Students in US Higher Education*, Journal of American College Health, Vol. 68, p. 176 – 184(2020).

36. HanXuesong & Han Xuemei, et al. *Report of a Mental Health Survey Among Chinese International Students at Yale University*, Journal of American College Health, Vol. 61, p. 1 – 8(2013).

37. Mewett H. Forbes & Sawyer A. Maree, *International Students and Mental Health*, Journal of international students, Vol. 6, p. 661 – 677 (2016).

38. Bruffaerts Ronny & Mortier Philippe et al. *Mental Health Problems In College Freshmen: Prevalence And Academic FunctioningU*, Journal of Affective Disorders, Vol. 44, July 2017.

39. Fergusson, David M. & Woodward, Lianne J., *Mental Health, Educational, and Social Role Outcomes of Adolescents With Depression.*

Archives of General Psychiatry, Vol. 59, p. 225 - 231(2002).

40. Bennett, Milton J., *Developmental Model of Intercultural Sensitivity*, Wiley Online Library (27 June 2017), https://onlinelibrary.wiley.com/doi/10.1002/9781118783665.ieicc0182.

三、学位论文

1. 车笠:《美国旅居者在中国的跨文化适应》,华东师范大学 2010 年硕士学位论文。

2. 刘畅:《中小学安全教育目标的构建与实现条件》,四川师范大学 2008 年硕士学位论文。

3. 刘炜:《中国留英高校生跨文化适应、社会支持与生活满意度的相关研究》,福建师范大学 2008 年硕士学位论文。

4. 唐旭:《网购消费者信息安全问题研究》,黑龙江大学 2016 年硕士学位论文。

5. 别子洋:《"人肉搜索"中公民隐私的保护研究》,华中科技大学 2014 年硕士学位论文。

四、网络文献

1. 厚仁教育集团研究中心:《留美中国学生现状白皮书 2019 年劝退学生群体状况分析》,载厚仁网,https://www.wholeren.com/wp-content/uploads/2019/05/White-Paper-CH-20190520.pdf。

2.《国际地位显著提高 国际影响力明显增强——改革开放 40 年经济社会发展成就系列报告之十九》,载国家统计局官网 2018 年 9 月 17 日,http://www.stats.gov.cn/ztjc/ztfx/ggkf40n/201809/t20180917_1623312.html。

3.《习近平出席亚洲文明对话大会开幕式并发表主旨演讲》,载求是网,http://www.qstheory.cn/yaowen/2019-05/15/c_1124499055.htm。

4. 辛闻:《新时代中国全球大国形象更加鲜明——〈中国国家形象全球调查报告 2018〉发布》,载中国网,http://news. china. com. cn/txt/2019 - 10/18/content_75315805. htm。

5. 韩辉:《〈中国海外留学人员安全防范手册〉正式发布并上线》,载中国侨网,https://www. chinaqw. com/hqhr/2019/01 - 23/213822. shtml。

6.《国内外敏感信息泄露案例汇总分析》,载安全牛网 2017 年 7 月 28 日,https://www. aqniu. com/industry/26957. html。

7.《留学危险系数有多高:17 年至少 34 起留学生安全事件》,载新浪教育网,http://edu. sina. com. cn/a/2018 - 01 - 19/doc-ifyqtwzu6408106. shtml。

8. *Global Study on Homicide*(2019 Edition), United Nations Office on Drugs and Crime, https://www. unodc. org/unodc/en/data-and-analysis/global-study-on-homicide. html, last visited on 14 October 2022.

9.「大学における海外留学に関する危機管理ガイドラインについて」, Ministry of Education, Culture, Sports, Science and Technology-Japan, https://www. mext. go. jp/a_menu/koutou/ryugaku/1384531. htm, last visited on 16 October 2021。

10.「For Your Safety 留学の安全と危機管理」, Center for International Education 早稲田大学 留学センター, https://www. waseda. jp/inst/cie/from-waseda/safety, last visited on 16 October 2021。

11. *Handbook for International Students*, Kyoto University, https://www. kyoto-u. ac. jp/en/about/publications/handbook-for-international-students. html, last visited on 16 October 2021.

12. *Safety on and off Campus*, UCL Homes, https://www. ucl. ac. uk/students/support-and-wellbeing/staying-safe/safety-london , last visited on 16 October 2022.

13. *Campus Life & Safety*, The University of Chicago, https://summer.

uchicago. edu/admitted-undergraduate-students/campus-life, last visited on 16 October 2022.

14. *Community Safety*, online, Johns Hopkins University Medicine, https://publicsafetyinitiatives. jhu. edu/maps-data/, last visited on 16 October 2022.

15. *Saint Louis University Study Abroad Handbook* (2021 - 2022), Saint Louis University, https://www. slu. edu/study-abroad/pdfs/handbook. pdf, last visited on 16 October 2022.

16. Bre Bradham, Nathan Luzum, Xinchen Li and Kenrick Cai, *Grad Program Director Steps Down after Warning Students not to Speak Chinese*, The Independent News Organization of Duke University-the Chronicle (27 January 2019), https://www. dukechronicle. com/article/2019/01/duke-university-emails-director-of-grad-studies-steps-down-after-telling-students-not-to-speak-chinese.

17. *UK Safety Guide For International Students*, Study in the UK, https://www. studying-in-uk. org/uk-safety-guide-for-international-students/, last visited on 16 October 2022.

18. U. S. Study Abroad, U. S. Department of State-Bureau of Consular Affairs, https://travel. state. gov/content/travel/en/international-travel/before-you-go/travelers-with-special-considerations/students. html, last visited on 16 October 2022.

19. Gap Year Safety Course Details, Objective Gap Safety, https://www. objectivegapyear. com/course, last visited on 16 October 2022.

20. Le mouvement travail-étude, Le fonds chinois 里昂圖書館中文部, https://www. bm-lyon. fr/nos-blogs/le-fonds-chinois/documents-et-ressources/ressources - 359/presentation-de-l-institut-franco-chinois-de-lyon - 1921 - 1946/article/le-mouvement-travail-etudes, last visited on 13 January

2020.

21. *Health and Safety for Volunteers*, online, Governet of Ontaria (22 January 2022) https://www.labour.gov.on.ca/english/hs/volunteers.php.

22. *How to Protect The Safety Of Volunteers*, online, People safe (17 November 2020), https://peoplesafe.co.uk/advice/protect-safety-volunteers/.

23. *Student Jobs*, Complete University Guide (24 August 2022), https://www.thecompleteuniversityguide.co.uk/student-advice/after-you-start/student-jobs.

24. *5 Stage of Culture Shock-How to Recognize, Overcome and Enjoy a Culture Shock*, Horizon unknown (16 February 2019), https://horizonunknown.com/5 – stages-culture-shock-how-to-overcome/.

25. *Stages and Symptoms of Culture Shock*, Simon Fraser University (accessed 28 October 2019), https://www.sfu.ca/students/isap/explore/culture/stages-symptoms-culture-shock.html.

26. Pai Grace, *Promoting Safety and Wellness While Abroad through Continuous Reflection and Peer Education*, CUNY Guttman Community College (2019), https://academicworks.cuny.edu/nc_pubs/99/.

27. *Coping with Culture Shock-International Student Advising and Programs*, Simon Fraser University (28 October 2019), https://www.sfu.ca/students/isap/explore/culture/culture-shock.html.

28. Budden M., Budden C. & Aristides R. Baraya, *Study Abroad Programs: Making Safety a Priority*, Contemporary Issues in Education Research (28 March 2014), https://www.semanticscholar.org/paper/Study-Abroad-Programs%3A-Making-Safety-A-Priority-Budden-Budden/5bea7ef2664f397c70e1b3cf323bd6e541161e1b.

29. Lin Jiquan, Dmitrieva Julia, Cultural Orientation Moderates the

Association between Desired Affect and Depressed Mood among Chinese International Students Living in the United States, National Library of Medicine National Center for Biotechnology Information(19 March 2019), https://pubmed.ncbi.nlm.nih.gov/29697989/.

30. ZhaoXinying, *Cheating Students will Face Severe Punishment*, China Daily (26 November 2015), http://www.chinadaily.com.cn/china/2015-11/26/content_22521628.htm.